时尚美食馆

百姓最爱的
经典家常菜

董书山 朱太治 双 福◎编著

JingDianJiaChangCai

烹饪绝招版

化学工业出版社
·北京·

不仅会做菜，更要会买菜，还要懂养生！

三大方面，集结烹饪绝招，轻松让您成为烹饪高手！

打破常规，将常见食材细分为蔬菜类、菌菇类、豆类、畜肉类、禽肉类、海鲜类等10大类别，根据家中食材决定做什么菜，方便使用；每种食材精心挑选最受欢迎的家常菜，详解制法，图文并茂，全彩展示；解析制作每个菜品的三大绝招——食材挑选、烹饪绝招和保健功效，内容囊括技法、火候、刀工等烹饪秘笈，实用性强。

超强针对性，超高性价比，堪称家常烹饪最佳参考书！

图书在版编目（CIP）数据

百姓最爱的经典家常菜：烹饪绝招版 / 董书山，朱太治，双福编著.—
北京：化学工业出版社，2010.12
（时尚美食馆）
ISBN 978-7-122-09531-2

Ⅰ.①百… Ⅱ.①董… ②朱… ③双… Ⅲ.菜谱－中国 Ⅳ.TS972.182
中国版本图书馆CIP数据核字（2010）第185833号

责任编辑：李　娜　　　　　　文字编辑：马冰初
责任校对：陶燕华　　　　　　摄　　影：双福 SF文化工作室 www.shuangfu.cn
　　　　　　　　　　　　　　装帧设计：

出版发行：化学工业出版社（北京市东城区青年湖南街13号　邮政编码 100011）
印　　装：北京画中画印刷有限公司
装　　订：889mm×1194mm　1/24　印张 10½　字数 300 千字
2011年4月北京第 1 版第 2 次印刷

购书咨询：010-64518888　（传真：010-64519686）
售后服务：010-64518899
网　　址：http://www.cip.com.cn
凡购买本书，如有缺损质量问题，本社销售中心负责调换。

定　　价：35.00元

目录 CONTENTS

PART1 蔬菜类

PART2 菌菇类

PART3 豆类

PART4 畜肉类

CONTENTS

PART5 禽肉类

鸡

鸭

鸽子

PART6 海鲜类

鱼

虾

小海鲜类

软体海鲜类

PART7 蛋奶类

蛋

牛奶及奶制品

PART8 干果／水果类

PART9 主食类

面点

面

PART10 汤品类

家常汤

家常养生汤

CONTENTS

家常滋补汤

家常营养汤

糖醋拌三丝

凉拌菜

原料

白菜心300克，胡萝卜100克，鸭梨1个，白糖、盐、米醋各适量。

制作

① 将白菜心洗净，切成细丝，加盐拌匀稍腌；鸭梨去皮、核，切成细丝；胡萝卜切成粗丝。

② 挤去白菜丝的水分，放入盘内，码上胡萝卜丝、鸭梨丝。

③ 锅烧热，将白糖和米醋加少许清水熬化，倒出晾凉后浇在三丝上，再放入少许盐拌匀即成。

食材绝招： 白菜心脆嫩，且被白菜叶包裹，干净、无污染，可直接切成丝。

烹饪绝招： ◎ 白菜心应先洗后切，不可先切后洗，以避免营养流失。

◎ 白糖和米醋的比例应为1:1，加入少许盐能有效提味。

保健功效： 本菜菜品层次分明、色泽美观，是夏季爽口凉菜之一，口感甜酸清爽，具有解腻、开胃的功效。

酸辣白菜

炒菜

原料

白菜300克，干辣椒、香菜、葱花、盐、味精、米醋、花椒油、花生油各适量。

制作

① 将白菜洗净，切成块；干辣椒切段；香菜择洗干净切成段。

② 锅中汴水烧开，将白菜焯水断生。

③ 炒锅注油烧热，下入干辣椒、葱花爆香，放入焯好水的白菜，撒盐、味精、米醋等调味，炒匀下入香菜段，淋花椒油出锅即可。

食材绝招： 挑选白菜时应注意，若想购买后马上食用的，可选光菜；若是以贮藏的为目的的购买，应选青帮毛菜。

烹饪绝招： 白菜清洗时应去外围的叶片，注意单片冲洗，以尽量去除农药残留。

保健功效： 制作简便，本菜是经典的家常菜之一。白菜营养价值丰富，有"百菜不如白菜"之说，搭配爽辣开胃的辣椒爆炒，口感鲜香、开胃。

蒸 菜

玻璃白菜

原料

白菜500克，五花肉100克，火腿末25克，鸡精、盐、胡椒粉、湿淀粉、高汤、香油、色拉油各适量。

制作

① 白菜洗净沥干，切大片，焯水后待用；五花肉切片，加盐、鸡精腌入味。

② 炒锅注油烧热，放入白菜略炒后取出。

③ 五花肉、白菜加入盐、鸡精，旺火蒸约15分钟，将蒸汁倒入锅中烧沸，加入鸡精、胡椒粉、香油，用湿淀粉勾薄芡，淋在白菜上，撒上火腿末即成。

食材绝招: 每年9～10月份上市的白菜属早熟品种，菜棵小，叶肉薄，质细嫩，粗纤维较少，口味淡，品质中等，不耐藏，宜随吃随买。

烹饪绝招: 勾芡，不仅可以使汤汁浓厚，更可以保护白菜所含的维生素C，是增强营养和改善口味的好方法。

保健功效: 本菜是经典家常菜之一。白菜中富含人体所需要的多种维生素，搭配营养丰富的五花肉，汁浓味醇，荤素搭配，口感清香、不腻、爽口。

炒 菜

醋熘海米白菜

原料

白菜400克，水发海米25克，葱花、姜丝、蒜片、白糖、盐、鸡精、淀粉、醋、香油、色拉油各适量。

制作

① 将白菜去老帮，洗净切成片，醋、白糖、淀粉、调匀制成芡汁。

② 炒锅注油烧热，下入葱花、姜丝、蒜片炝锅，放入白菜片、海米略炒。

③ 烹入醋，加盐，淋入调好的芡汁，翻炒均匀，加鸡精，滴入香油，出锅装盘即成。

食材绝招: 11月份上市的白菜属晚期品种，叶色青绿，称青帮菜或青口菜。叶肉厚，组织紧密，韧性大，不宜受损伤，耐藏，故又称"窖白菜"。

烹饪绝招: 炒白菜前，将白菜下入加盐、油的开水锅中焯烫，沥干，这样烹制时更易入味。

保健功效: 本菜口感酸咸，脆嫩适口，清香不腻，此外，海米和白菜两者搭配食用，可有效地防治牙龈出血及坏血症，并有解热除燥的功效。

家常炖白菜

炖 菜

原料

白菜500克，猪排骨400克，香菜段、葱花、花椒、盐、味精、花生油各适量。

制作

① 将白菜洗净切成长方块，排骨剁成小段。
② 锅内加适量清水烧开，放入排骨煮沸，去除浮沫，至八成熟盛出。
③ 炒锅注油烧热，下花椒、葱花炒出香味，加入白菜炒至变软，倒入排骨及汤汁，加盐，用小火炖至熟烂，加味精调味，撒上香菜段，出锅即成。

食材绝招： 挑选白菜时注意，腐烂发霉的白菜不要食用。白菜腐烂后所产生的亚硝酸盐能使血液中的血红蛋白丧失携氧能力，使人体发生严重缺氧，甚至有生命危险。

烹饪绝招： 炖白菜时，可将白菜撕成块。这样的白菜，虽边缘不整齐，但在烹制时能更好的吸收汤汁的滋味。

保健功效： 本菜肉香烂，菜熟软，汤鲜味醇。白菜含多种维生素及丰富的膳食纤维。排骨营养丰富，有滋阴润燥等功效，两者搭配尤其适宜于营养不良、贫血、头晕、大便干燥等人食用。

老厨白菜

炒 菜

原料

嫩白菜500克，五花肉200克，粉条100克，香菜、葱花、姜片、酱油、料酒、盐、味精各适量。

制作

① 白菜洗净切片，下入开水锅焯烫捞出备用；五花肉切片，粉条泡至滑软，香菜洗净切段。
② 炒锅注油烧热，下入葱花、姜片、五花肉煸香，加入白菜、盐、酱油、料酒翻炒至七成熟。
③ 再放入粉条、味精略炒，撒上香菜即可。

食材绝招： 若要贮藏应购买青口大白菜。这种白菜初期食用菜质较粗，但经秋冬季贮藏，叶肉变细嫩，菜香味浓。

烹饪绝招： 食材的投放要有顺序，应先放入肉片炒至略熟后，再把容易炒熟的白菜下入锅中炒熟，最后加入粉条炒匀。

保健功效： 本菜做法简单，荤素搭配得当，口感滑嫩清香，味美不腻。白菜与五花肉搭配，有养胃生津、除烦解渴、利尿通便、清热解毒等功效。

炒 菜

酱炒回锅肉白菜 🍴

原料

白菜300克，熟猪肉150克，郫县豆瓣酱、葱末、姜末、味精、白糖、湿淀粉、酱油、料酒、花生油各适量。

制作

① 将熟猪肉切成大片，白菜洗净切成片，豆瓣酱剁碎。

② 炒锅注油烧热，下葱末、姜末爆香，放入豆瓣酱炒香至出红油，加入白菜、肉片、料酒、酱油煸炒至变软。

③ 加入白糖及少许清水烧透，加味精调味，用湿淀粉勾芡，出锅即成。

食材绝招: 购买优质大白菜应从以下几点进行挑选: 包心结实，无黄叶、无老帮、无灰心、无夹叶菜、无虫蛀，根削平，棵头均匀。

烹饪绝招: 制作熟猪肉时，通常采用将肉直接放入锅中添水煮，这样能使制作出的回锅肉色泽红亮。

保健功效: 本菜香辣咸鲜，酱香浓郁，味浓爽口，是经典的家常菜之一。猪肉和白菜的搭配，可有效增加菜中的可溶性蛋白质的含量，不但口味浓郁鲜香，而且营养丰富。

炒 菜

西芹炒百合 🍴

原料

西芹250克，鲜百合100克，姜片、盐、料酒、味精、湿淀粉、香油、花生油各适量。

制作

① 将西芹择洗净，切成斜刀片，百合掰成片洗净，均放入沸水锅中焯出，沥干水分。

② 炒锅注油烧热，下姜片爆香，放入西芹、百合煸炒数下。

③ 加盐、料酒、味精、少许清水略炒，用湿淀粉勾芡，淋上香油，出锅即成。

食材绝招: 挑选鲜百合应注意从叶瓣上进行查看，优质鲜百合的叶肉肥厚、叶瓣均匀，并散发淡淡的香气。

烹饪绝招: 芹菜择洗时应注意去除老筋，在斜切时应尽量切成均匀大小，这样才能在烹炒时均匀受热，也有利于滋味的渗入。

保健功效: 经典的家常菜品之一，色彩美观，口感清淡脆爽。芹菜富含高纤维，有润肠排便的功效，百合可用于祛心火肺热，两者搭配有润肤、瘦身、美容的效果。

杂烩鲜百合

炒 菜

原料

鲜百合250克，西芹100克，腰果75克，胡萝卜50克，蒜末、姜丝、盐、味精、湿淀粉、花生油各适量。

制作

① 鲜百合掰成瓣洗净，西芹、胡萝卜洗净切丁，将以上三者放入加油、盐的沸水锅中略烫，捞出沥干水。
② 腰果下入热油锅中炸至色泽金黄，取出沥油。
③ 炒锅留油烧热，下蒜末、姜丝爆香，放入焯好的百合、西芹、胡萝卜翻炒片刻，加盐、味精，用湿淀粉勾芡，放入腰果，翻炒均匀即可。

食材绝招：挑选鲜百合时，也可以从口感上进行鉴别。优质鲜百合口感多汁，尝起来有点苦，闻上去有淡淡的味道。

烹饪绝招：西芹和胡萝卜洗净后，入开水焯烫时间不要过久，以保持口感的清脆，减少营养成分的流失。

保健功效：本菜色泽悦目，口感鲜香清脆、味美可口。腰果中含有软化血管的维生素和微量元素，西芹具有降血压的功效，四者搭配，对保护血管、防治心血管疾病大有益处。

百合梨羹

蒸 菜

原料

鲜百合100克，梨1个，蜂蜜适量。

制作

① 将梨洗净去皮、核，切块，放入盅内。
② 鲜百合放在梨块上，淋上蜂蜜，加适量清水。
③ 把盛有梨块、百合的盅放入蒸锅蒸至熟烂即可。

食材绝招：优质的鲜百合质地柔软、颜色洁白、有光泽、无明显斑痕。

烹饪绝招：在烹饪之前要将梨洗净，可以选择水果专用洗涤剂或添加少量的食用碱浸泡，然后用清水冲洗数次。然后再削皮，以去除梨表皮中的残留农药。

保健功效：本菜香甜可口，滋补养生。百合与蜂蜜搭配，有补虚、祛火的功效，对老弱虚昏、头晕目眩等症有一定疗效。加入梨，更可清痰润肺，是滋养佳品。

炒菜

百合炒芦笋

【原料】

芦笋200克，干百合100克，鲜白果25克，辣椒、蒜末、盐、鸡精、胡椒粉、色拉油各适量。

【制作】

① 将干百合洗净加热水泡开；芦笋洗净切段，下入开水锅内焯一下，捞出控水。

② 辣椒去蒂、籽洗净切片。

③ 炒锅注油烧热，下入蒜末爆香，再放入辣椒片、百合煸炒，加入芦笋段、白果略炒，撒入盐、鸡精、胡椒粉炒匀即可。

食材绝招：优质干百合的颜色应该是白色，或者是稍带淡黄色或淡棕黄。

烹饪绝招：烹炒时，宜用急火快炒，翻动几个来回，以刚刚熟透溢出少量汤汁为度，迅速加盐和鸡精，咸度适宜即可。炒的过程中不可盖锅盖，更无需加水"焖"熟。

保健功效：本菜色泽悦目，口感清鲜淡雅，脆嫩微辣。芦笋、百合、白果三者的搭配，有效增加了菜品中维生素的含量，尤其是磷，能有效促进蛋白质、葡萄糖、脂肪的代谢，并对体液酸碱平衡的维持起重要作用。

凉拌菜

蒜泥菠菜

【原料】

菠菜300克，蒜泥、醋、白糖、盐、味精、香油各适量。

【制作】

① 菠菜择洗净，下入沸水锅中烫熟，捞出过凉切段沥干，加盐拌均匀。

② 蒜泥加盐、白糖、味精、醋、香油调成蒜泥汁。

③ 将蒜泥汁浇在菠菜上即可。

食材绝招：优质菠菜的色泽浓绿，根为红色，不着水，茎叶不老，无抽苔开花，不带黄烂叶。

烹饪绝招：菠菜需充分洗净，应仔细清洗根部、菜叶，去除泥沙、虫卵，洗净后最好加清水漂滤30分钟。

保健功效：本菜爽口开胃。菠菜中含有大量的植物粗纤维，大蒜有开胃杀毒的作用，两者搭配，可以有效促进肠道蠕动，利于排便。

菠菜拌豆腐皮

凉拌菜

原料

菠菜250克，豆腐皮200克，葱末、姜末各25克，盐、味精、香油、花生油各适量。

制作

① 菠菜择洗净，下入开水锅中焯熟，捞出过凉切段，加盐、味精、香油拌匀。

② 豆腐皮放入开水中焯熟，捞出过凉，沥干水分。

③ 锅中注油烧热，下入葱末、姜末爆香，加盐、味精拌匀，倒在拌好的菠菜上，拌匀即可。

食材绝招： 菠菜又名波斯菜、赤根菜，古代称之为"红嘴绿鹦哥"，古代阿拉伯人也称它为"蔬菜之王"。

烹饪绝招： 在焯烫的水里加入适量色拉油、醋、盐，可以使焯烫后的菠菜颜色鲜艳。

保健功效： 本菜清香可口，葱姜味浓。菠菜中含有较多叶酸，有补血的功效；豆腐皮中含有对血管有保护作用的营养物质磷脂。二者同食对保护血管和预防贫血有很大好处。

多宝菠菜

炒 菜

原料

菠菜250克，火腿、土豆各25克，松仁、花生米、白芝麻、盐、白糖、鸡精、清汤、湿淀粉、色拉油各适量。

制作

① 菠菜洗净切段；土豆切丁，洗净淀粉；火腿切丁；松仁炸香；花生米炸熟；芝麻炒香。

② 锅内添水、少量油，烧开，放菠菜略烫，冲凉后入盘。

③ 炒锅注油烧热，下土豆丁略炒，添清汤，放松仁、花生米、火腿丁烧开，加入调味料，用湿淀粉勾芡，撒上芝麻，浇在菠菜上即可。

食材绝招： 菠菜中所含微量元素物质，能促进人体新陈代谢，增进身体健康。大量食用菠菜，可降低中风的危险。

烹饪绝招： 切菠菜时注意采用推切法，使刀具垂直向下，切时刀由后向前推，着力点在刀的后端。切土豆注意采用直切法，即要求刀具垂直向下，一刀一刀切下去，切成适口大小。

保健功效： 本菜色泽悦目，营养丰富，味道香鲜。花生含有大量的油脂，菠菜有明目、防止夜盲、促进上皮细胞代谢的功效，虾仁可补肾壮阳，同食可美白肌肤、滋阴壮阳、养肝明目、润燥滑肠。

凉拌菜

菠菜拌猪肝

原料

菠菜300克，猪肝200克，香菜、海米、酱油、醋、香油各适量。

制作

① 菠菜择洗净切段，放入开水锅中焯熟，捞出过凉沥干；香菜择洗净切段。

② 猪肝切成薄片，放入开水锅内烫熟，捞出晾凉，沥干水分。

③ 菠菜、猪肝加香菜、海米、酱油、醋、香油拌匀即可。

食材绝招: 菠菜中含有丰富的胡萝卜素、维生素C、钙、磷及一定量的铁、维生素E等有益成分。

烹饪绝招: 焯烫时应根据不同材质确定焯烫时间，如猪肝的时间应久些，菠菜的时间可以短些，焯烫后注意放入冷水冷却，务必完全沥干，这样可以避免拌入的调味酱汁味道被稀释。

保健功效: 本菜色泽鲜艳，鲜嫩爽口。猪肝具有补血功效，与菠菜搭配，一荤一素，相辅相成，共同吸收，可以调理身体机能，有助淡化雀斑，是防止贫血的食疗佳品。

炒菜

金银蛋浸菜菠

原料

菠菜300克，松花蛋、咸鸭蛋各1个，蒜瓣、盐、高汤、花椒油、花生油各适量。

制作

① 菠菜洗净切段，放入沸水锅中焯熟，捞出沥干；松花蛋、咸鸭蛋去壳切丁。

② 炒锅注油烧热，放入菠菜、盐略炒盛盘内。

③ 炒锅注油烧热，下入蒜瓣煸至上色，放入松花蛋丁、咸鸭蛋丁略炒，加高汤烧开，淋上花椒油，浇在菠菜上即可。

食材绝招: 购买菠菜时，应注意菠菜叶，若叶子表面有黄斑且叶背有灰毛，则表明感染了霜霉病，不宜购买。

烹饪绝招: 菠菜味道鲜嫩，富含维生素、叶绿素、微量元素、纤维素和丰富的水分。炒菠菜时需要旺火快炒，可以有效避免营养素的流失。

保健功效: 本菜色泽翠绿鲜嫩，菠菜含有丰富的营养，能补肝养血、清热泻火，与松花蛋、咸鸭蛋搭配，口味奇特，营养丰富。

菠菜肉丸

热 菜

原料

菠菜、肉馅各150克，姜末、葱末、料酒、盐、味精、胡椒粉、淀粉各适量。

制作

① 肉馅加入料酒、盐、味精和少许清水调散，再加入少许淀粉、姜末、葱末拌匀，搅成肉泥；菠菜洗净。

② 锅置旺火上，加适量水烧沸，用勺将肉泥依次放入锅中，氽成丸子。

③ 待肉丸上浮将熟时，放入菠菜、盐、胡椒粉烧开，加味精调味即可。

食材绝招： 菠菜通常有两种类型，一是小叶种，二是大叶种。《本草纲目》中认为，食用菠菜可以"通血脉，开胸膈，下气调中，止渴润燥"。

烹饪绝招： 做肉丸时，按50克肉10克淀粉的比例，加入适量清水调制，可使肉丸软嫩。

保健功效： 本菜口感细嫩，汤鲜适口。菠菜有止血养血、润燥的功效，猪肉含有丰富的蛋白质和铁质，具有生血功能。菠菜配猪肉，对补血、明目、润燥都有好处，尤其能补充体内铁质含量。

肉酱菠菜

凉拌菜

原料

菠菜300克，猪五花肉100克，盐、味精、甜面酱、酱油、料酒、花生油各适量。

制作

① 猪五花肉洗净剁成末。

② 炒锅注油烧热，下入肉末煸香，加入甜面酱、酱油、料酒炒匀，再加盐、味精及少许清水烧沸，制成肉酱，晾冷后待用。

③ 菠菜择洗净，切成段，放入沸水中氽至断生，捞出晾凉码齐，食用时淋上肉酱即可。

食材绝招： 优质的甜面酱是由面粉和盐经发酵制成，颜色红黄，有光亮，味香甜。

烹饪绝招： 将剁成末的五花肉加入适量蛋清搅匀，再下入热油锅中炒，可使其口感更滑嫩。

保健功效： 本菜酱香浓郁，口感咸鲜微甜，风味独特。肉酱的做法家常，口味鲜咸，含有面酱和肉的双重营养，再加上菠菜，不但营养丰富，且下饭。

凉拌菜

番茄拌菠菜

原料

番茄200克，菠菜、水发粉丝各50克，白糖、盐、醋各适量。

制作

① 粉丝放开水锅中煮熟，捞出过凉，沥干水分，切长段，加少许盐拌匀；番茄洗净去皮、蒂，切片。

② 菠菜去杂质后洗净，切成小段，下入开水锅中焯熟，捞出过凉，撒上少许盐拌匀。

③ 将粉丝段放盘内，码上番茄片，最后放菠菜段，撒上白糖、浇上醋拌匀即可。

食材绝招：菠菜如有轻微黄烂叶，可将叶子择去，食用时不影响口味与营养。

烹饪绝招：番茄去皮时，可以用开水烫，也可以用刀背等硬而钝的器皿刮拭表皮。

保健功效：本菜酸甜开胃，凉爽适口，帮助消化，是减肥佳肴。番茄所含的苹果酸或柠檬酸，有助于胃液对脂肪及蛋白质的消化。菠菜含有大量的植物粗纤维，具有促进肠道蠕动的作用，利于排便，且能促进胰腺分泌，帮助消化。

炒菜

蛋香菠菜

原料

嫩菠菜350克，熟鸡蛋、咸鸭蛋各1个，枸杞、蒜末、盐、湿淀粉、香油、清汤、花生油各适量。

制作

① 将熟鸡蛋、咸鸭蛋去壳切丁；菠菜择洗净后焯烫，捞出沥干切段；枸杞用开水泡开。

② 炒锅注入少许油烧热，放入菠菜、盐略炒，盛出。

③ 炒锅注油烧热，下蒜末炒香，放入鸡蛋丁、鸭蛋丁、枸杞及清汤烧开，用湿淀粉勾薄芡，淋上香油，浇在菠菜上即成。

食材绝招：菠菜中所含的胡萝卜素，在人体内会转变成维生素A，能维护正常视力和上皮细胞的健康，增加预防传染病的能力。

烹饪绝招：炒菠菜时不宜加盖，菠菜鲜嫩，烹炒时间不宜太长，以免影响口感。

保健功效：本菜鲜香滑嫩，味美利口。鸡蛋中含有丰富的蛋白质，菠菜中含有丰富的维生素，二者搭配，营养丰富，口感甚佳。

香菇西兰花

炒 菜

原料

西兰花400克，香菇25克，盐、味精、胡椒粉、花生油各适量。

制作

① 将西兰花洗净，切块，下入沸水锅焯烫后沥干；香菇用温开水泡发后洗净，沥干。

② 炒锅注油烧热，下西兰花略炒，放入香菇翻炒，加盐、胡椒粉、少许清水炒匀。

③ 待炒透入味，撒入味精调味，出锅即成。

食材绝招：优质的西兰花为半球形，花丛紧密，花球周边未散开，中央的柄为青翠绿色。

烹饪绝招：西兰花焯烫的时间不宜过长，时间约在1分钟左右，时间过久易破坏其防癌、抗癌的营养成分。

保健功效：本菜口感香浓，脆嫩可口。西兰花营养丰富且药用价值高，香菇含有多种有益于人体的营养元素且有滋补的作用，二者同食可滋补元气、润肺、化痰，改善食欲不振和身体易疲倦。

肉片烧菜花

炒 菜

原料

菜花350克，五花肉片150克，葱末、盐、味精、面酱、湿淀粉、清汤、料酒、酱油、香油、花生油各适量。

制作

① 将菜花洗净，掰成小块，下入沸水锅中焯过，沥干水分。

② 炒锅注油烧至七成热，下肉片炒散，加入葱末、面酱略炒，放入菜花、料酒、酱油、盐翻炒。

③ 添入少许清汤略烧，撒入味精调味，用湿淀粉勾芡，淋上香油炒匀，出锅即成。

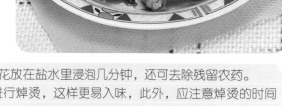

食材绝招：菜花常有残留的农药及菜虫，吃之前，可将菜花放在盐水里浸泡几分钟，还可去除残留农药。

烹饪绝招：焯烫菜花时，可以放入加盐、油的开水锅中进行焯烫，这样更易入味，此外，应注意焯烫的时间不能太久。

保健功效：本菜鲜香味浓，软滑润口。菜花配以滋阴润燥、补中益气的猪肉，可为人体提供丰富的维生素C、蛋白质等营养物质，起到强身健体、滋阴润燥的功效，更适用于治疗体虚乏力、阴虚干咳等病症。

炒 菜

鱿鱼西兰花

原料

鱿鱼500克，西兰花150克，葱花、姜末、盐、色拉油各适量。

制作

① 鱿鱼切成花刀，西兰花洗净掰成朵。

② 锅中加水烧开，放入鱿鱼、西兰花汆水捞出。

③ 炒锅注油烧热，下葱花、姜末爆香，放入鱿鱼、西兰花翻炒，加盐调味即可。

食材绝招：挑选西兰花时，注意避免花朵发黑、发乌的，这种里面已出现坏、烂，并可能藏有菜虫。

烹饪绝招：西兰花与鱿鱼食材不同，焯烫的时间也应区别。注意焯烫鱿鱼时，鱿鱼略红即可捞出，西兰花可焯烫约30秒。

保健功效：本菜鲜嫩适口，鱿鱼、西兰花二者同食，有健脾开胃、益气壮阳、防癌抗衰之功效，尤其适用于慢性胃炎、性欲低下、疲劳综合征及癌症的防治。

热 汤

柳橙冬瓜汤

原料

冬瓜100克，柳橙2个，糖、浓缩橙汁各适量。

制作

① 将冬瓜洗净去瓤，切片；柳橙洗净，从中间切开，去外皮，切块。

② 锅中放入适量清水、浓缩橙汁、冬瓜烧开。

③ 加入柳橙块、糖煮2分钟，离火即可。

食材绝招：冬瓜有青皮、黑皮、白皮三种类型。黑皮冬瓜肉厚，可食率高；白皮冬瓜肉薄，质松，易入味；青皮冬瓜则介于之间。

烹饪绝招：冬瓜是一种解热利尿比较理想的日常食物，连皮一起煮汤，效果更明显。

保健功效：本菜酸甜爽口。冬瓜被称为瘦身佳品，搭配富含维生素C的柳橙，不但健脾利水，更具有消脂纤体，养颜抗衰老的功效。

橙味冬瓜条

原料

冬瓜500克，盐、白糖、果酸、果珍、清水各适量。

制作

① 冬瓜去皮、籽洗净切条，放入沸水锅内汆至断生，捞出过凉。

② 锅内放入适量清水烧沸，加入白糖熬化后晾凉，放入盐、果酸、果珍调匀成甜酸味汁。

③ 将晾凉的冬瓜条放入甜酸味汁中浸渍4小时，装入盘中，淋上少许原汁即成。

凉 菜

食材绝招：挑选冬瓜时注意选购黑皮冬瓜。优质的黑皮冬瓜形状如炮弹，呈长棒形，瓜条匀称、无热斑。这种冬瓜肉厚、瓤少。

烹饪绝招：果酸可用白醋或苹果醋代替，使用时注意增加用量，以增加酸味口感。

保健功效：本菜颜色橙黄，甜酸爽口。果珍中维生素C的含量较高，冬瓜有抗衰老的作用。本菜的美容效果较好，经常食用可美白肌肤，让肌肤更光滑。

银耳冬瓜汤

原料

冬瓜250克，水发银耳25克，鲜汤500毫升，盐、味精、香油、花生油各适量。

制作

① 将冬瓜去皮、籽切片；银耳洗净撕成小片。

② 炒锅注油烧热，放入冬瓜片炒至变色，加鲜汤、盐烧至瓜片软滑。

③ 再加入银耳、味精略煮，淋入香油即成。

热 汤

食材绝招：优质冬瓜的生瓜肉肉质致密、少窝状，煮熟后口感嫩滑。

烹饪绝招：银耳适宜放入冷水中进行泡发，虽然耗时略久，但这样进行泡发后的银耳不但口感好，而且量多。

保健功效：本菜清淡醇香。冬瓜有利尿消肿的功效，搭配清热解毒的银耳，具有美容养颜润肤的效果，是滋补佳肴。

热汤

火腿冬瓜汤

原料

冬瓜300克，熟火腿50克，香菜末、清汤、盐、味精各适量。

制作

① 将火腿切成薄片；冬瓜去皮、籽洗净切片。

② 锅中添入清汤烧沸，加入冬瓜片，烧至呈玉白色时，撇去浮沫。

③ 撒入盐、味精盛入汤碗，整齐地摆上火腿片，点缀上香菜碎即成。

食材绝招：冬瓜的最佳食用的月份为7～8月，这一时期的冬瓜口味最好、营养最为丰富。虽然冬瓜耐贮藏，但食用时仍以当季为佳。

烹饪绝招：如家中无清汤，可先将冬瓜下入热油锅中加盐炒软，添入适量清水烧开，再加入火腿片和调味料略烧，也可烹饪出一道美味的火腿冬瓜汤。

保健功效：冬瓜细软，火腿浓香，汤鲜味醇。二者搭配，利小便，既可提供丰富的营养，又清火，且有利于减肥。

热菜

肉末烧冬瓜

原料

冬瓜250克，五花肉100克，鸡蛋液、榨菜、辣椒、葱、姜、蒜、盐、味精、淀粉、老抽、香油、花生油各适量。

制作

① 五花肉剁成末，榨菜、葱、姜、蒜、辣椒均切末；冬瓜去皮、籽洗净，切块，挂匀鸡蛋液。

② 炒锅注油烧热，下入冬瓜块煎至色泽金黄，捞出待用。

③ 炒锅注油烧热，下肉末煸炒，加入葱、姜、蒜末炒香，放入冬瓜块、榨菜末、辣椒末及少许清水，再加入盐、老抽煨熟透，撒入味精，用淀粉勾芡，淋上香油，出锅即可。

食材绝招：挑选已经切开的冬瓜，可以以手压冬瓜肉。如肉质松软，则煮熟后易变成"一泡水"，食用时口感较差。

烹饪绝招：煎冬瓜块时，需用慢火慢煎，这样才能使冬瓜块适度吸油，成菜后瓜肉色泽明亮。

保健功效：本菜口感咸鲜微辣，口味独特。猪肉有补中益气的功效，冬瓜能防止身体发胖，有清热利尿、消肿轻身的作用，二者搭配，能清热排毒、美容养颜。

冬瓜肉丸汤

热汤

原料

冬瓜、猪肉馅各150克，鸡蛋清1个，料酒、香油、姜末、姜片、盐、鸡精、香菜末各适量。

制作

① 将冬瓜去皮、籽洗净切片；肉馅放入碗中，加入蛋清、姜末、料酒、盐，搅拌均匀成肉泥。

② 汤锅加水烧开，放入姜片，调为小火，把肉泥挤成个头均匀的肉丸子，随挤随下入锅中，将汤烧沸。

③ 放入冬瓜片略煮，撒入盐、鸡精调味，撒入香菜末，滴入香油即可。

食材绝招： 冬瓜如枕，又叫枕瓜，主要产于夏季，取名为冬瓜是因为瓜熟之际，表面上有一层白粉状的东西，就好像是冬天所结的白霜，所以冬瓜又称白瓜。

烹饪绝招： 搅拌肉馅时，沿顺时针方向搅更易凝成团，且口感好。

保健功效： 本菜是经典的家常菜品之一。营养丰富、香浓可口的肉丸子，搭配爽口、吸油的冬瓜制成菜肴，不油腻，口感清鲜味美，色泽悦目。

炖冬瓜鸡

热 汤

原料

冬瓜250克，鸡肉100克，粉条、香菇各50克，葱末、姜片、蒜片、盐、味精、料酒、香油各适量。

制作

① 将冬瓜去皮、籽洗净切块；鸡肉洗净切块；香菇切成小块。

② 将冬瓜块、鸡肉块、粉条、香菇块、葱末、姜片、蒜片放入沙锅内，加入适量清水，旺火烧开后去浮沫，改小火炖至鸡肉熟烂。

③ 加入料酒、盐、味精调味，淋香油，搅匀出锅即成。

食材绝招： 挑选冬瓜时，应从冬瓜类型、冬瓜品种、冬瓜的季节三方面进行挑选。

烹饪绝招： 用粉皮替换粉条，成菜的口感更滑爽，更有乡土菜的特色。

保健功效： 本菜汤味香醇，鸡肉有补中益气的功效，冬瓜能防止身体发胖，有清热利尿、消肿轻身的作用，搭配食用，能清热排毒、美容养颜。

热汤

鲜蘑冬瓜球

原料

冬瓜300克，鲜蘑150克，葱花、姜末、盐、味精、白胡椒粉、湿淀粉、料酒、清汤、色拉油各适量。

制作

① 将冬瓜去皮、瓤洗净，用勺挖成小球形，浸入水中；鲜蘑洗净，切成四瓣备用。

② 炒锅注油烧热，下入葱花、姜末爆锅，加入料酒、鲜蘑、冬瓜球和适量清汤烧开，撒入盐、味精、白胡椒粉调味，用湿淀粉勾芡出锅即成。

食材绝招：本菜中使用的冬瓜最好选择长棒形的黑皮冬瓜。这种冬瓜肉质致密，制成冬瓜球时更易成形，做汤时更易入味。

烹饪绝招：挖冬瓜球易采用小而深的勺子，或购买专用工具。

保健功效：本菜滋润皮肤，美容养颜。冬瓜有利尿消肿、清热解毒的功效，蘑菇可补脾益气、养胃健身、降压防癌，搭配食用，有利尿、降压的功效。

热汤

鱿鱼须冬瓜汤

原料

冬瓜200克，鱿鱼须100克，盐、胡椒粉各适量。

制作

① 将鱿鱼须改刀，下入开水锅中焯烫，捞出沥干。

② 冬瓜去皮、瓤，洗净切片。

③ 锅中添入适量水烧热，放入冬瓜片、鱿鱼须、盐、胡椒粉，煮沸即可。

食材绝招：常食冬瓜对身体极为有益，因冬瓜中含有多种维生素和人体必需的微量元素，并能有效调节人体的代谢平衡。

烹饪绝招：鱿鱼须应待冬瓜熟烂后放入，略煮即可。

保健功效：本菜鲜咸微辣，开胃润燥。鱿鱼有润肤健肤、明目的作用。冬瓜富含膳食纤维等，两者搭配具有生津止渴、祛湿利尿、散热解毒等功效。冬瓜中含有的丙醇二酸可防止人体脂肪堆积，多吃有助于减肥。

香菇冬瓜汤

热汤

原料

冬瓜400克，香菇100克，葱花、盐、味精、鸡油、花生油各适量。

制作

① 冬瓜去皮、瓤洗净切块；香菇泡发洗净备用。
② 锅中注油烧热，下入葱花炝锅，添入高汤、香菇烧开，放入冬瓜块煮至熟烂，撒入盐、味精，淋上鸡油，起锅盛入汤碗中即成。

食材绝招： 干香菇应置于通风、低温处储存，也可密封后置于冰箱；泡发后的香菇要放在冰箱里冷藏才不会损失营养。

烹饪绝招： 泡发香菇的水不要丢弃，很多营养物质都溶在水中，可加入高汤中一并熬煮。

保健功效： 本菜是经典的家常汤之一。香菇香气浓郁，营养价值较高，含有的嘌呤、胆碱以及某些核酸物质，能起到降血压、降胆固醇、降血脂的作用；搭配冬瓜，可起到预防动脉硬化、肝硬化等疾病的功效。

番茄蛋花汤

热汤

原料

番茄100克，鸡蛋2个，葱花、香菜末、盐、色拉油各适量。

制作

① 将番茄洗净，去皮切成片；鸡蛋打散搅匀。
② 炒锅注油烧热，放入葱花爆香，加入番茄片、盐炒红。
③ 加水烧沸，淋入鸡蛋液，待凝结，盛入汤碗里，撒上香菜末即可。

食材绝招： 番茄，又名西红柿、洋柿子，最早生长在南美洲，因色彩娇艳，口感酸甜，又称"狐狸的果实"、狼桃。

烹饪绝招： 鸡蛋本身含有较多的鲜味素，因此在制作本菜时不需要加味精，若加入味精则易破坏鸡蛋的营养。

保健功效： 本菜是经典的家常汤之一。番茄中含有具有防癌、抗癌功效的番茄红素，搭配营养丰富的鸡蛋，酸甜味美，制作简便，色泽悦目。

炒 菜

番茄炒鸡蛋

原料

番茄200克，鸡蛋4个，葱、盐、色拉油各适量。

制作

① 将番茄洗净切成块，葱切成片，鸡蛋打散加盐搅匀。

② 炒锅注少许油烧热，放入番茄快炒，加盐调味后盛出。

③ 炒锅注油烧热，倒入蛋液，大火炒至蛋半熟时加入葱片，然后放入炒好的番茄，略炒后起锅即可。

食材绝招： 挑选番茄时，可以从番茄的个头、颜色、软硬、表皮上进行选择。优质番茄肥硕均匀、蒂小、颜色鲜红、硬度适宜、无伤裂畸形。

烹饪绝招： 可以在炒鸡蛋时撒入适量的糖，可使鸡蛋的口感更滑嫩，滋味更妙。

保健功效： 本菜酸甜味美。番茄中含有丰富的维生素及多种无机盐。鸡蛋有丰富的蛋白质、脂肪、多种维生素等营养成分。二者搭配，能为机体提供全面的营养，并有一定的美容和抗衰防老功效。

炒 菜

番茄炒山药

原料

番茄200克，山药100克，葱花、姜末、盐、白糖、味精、色拉油各适量。

制作

① 将番茄洗净切片，山药去皮切片。

② 炒锅注油烧热，下葱花、姜末爆香，放入番茄片、山药片翻炒，加盐、白糖、味精调味，炒熟即可。

食材绝招： 番茄红素在西红柿中的含量随品种和成熟度的不同而异，红色番茄中的含量约是黄色番茄的10倍左右，且越是成熟，红色越深，番茄红素含量越多。因此应该选择新鲜、成熟、颜色很红的番茄。

烹饪绝招： 刮山药皮时容易引起过敏，可以在去皮时，戴上橡胶手套刮皮，能有效避免。

保健功效： 本菜酸甜适口。山药含有丰富的营养元素，能清血健身，增强抗毒能力，预防疾病。可治疗胃肠溃疡、便秘、皮肤脓疮。番茄可健胃消食，两者搭配，对高血压、高血脂患者尤为适宜。

奶香番茄汤 🍴

热汤

原料

番茄500克，黄油、奶油50克，洋葱末、香叶、炒过的面包粒、盐、面浆、鸡汤、黄油各适量。

制作

① 将番茄用开水稍烫，去皮切块。

② 锅中注入黄油烧热，下入洋葱末炒香，加入番茄块、香叶翻炒片刻，再添入鸡汤烧开，加入面浆搅匀后倒出。

③ 凉后用粉碎机打碎，再入锅内烧开，加盐、奶油搅匀，盛入汤盘，撒入面包粒即可。

食材绝招: 虽然一年四季都有番茄，但从口感和营养上看，应季的露地的番茄比大棚中的番茄质量好。因其受日晒时间更久，能够吸收更多的阳光进行光和作用，可生成更多有益于人体的营养物质。

烹饪绝招: 翻炒番茄和香叶时，应注意在炒出沙后加汤，可使番茄的茄红素更多的渗出，更营养。

保健功效: 本汤属于西式浓汤，口感酸甜香浓。番茄中含有的番茄红素具有独特的抗氧化能力，能清除自由基，保护细胞，使脱氧核糖核酸及基因免遭破坏，常食能阻止癌变进程、保护心脏。

番茄炒蘑菇 🍴

炒菜

原料

鲜蘑菇500克，番茄3个，盐、糖、味精、料酒、色拉油各适量。

制作

① 蘑菇洗净，下沸水锅焯烫，捞出沥干；番茄洗净切块。

② 炒锅注油烧热，下番茄块炒熟。

③ 放入蘑菇，加入盐、料酒、糖，旺火烧开，改小火焖片刻，撒入味精调味即成。

食材绝招: 优质的番茄形状均匀、完整，颜色均匀，口感酸中带甜，微微开沙，此外，青色未熟的番茄不宜食用。

烹饪绝招: 锅中注入色拉油后，可滴入适量香油，这样制作出的菜品味道更加香浓。

保健功效: 此菜酸甜开胃，益气养肝。番茄所含的苹果酸或柠檬酸，可有效增强淋巴细胞的排毒功效，搭配蘑菇，能提高机体免疫力。

凉拌菜

胡萝卜白玉条

原料

胡萝卜1根，雪梨1个，姜、盐、白糖、醋各适量。

制作

① 胡萝卜洗净去皮切条，加盐略腌；姜去皮切丝。

② 将胡萝卜洗净沥干，加入白糖、姜丝、醋腌入味；雪梨洗净去皮、核，切条。

③ 食用时，将雪梨拌入胡萝卜中即可。

食材绝招：在我国，胡萝卜的品质以山东、江苏、浙江、湖北和云南等省种植者为最佳，选购优质胡萝卜可以从产地上进行判断。

烹饪绝招：胡萝卜质硬，水分含量一般，腌渍时大概需要30分钟左右才能腌入味。

保健功效：本菜口感清爽，色泽悦目。梨性味甘寒，具有清心润肺的作用，胡萝卜所含的木质素能提高机体的免疫力，二者搭配，有健脾生津、润肺止咳的功效。

热 汤

胡萝卜煮蘑菇

原料

胡萝卜150克，蘑菇100克，盐、味精、清汤、色拉油各适量。

制作

① 胡萝卜去皮洗净，切成小块，蘑菇洗净撕成小块。

② 炒锅注油烧热，放入胡萝卜、蘑菇翻炒，添入清汤，用中火略煮。

③ 煮至胡萝卜块软烂，撒入盐、味精、白糖调味即可。

食材绝招：劣质胡萝卜的体形细小，大小不一，表皮粗糙，有分叉或八脚，有伤口或开裂，带有明显的病虫害，中心柱大，趋于木质化。

烹饪绝招：不要过量食用胡萝卜，大量摄入胡萝卜素会令皮肤的色素产生变化。

保健功效：本菜清淡爽口，胡萝卜含有丰富的胡萝卜素，有补肝明目的作用，蘑菇可帮助改善人体新陈代谢、增强体质、调节植物神经功能等，二者搭配是良好的营养佳肴。

油焗胡萝卜

炒 菜

原料

胡萝卜500克，豆瓣酱、色拉油各适量。

制作

① 胡萝卜洗净，剖开切斜片；豆瓣酱用水调开待用。

② 炒锅注油烧热，放入胡萝卜煸炒至胡萝卜水分散失变软。

③ 将调好的豆瓣酱倒入锅内，快速旺火翻炒几下，出锅即可。

食材绝招：次质胡萝卜质脆、味甜、中心柱小，粗壮但不整齐，大小不均，无泥、无伤口、不开裂、无病虫害，表皮粗糙，皮目(凹陷的小点痕迹)较大。

烹饪绝招：◎ 煸炒胡萝卜片时，适宜多放油。

◎ 可将胡萝卜片在锅中摊匀，用小火慢煎，直至变软。

保健功效：本菜咸香可口，胡萝卜用油炒熟后再食用，可使胡萝卜素和维生素A更利于被人体吸收。

芙蓉三丝

凉拌菜

原料

胡萝卜、香菇、冬笋各100克，鸡蛋清、香菜、盐、味精、湿淀粉、牛奶、香油、色拉油各适量。

制作

① 胡萝卜洗净去皮切丝，香菇泡发去蒂切丝，冬笋切丝，分别在沸水中焯熟，整齐地排列在盘中。

② 蛋清放碗内，搅打成蛋泡糊，下入温油中滑成蛋芙蓉，取出沥油，放在三丝中间。

③ 锅内加入适量水、牛奶、盐、味精烧开，用湿淀粉勾芡，淋香油，浇在菜上即成。

食材绝招：优质的胡萝卜表皮光滑，色泽橙黄而鲜艳，体形粗细整齐，大小均匀一致。

烹饪绝招：胡萝卜、冬笋焯烫时，可以置于加盐、油的开水锅中进行焯烫，注意焯烫的时间不要过长。

保健功效：本菜鲜嫩清香、色泽悦目。胡萝卜、冬笋能降血压，搭配营养丰富的香菇和不含胆固醇的蛋清，不但可以降低血脂，促进肾上腺素的合成，更可以为身体提供丰富的营养。

香炒胡萝卜

炒 菜

原料

胡萝卜125克，白芝麻、白糖、酱油、高汤、色拉油各适量。

制作

① 胡萝卜切薄片。

② 炒锅注油烧热，下入胡萝卜炒软，再添入高汤略煮。

③ 待胡萝卜煮软后，加入白糖、酱油搅匀，熄火撒入白芝麻即成。

食材绝招： 优质胡萝卜不分叉，不开裂，中心柱细小，其粗度不宜大于肉质根粗的四分之一。

烹饪绝招： ◎ 注入色拉油的分量应比一般炒菜时多，因胡萝卜喜油，这样烹制出的胡萝卜更香，营养丰富。

◎ 胡萝卜炒至发软出香味时即可添入高汤。

保健功效： 本菜制作简便、营养丰富、香甜适中。胡萝卜具有下气补中、降压、强心作用，是高血压、冠心病患者的食疗佳品。

双耳拌黄瓜

凉拌菜

原料

黄瓜100克，银耳、木耳各25克，葱丝、姜丝、盐、味精、香油各适量。

制作

① 将银耳、木耳泡软。

② 黄瓜洗净切片，木耳入沸水锅中烫熟，捞出沥干，装盘。

③ 将姜丝、葱丝、香油、盐、味精拌匀，浇在双耳和黄瓜上即可。

食材绝招： 挑选嫩黄瓜时，最好是带黄花的，手感较硬的，这种黄瓜新鲜可口，且水分含量较高。

烹饪绝招： 泡发木耳、银耳时适宜用冷水，这样水发后不但口感好，而且量大，营养价值也高。

保健功效： 本菜鲜脆可口，三者搭配，营养均衡且宜于减肥。生黄瓜有抑制体内糖转化为脂肪的作用，有减肥的功效。木耳性甘平，有补气益智，润肺补脑，活血止血的功效，近代医学者发现木耳有抗血小板聚集的作用，可以减少血液凝块，防止血栓形成，对延缓中年人动脉硬化的发生十分有益。

爽口黄瓜

炒 菜

原料

黄瓜250克，猪肉末50克，干辣椒节、盐、味精、料酒、酱油、香油、色拉油各适量。

制作

① 黄瓜洗净，一剖为四，去掉内瓤，加盐略腌，洗净沥干切丁。

② 炒锅注油烧至五成热，放入干辣椒节、猪肉末煸炒至吐油。

③ 加入料酒、酱油、黄瓜丁、盐、味精炒匀，滴入香油，装盘即可。

食材绝招： 选购黄瓜时，可以从颜色上进行挑选。新鲜的优质黄瓜，颜色均匀，散发淡淡独有的清香味。

烹饪绝招： ◎ 腌渍黄瓜时，可将黄瓜各面抹匀盐，静置约30分钟即可。
◎ 将干辣椒、猪肉末煸炒时用小火，爆炒黄瓜丁时转大火。

保健功效： 本菜嫩脆清香，咸鲜爽口。黄瓜富含多种维生素，与营养丰富的猪肉搭配，具有滋阴润燥的功效。

蒜泥海米黄瓜

凉拌菜

原料

黄瓜300克，海米50克，蒜、盐、酱油、醋、味精、香油各适量。

制作

① 黄瓜洗净切条；海米泡发；蒜捣成泥，盐、酱油、醋、味精、香油调成汁。

② 黄瓜堆在盘内成馒头形，海米、蒜泥放在上面。

③ 淋入调味汁调匀即可。

食材绝招： 挑选新鲜的黄瓜应挑硬黄瓜。这是因为黄瓜的含水量高达96.2%，它只有失水后才会变软，所以软黄瓜必定不新鲜。

烹饪绝招： 用温水泡发海米，更易去掉杂质，注意泡发后用清水洗净。

保健功效： 本菜香脆可口，鲜咸适宜。黄瓜中所含的膳食纤维能促进胃肠蠕动，降低胆固醇，对心脑血管有益。与大蒜搭配后，可清热止渴、健胃消食、减肥轻身，尤其适合糖尿病、高血脂、肥胖等患者食用。

炒 菜

辣炒滚刀黄瓜

原料

黄瓜300克，五花肉100克，葱花、干辣椒、盐、味精、糖、蚝油、酱油、花椒油、花生油各适量。

制作

① 黄瓜洗净，切滚刀块；五花肉切片，干辣椒切段。

② 炒锅注油烧热，下入五花肉煸炒，加入葱花、干辣椒爆香。

③ 放入黄瓜，淋蚝油、酱油、盐、味精、糖炒熟，淋花椒油即可。

食材绝招：硬黄瓜不全是新鲜的，因有些不良小贩会将变软的黄瓜浸在水里，使其吸水变硬。

烹饪绝招：滚刀切是切黄瓜时常采用的刀法。滚刀切，是使原料呈一定形状的刀法，每切一刀或两刀，将原料滚动一次，用这种刀法可切出梳背块、菱角块等形状。

保健功效：黄瓜清香，脆爽适口，猪肉滋阴润燥，二者搭配，营养丰富，尤其适宜消渴烦热、阴虚干咳、体虚乏力、营养不良、便秘等病症的患者。

炒 菜

酱爆黄瓜丁

原料

黄瓜350克，豆瓣酱25克，葱末、姜末、蒜末、盐、白糖、味精、料酒、湿淀粉、花生油各适量。

制作

① 将黄瓜洗净，切成1厘米方丁。

② 炒锅注油烧热，下姜末、蒜末炝锅，再下入豆瓣酱炒出香味。

③ 放入黄瓜丁炒数下，加入料酒、盐、白糖、味精及少许清水烧开入味，用湿淀粉勾芡，撒上葱末，出锅即成。

食材绝招：豆瓣酱是用大豆制成的，主要产于四川、北京等地，常用于烧菜、炒菜，用豆瓣酱烹制出的菜肴香辣可口，很下饭。

烹饪绝招：黄瓜中维生素较少，因此常吃黄瓜时应同时吃些其他的蔬果。

保健功效：本菜是经典的家常菜之一，制作简便，口感脆嫩鲜香，酱味浓郁。黄瓜中的黄瓜酶，有很强的生物活性，能有效地促进机体的新陈代谢。

酸辣黄瓜

凉拌菜

原料

黄瓜250克，青葱、盐、辣椒粉各适量。

制作

① 将黄瓜洗净，顺长一切为四。

② 青葱洗净，用刀拍一下，切段。

③ 将黄瓜、青葱放入盆内，加入盐、辣椒粉拌匀，出酸味时即可。

食材绝招：黄瓜尾部含有较多的苦味素，苦味素有抗癌的作用，所以不要把黄瓜尾部全部丢掉。

烹饪绝招：◎ 想让酸辣黄瓜更入味，可以将其置于密闭的容器中，盖盖，放置1～2小时。
　　　　　◎ 本菜易现腌现吃，搁置太久易变软，影响口感。

保健功效：本菜是经典的韩式小菜，口感酸辣脆嫩，不但增进食欲、下饭，而且富含维生素C，营养丰富。

黄瓜熘肉片

炒菜

原料

黄瓜300克，猪瘦肉100克，玉兰片50克，鸡蛋清、葱丝、青蒜段、姜末、盐、淀粉、料酒、高汤、色拉油各适量。

制作

① 将瘦肉切成薄片；玉兰片切片，焯烫；黄瓜切成片；将高汤、葱丝、青蒜段、姜末、盐、料酒、淀粉调成汁。

② 猪肉片加蛋清、湿淀粉、盐浆好，下入热油锅滑熟。

③ 炒锅注油烧热，加入肉片、玉兰片、黄瓜片翻炒，添入芡汁炒匀烧开，装盘即成。

食材绝招：不新鲜的黄瓜的脐部较软，且瓜面无光泽，残留的花冠多已不复存在。

烹饪绝招：猪肉片上浆可使肉片的口感更滑嫩，上浆时注意先裹淀粉、盐，再蘸蛋清。

保健功效：本菜口感顺滑，黄瓜中所含的丙醇二酸和纤维素，能促进人体肠道内代谢物质的排除，帮助降低胆固醇，搭配猪瘦肉，具有强身健体、清心养颜的功效。

炒 菜

鱼香黄瓜丁 🍴

原料

黄瓜500克，辣豆瓣、葱花、姜末、蒜末、盐、糖、湿淀粉、醋、酱油、高汤、色拉油各适量。

制作

① 将黄瓜洗净，去瓤切成丁；辣豆瓣剁细。

② 炒锅注油烧热，下入辣豆瓣、姜末、蒜末炒香。

③ 添入高汤，倒入黄瓜丁、糖、盐、酱油、醋、葱花炒匀，用湿淀粉勾芡即可。

食材绝招：鱼香味是川菜厨师创造的一种传统口味，是川菜特有的味型之一，之所以称为"鱼香"是因为其调味料取自烹鱼的调味料。

烹饪绝招：糖和醋的用量不能过多，一般说来，糖与醋的比例上一般为3:2，最多不宜超过2:1。

保健功效：鲜美味浓，具有浓厚的乡土风味，口味咸、鲜、甜、酸、微辣，姜、葱、蒜香味浓郁，本菜色泽红亮，甜酸适口。

凉拌菜

茭白拌豆干 🍴

原料

茭白200克，豆腐干150克，姜、盐、味精、醋、花椒油各适量。

制作

① 茭白剥去老皮，洗净后切成薄片，投入沸水锅中焯熟，捞出沥干水分晾凉。

② 姜洗净去皮切成丝；豆腐干洗净后切成片，下入沸水锅中焯烫，捞出过凉沥干。

③ 豆腐干片、茭白片加入姜丝、醋、味精、盐、花椒油拌匀装盘即可。

食材绝招：食用茭白的最佳季节是春季、夏季，此时茭白的质量最佳，营养最丰富。

烹饪绝招：拌制时可根据个人口味调整，胃口寡淡的可略咸点；想要增加麻味，可多加花椒油；想要去掉茭白的涩味，可适量多加醋；味精和姜都有去腥提香的功效，食用时可以适量多加。

保健功效：本菜鲜嫩清香。茭白性味苦寒，可解热毒，除烦渴，配以蛋白质含量丰富的豆腐干片，清香适口，营养丰富，是经典的家常菜品之一。

茭白炒肉丝 🍴

原料

茭白500克，瘦猪肉150克，葱末、姜末、鸡蛋液、酱油、料酒、盐、味精、湿淀粉、色拉油各适量。

制作

① 茭白去皮、根切成细丝；猪肉切丝，加入鸡蛋液、湿淀粉上浆。

② 炒锅注油烧热，下入肉丝炒散，加葱末、姜末、酱油、料酒炒匀。

③ 接着下入茭白丝、盐、味精，炒匀即成。

炒菜

食材绝招： 久置的茭白会"黑心"，食用时也会口感粗老，选购时应注意。

烹饪绝招： 猪肉需要斜切，因其肉质较细，筋膜少，如横切，炒熟后会变得凌乱散碎；斜切，既可防其破碎，吃起来也不会塞牙。

保健功效： 本菜色泽悦目，清香爽口。茭白能降低血脂、解热毒，二者搭配，营养丰富，有促进食欲、补脾益气，生津液的功效。

醋熘茭白 🍴

原料

茭白300克，花椒、湿淀粉、白糖、盐、酱油、醋、色拉油各适量。

制作

① 茭白洗净切成小块。

② 炒锅注油烧热，下入花椒炸香后捞去。

③ 再放入茭白煸炒，加入白糖、醋、酱油、盐炒匀，用湿淀粉勾芡即可。

炒菜

食材绝招： 挑选茭白时，不宜选购茎部膨大出现"露白"的茭白。这种茭白处于孕穗后期，营养价值不高，口感老、粗。

烹饪绝招： 制作本菜时，加入适量白糖，不但可以有效缓和醋的酸味，更可以增加菜品的鲜味。

保健功效： 本菜口感酸甜、脆爽，茭白味甘实，性滑而利，有祛热、止渴、利尿的功效，夏季醋熘食用尤为适宜，可清热通便、除烦解酒、解酒毒、治酒醉不醒。

炒菜

腊肉茭白笋

原料

嫩茭白500克，腊肉片300克，盐、糖、花雕酒、色拉油各适量。

制作

① 将茭白去皮、根，切成片；腊肉片用沸水烫一下，捞出沥干。

② 炒锅注油烧热，下入腊肉片，烹入花雕酒炒香，再添入适量水略煮后盛出备用。

③ 另起锅注油烧至五成热，下入茭白片略炒，加入腊肉片、糖、盐炒熟即可。

食材绝招: 挑选茭白时，注意避免选择肉质松软、纤维粗硬、老化的。这种茭白食用时口感不佳。

烹饪绝招: 花雕酒也可以用料酒代替，使用时注意适当增加用量，以提鲜除杂味。

保健功效: 本菜白中缀红、清爽味美，嫩茭白搭配腊肉片，能够为人体提供以氨基酸状态存在的有机氮素，并能提供硫元素，味道鲜美，营养价值较高，且易为人体所吸收。

热汤

茭白通草猪脚汤

原料

净猪蹄500克，茭白100克，通草、盐、味精各适量。

制作

① 茭白洗净切片；净猪蹄洗净，剁块，下入开水锅中焯烫。

② 锅内加入茭白、猪蹄、通草、适量水，煮至猪蹄烂熟。

③ 撒入盐、味精调味即成。

食材绝招: 通草是中药的一种，又叫方通，主要产于贵州、广西、云南，性味寒，味甘淡，归肺、胃经，具有清热利尿、通气下乳的功效。孕妇慎用。

烹饪绝招: 猪蹄先下入开水锅中焯烫，可以有效去除猪蹄的杂质和腥味。

保健功效: 本汤是补血通乳的佳品，通草还可以有效促进胸部的发育，加上营养丰富的猪蹄，更可补中益气、调理脾胃。

茭白猪肉粥

热粥

原料

粳米、茭白各100克，猪瘦肉50克，香菇25克，盐、味精、色拉油各适量。

制作

① 茭白洗净切丝；香菇泡发后切末；猪瘦肉切末。

② 炒锅注油烧热，下入猪肉末炒香，加入茭白、香菇、盐、味精炒入味，盛入碗中。

③ 粳米淘洗干净，添适量水，旺火烧开，转用小火熬煮成稀粥。

④ 放入炒好的猪肉、香菇、茭白搅匀，稍煮片刻即可。

食材绝招：茭白质地鲜嫩、味甘实，被视为蔬菜中的佳品。

烹饪绝招：熬煮米粥前，先将粳米置于水中浸泡约30分钟，可使米粒饱含水分，使粥更软糯可口。

保健功效：本粥清热解毒，除烦止渴。香菇味香可口，猪肉营养丰富，茭白口感清爽，将三者熬煮成粥，滋补功效明显。

鲜菇炒茭白片

炒菜

原料

鲜蘑菇400克，茭白片100克，葱花、姜片、盐、味精、高汤、料酒、酱油、蒜片、白糖、淀粉、色拉油各适量。

制作

① 将蘑菇洗净，竖刀切开，茭白片下入沸水锅焯过，沥干水分。

② 炒锅注油烧热，下葱花、姜片炒香，烹入料酒、酱油，添入适量水烧沸，放入蘑菇煨熟透，捞出。

③ 另锅注油烧热，下蒜片炒香，加入蘑菇、茭白片、少许清汤及白糖、盐、味精，烧开稍焖，勾芡，出锅即成。

食材绝招：茭白，又名茭笋、菰笋、茭瓜，是我国的特产蔬菜，与莼菜、鲈鱼并称为"江南三大名菜"。

烹饪绝招：若加入适量鲜蘑菇共炒，其味更鲜。

保健功效：本菜鲜嫩爽口。茭白性味苦寒，可解热毒，除烦渴，鲜菇补气益胃，理气化痰。二者搭配，不仅味道香郁，增进食欲，还有助于消化，化痰宽中的功效，清中兼补，不燥不腻，适用于治疗热病烦渴、目赤、体虚、肺虚咳嗽、胸膈满闷等症。

炒 菜

素炒韭菜

原料

韭菜250克，豆腐干100克 ，盐、味精、酱油、色拉油各适量。

制作

① 韭菜择洗净切段。

② 豆腐干洗净切丝，下入开水锅中焯烫，捞出沥干。

③ 炒锅注油烧至八成热，放入韭菜段、盐、豆腐干丝、酱油、味精炒匀，装盘即可。

食材绝招：韭菜按叶片的宽窄可分为宽叶韭和窄叶韭。其中，宽叶韭口感嫩，香味清淡。

烹饪绝招：煸炒时，将韭菜段、盐一起放入快速煸炒，再放入其他材料，这样成菜色泽油绿发亮。

保健功效：本菜脆嫩清香，色泽悦目，营养丰富。韭菜为滋补壮阳佳肴，搭配富含蛋白质的豆腐干，营养全面，更兼具清心养肾的功效。

炒 菜

炒合菜

原料

嫩韭菜、鸡蛋、猪肉丝各100克，豆芽、菠菜、水发木耳片、水发粉丝段各75克，盐、醋、花椒水、花生油各适量。

制作

① 将韭菜、豆芽、菠菜择洗净，切成段；鸡蛋打入碗内，加盐搅匀，下热油锅炒熟待用。

② 炒锅注油烧热，放入猪肉丝、豆芽、粉丝、木耳翻炒。

③ 加入菠菜、韭菜、盐、醋、花椒水炒至断生，再放入鸡蛋炒匀出锅即成。

食材绝招：买韭菜时，要注意察看颜色，不要买看起来特别油绿的，越是施用高毒农药"灌根"的韭菜，长势越好，叶子绿油油的，看起来非常漂亮。

烹饪绝招：韭菜在种植过程中易被施加较多的农药，在食用之前宜用清水浸泡30分钟，以清除农药残留。

保健功效：本菜口感鲜嫩脆爽，咸鲜味美，长期食用，具有促消化，降血压的功效。

韭菜炒鸭血

炒菜

原料

鸭血块250克，韭菜100克，干辣椒、盐、味精、胡椒粉、料酒、香油、花生油各适量。

制作

① 鸭血切长方片，下入开水锅中焯透，捞出沥干。

② 韭菜洗净切段，干辣椒切丝。

③ 炒锅注油烧热，下入干辣椒丝、韭菜略炒，烹料酒，加鸭血片、盐、味精、胡椒粉炒翻均匀，淋香油出锅即成。

食材绝招: 韭菜中的细叶韭，叶片狭小而长，色泽深绿，纤维较多，富有香味。

烹饪绝招: 鸭血用热水焯烫，可有效除菌。

保健功效: 本菜嫩滑爽口，滋补开胃，营养丰富，是经典的家常菜之一。鸭血块质地细腻，有血豆腐之称，搭配纤维丰富、滋阴壮阳的韭菜，可以有效补血养颜，增强体力。

韭香银芽里脊丝

炒菜

原料

绿豆芽300克，韭菜、猪里脊肉各100克，鸡蛋清、葱花、姜末、玉米淀粉、盐、味精、料酒、色拉油各适量。

制作

① 韭菜洗净切成小段；绿豆芽洗净掐去两头。

② 里脊肉切成细丝，加蛋清，干淀粉、料酒上浆。

③ 炒锅注油烧温热，下入肉丝炒至变色，加入葱花、姜末爆香，放入绿豆芽、盐、味精、料酒翻炒至变色，再加入韭菜段炒匀，出锅装盘即可。

食材绝招: 食用韭菜也分季节，初春时节的韭菜品质最佳，晚秋的次之，夏季的最差，有"春食则香，夏食则臭"之说。

烹饪绝招: 烹制本菜时，韭菜段应最后加入，放入后速炒至软即可出锅，久炒则易烂。

保健功效: 本菜清香味美。韭菜有温阳解毒、下气散血的功效，绿豆芽有解毒的功效。韭菜配绿豆芽可解除人体内的热毒和补虚作用，搭配猪里脊肉，营养丰富；此外，韭菜含粗纤维多，通肠利便，有助于减肥。

炒菜

冬菇韭菜

原料

韭菜300克，鲜冬菇100克，盐、味精、淀粉、花椒油各适量。

制作

① 韭菜择洗干净，切成段。

② 冬菇择洗净，切成粗丝，下入沸水锅中焯烫，捞出沥干；淀粉加适量水调匀成湿淀粉。

③ 炒锅花椒油烧热，放入冬菇丝、韭菜段、盐炒熟，用湿淀粉勾芡，撒入味精，炒匀装盘即成。

食材绝招：买韭菜时，要注意看品像，别选特别粗壮的，这种韭菜在栽培时有可能使用了生长刺激剂。

烹饪绝招：花椒油的做法：炒锅注油烧至七成热，下入花椒炸香，去除花椒即可。

保健功效：本菜鲜香可口。韭菜能增强体力、促进胃肠蠕动、增进食欲、防治消化不良，冬菇具有增强机体免疫力的作用。二者搭配，可以为机体提供更丰富的营养，本菜也是心脑血管病、肥胖症者的理想食品。

炒菜

韭菜豆腐皮

原料

韭菜300克，豆腐皮200克，葱花、盐、味精、色拉油各适量。

制作

① 韭菜择洗净切成段，豆腐皮切成丝。

② 炒锅注油烧至五成热，下入葱花爆锅，再加入豆腐皮丝略炒。

③ 放入韭菜、盐、味精迅速煸炒至韭菜变色断生，出锅装盘即成。

食材绝招：买韭菜时，可以通过掰断根部的方法判断它的新鲜程度，新鲜的韭菜易掰断。

烹饪绝招：煸炒时注意大火爆炒。这样不但使菜更入味，其营养价值也能最大程度的得以保存。

保健功效：本菜色泽悦目，鲜嫩清香。韭菜有促进血液循环、增强体力、提高性功能、健胃提神等功效。豆腐皮具有宽中益气、清热散瘀、消肿利尿、生津润燥的功效。二者搭配，营养丰富，适于阳痿早泄、妇女阳气不足、大便干燥及癌症患者食用。

酸辣韭菜炒蛋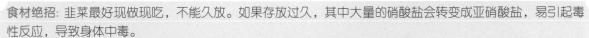

炒 菜

原料

嫩韭菜350克，鸡蛋3个，鲜红椒1个，盐、糖、花椒粉、辣椒粉、料酒、醋、花生油各适量。

制作

① 韭菜择洗净切成段；红椒去籽洗净切块，下入开水锅中焯过；鸡蛋打入碗内，加盐、料酒搅匀；将醋、糖、盐、花椒粉及少许清水调成味汁。

② 炒锅注油烧热，下入鸡蛋炒熟。

③ 炒锅注油烧热，下辣椒粉炒香，放入韭菜略炒，加入红椒块、鸡蛋块翻炒，烹入味汁炒匀，出锅即成。

食材绝招：韭菜最好现做现吃，不能久放。如果存放过久，其中大量的硝酸盐会转变成亚硝酸盐，易引起毒性反应，导致身体中毒。

烹饪绝招：烹饪鸡蛋时，用小火翻炒，再添入少量水，可使炒出的鸡蛋更嫩。

保健功效：本菜酸辣甜鲜，软嫩爽口。韭菜和鸡蛋两者混炒，可以起到补肾、行气、止痛的作用，对治疗阳痿、尿频、肾虚、痔疮及胃痛亦有一定疗效。

韭菜墨鱼丝

炒 菜

原料

墨鱼300克，韭菜150克，姜、盐、料酒、色拉油适量。

制作

① 墨鱼去外皮洗净，切丝，下入沸水锅中焯烫，捞出后沥干。

② 韭菜切成段，姜切成丝。

③ 炒锅注油烧热，下姜丝爆香，放入墨鱼丝、料酒、盐，添入少许水，烧至墨鱼丝入味，加入韭菜炒熟即成。

食材绝招：不见阳光的韭菜呈黄白色，叫韭黄，其营养价值稍逊于韭菜。

烹饪绝招：墨鱼丝入开水锅中焯烫时，略烫即可，以免过老导致口感发硬。

保健功效：本菜鲜香开胃，补肾养血。韭菜与墨鱼丝同食，能提供优质蛋白质，可防治夜盲症、干眼病，还能驱虫杀菌，韭菜中的粗纤维更可促进胃肠蠕动。

面 食

蒸韭菜蛋饼 🍽

原料

面粉500克，韭菜400克，鸡蛋4个，葱花、盐、料酒、色拉油各适量。

制作

① 韭菜择洗净切段；葱洗净，切成细末；鸡蛋打散搅匀。

② 面粉加水和成薄浆，加入鸡蛋液、料酒、盐、葱花、韭菜段拌匀。

③ 将面粉糊摊入盘中，放入蒸屉蒸熟即可。

食材绝招: 韭菜多食会上火且不易消化，因此阴虚火旺、有眼病和胃肠虚弱的人不宜多食。

烹饪绝招: ◎ 在蒸蛋饼之前，先在盘中涂上一层油，再放入面粉糊，这样蒸制后的盆就很容易清洗了。

　　　　　 ◎ 蒸蛋饼时，应先用大火蒸熟，再转小火。

保健功效: 本菜鲜咸适口，开胃助消化，营养丰富，是经典的家常面食之一。

炒 菜

爽口小炒 🍴

原料

卷心菜500克，虾仁、水发木耳各50克，泡椒4个，葱花、蒜片、花椒、盐、生抽、色拉油各适量。

制作

① 卷心菜洗净撕成小片；虾仁洗净去虾线，泡椒、木耳切片。

② 炒锅注油烧热，下入葱花、花椒炒香，放入卷心菜，加盐、生抽炒至断生，出锅装盘。

③ 炒锅注油烧热，下入蒜片、泡椒略炒，放虾仁炒熟，加入木耳片、盐、生抽稍炒，出锅倒在卷心菜上即可。

食材绝招: 挑选圆形卷心菜时，注意选择叶球坚硬、包心紧实的卷心菜，叶球不坚硬、不紧的通常有虫。

烹饪绝招: 食用卷心菜前，最好先切开，置于清水中浸泡1～2小时，再洗净，以去除残附的农药。

保健功效: 本菜鲜香四溢，爽口开胃，营养均衡。卷心菜中含少量致甲状腺肿的物质，会干扰甲状腺对碘的利用，而虾仁则可以帮助补充碘元素。二者同食，具有补肾壮腰、健脑健脾作用，对动脉硬化、结石、便秘、肥胖症等有疗效。

香脆五丝

炒菜

原料

卷心菜200克，冬笋、香菇各25克，红甜椒、青甜椒各1个，盐、鸡精、花椒粉、香油各适量。

制作

① 将卷心菜、冬笋、香菇、红甜椒、青甜椒分别洗净，均切成细丝。

② 将以上五丝放入沸水中烫至断生，捞出沥干。

③ 炒锅烧热，下入花椒粉炒香，放入五丝，撒盐、鸡精略炒，淋入香油拌匀即成。

食材绝招： 因尖顶卷心菜为时鲜，购买时可挑选叶球略松的，影响不大。

烹饪绝招： ◎花椒粉炒香时应用慢火，否则易炒糊。

◎加入五丝后，再改成大火爆炒。

保健功效： 本菜口感香脆，清心爽口。卷心菜和青椒中维生素C含量丰富，常食可有效地防止牙龈出血及坏血症。

辣炒卷心菜

炒菜

原料

卷心菜500克，葱花、干辣椒、糖、盐、味精、生抽、花椒油、花生油各适量。

制作

① 卷心菜洗净，掰成块状；干辣椒切碎。

② 炒锅注油烧热，下入干辣椒、葱花爆香，加入卷心菜煸炒，炒至断生。

③ 撒入盐、糖、味精、生抽、花椒油炒匀，出锅即成。

食材绝招： 购买卷心菜时，若叶球坚实但顶部隆起，表明叶球内开始挑薹，中心柱过高，则食用风味差。

烹饪绝招： 锅中多放油，烧至略微冒油烟，放入卷心菜猛火急炒，以刚刚熟透为度，迅速加盐和味精，咸度适宜即可；炒的过程中不可盖锅盖。更无需加水"焖"熟。

保健功效： 本菜辣爽可口，颜色鲜艳，口感爽脆。卷心菜富含维生素、叶绿素、微量元素、纤维素和水分，旺火快炒，能避免营养素的流失。

凉拌菜

糖醋卷心菜

原料

卷心菜250克，花椒、姜丝、干红辣椒丝、白糖、盐、味精、醋、生抽、花生油各适量。

制作

① 将卷心菜洗净撕成块，用沸水略烫，捞出沥干水分。
② 白糖、醋、生抽、盐调成糖醋汁。
③ 炒锅注油烧热，下入花椒粒炸香，加入姜丝、辣椒丝炒香，添入糖醋汁烧开，浇入卷心菜上，撒入味精拌匀即成。

食材绝招：卷心菜如果叶缘枯死，不影响食用，食用时只要将枯死的叶缘部分去除即可。
烹饪绝招：◎卷心菜用手撕成小片，口感会比用刀切还好。
　　　　　　◎调糖醋汁时应按个人口味进行调整，可加入番茄酱等调味品。
保健功效：本菜酸甜脆嫩，香辣爽口。多吃卷心菜，可增进食欲、促进消化、预防便秘。

炒 菜

香辣卷心菜

原料

卷心菜400克，郫县豆瓣酱25克，干红辣椒丝、香菜段、白糖、味精、料酒、酱油、香油、花生油各适量。

制作

① 将卷心菜洗净切成小片，豆瓣酱剁碎。
② 炒锅注油烧热，下入豆瓣酱、干红辣椒丝炒香，放入卷心菜、料酒、酱油、白糖，用旺火快速翻炒至断生。
③ 加入香菜段、味精炒匀，淋入香油，出锅即成。

食材绝招：常见的紫甘蓝是紫色的卷心菜，其营养功效基本和卷心菜相同。
烹饪绝招：这道菜的关键在于"炒"得恰到好处，不可过头，当然也不能带"生"。其奥妙在于掌握好火候，猛火快炒，一熟即可，宁愿稍偏"生"也不要炒得过熟，因为卷心菜过熟会失去本身的水分，便不好吃了。
保健功效：本菜脆嫩香辣，卷心菜能提高人体免疫力、预防感冒、抗癌、加速溃疡面愈合、调节血糖、血脂，对糖尿病、肥胖患者的食疗极为有利。

豉茸苦瓜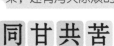

凉拌菜

原料

苦瓜300克，豆豉50克，盐、白糖、味精、香油、花生油各适量。

制作

① 将苦瓜洗净，顺长切成两半，挖去瓜瓤，切薄片，放入沸水中焯过，捞出放入碗中，滴入香油拌匀，晾凉待用；豆豉剁成末。

② 炒锅注油烧热，下入豆豉末小火炒香，盛出待用。

③ 苦瓜片加豆豉末、盐、白糖、味精、香油拌匀，装盘即成。

食材绝招：苦瓜的果瘤是判断好坏的特征。果瘤越大、越有光泽，这样的苦瓜更脆，肉更厚，更好吃。

烹饪绝招：苦瓜吃前要焯烫，这是因为苦瓜中的草酸会妨碍食物中的钙吸收，而经过焯烫后的苦瓜，其草酸含量大大减少。

保健功效：本菜咸鲜爽口，豉味香浓。苦瓜为典型的高钾食品，被称为"苦味降压菜"，有很好的降血压效果，还有泻火除烦的作用。

同甘共苦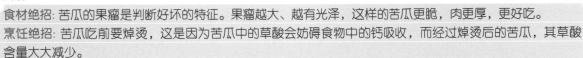

炒菜

原料

苦瓜200克，猪肝75克，蒜末、酱油、料酒、盐、味精、花生油各适量。

制作

① 苦瓜洗净，顺长切成两半，挖去瓜瓤，加盐略腌后洗净切块。

② 猪肝洗净切片，加料酒、盐略腌渍，再下入开水锅中焯烫，捞出沥干。

③ 炒锅注油烧热，投入蒜末、苦瓜略炒，烹入酱油、料酒，放入猪肝片翻炒，撒入盐、味精调味即成。

食材绝招：苦瓜果瘤颗粒愈小，瓜肉相对较薄，口感相对较差。

烹饪绝招：苦瓜用盐略腌，再用清水洗净沥干，不仅口感较好，调味也会较均匀。

保健功效：本菜滑嫩爽口，苦瓜、猪肝同食能保护骨骼、牙齿及血管，使铁质、维生素A吸收得更好，更有健胃的功效，能治疗胃气痛、眼痛、感冒、伤寒和小儿腹泻呕吐等。

凉拌菜

冰爽蜜汁苦瓜

原料

苦瓜250克，枸杞25克，雪碧、矿泉水、橙汁、蜂蜜、冰糖各适量。

制作

① 将苦瓜洗净，顺长切成两半，挖去瓜瓤，切片。
② 碗内放入冰糖，加入雪碧、矿泉水融化后，泡入苦瓜片、枸杞。
③ 将苦瓜装盘，食用时佐以蜂蜜、橙汁即可。

食材绝招：挑选苦瓜时，注意避免选择发黄的苦瓜。这种苦瓜已经过熟，果肉柔软，不够脆，失去苦瓜应有的自然口感。

烹饪绝招：可以将制成的冰爽蜜汁苦瓜置于冰箱中进行冰镇，这样冰爽的口感更强。

保健功效：本菜脆嫩爽口，苦瓜中含有独特的苦味成分——金鸡纳霜，能抑制过度兴奋的体温中枢，起到消暑解热的作用，搭配其他具有清火解暑的橙汁、蜂蜜等，是解暑佳品。

炒 菜

鱼香苦瓜丝

原料

苦瓜300克，泡辣椒25克，郫县豆瓣酱、葱丝、姜丝、蒜泥、盐、白糖、味精、酱油、醋、香油、花生油各适量。

制作

① 苦瓜洗净切成两半，挖去瓜瓤，切成丝，下入开水锅中焯过，过凉捞出沥干；泡辣椒切成细丝。
② 炒锅注油烧热，下葱丝、姜丝、泡椒丝炒香。
③ 再下入豆瓣酱炒出红油，加入酱油、白糖、盐、醋、味精、蒜泥炒匀，浇在苦瓜上，淋上香油即成。

食材绝招：挑选苦瓜可以通过重量进行选择。以50克左右最好，这样的苦瓜一般不会太苦，非常适宜生吃。

烹饪绝招：制作本菜时，各调料之间的比例要掌握好。一般为姜1，蒜2，豆瓣酱3，葱4，盐1，糖3，醋2，味精0.1为宜，这样才能调出正宗的鱼香味。

保健功效：本菜酸、甜、香、鲜、微辣，姜、葱、蒜香味浓郁，色泽红亮，甜酸适口。苦瓜中含有独特的维生素B$_{17}$和生理活性蛋白质，经常食用能提高人体免疫功能，可防癌。

苦瓜消暑汤

热 汤

原料

苦瓜200克，熟肉丝50克，榨菜丝、盐、味精、高汤、色拉油各适量。

制作

① 苦瓜洗净，顺长切成两半，挖去瓜瓤，切成薄片，放入沸水锅中焯烫，捞出放凉水中浸凉。

② 榨菜丝用清水泡去咸味后放汤碗中。

③ 锅中放入色拉油、高汤、苦瓜片、熟肉丝烧沸，加入盐、味精调味，起锅倒入汤碗中即可。

食材绝招：苦瓜具有一般蔬菜无法比拟的神奇作用，苦瓜虽苦，却从不会把苦味传给"别人"，因此苦瓜适宜与其他菜品搭配食用，如烧鱼，鱼块绝不沾苦味，又有"君子菜"的雅称。

烹饪绝招：熟肉丝也可用火腿丝替换，风味独特，口感更佳。

保健功效：本菜咸鲜适口，是夏季消暑佳饮。苦瓜中含有的蛋白质成分及大量的维生素C，能提高机体的免疫功能，使免疫细胞具有杀灭癌细胞的作用。

苦瓜酿肉柱

热 菜

原料

苦瓜500克，猪肉泥250克，海米粒、鲜香菇粒各25克，鸡蛋清、葱末、姜末、盐、鸡精、干淀粉、湿淀粉、清汤、酱油、料酒、花生油各适量。

制作

① 苦瓜洗净切段去籽，焯烫后沥干；肉泥、姜末、葱末、香菇、海米粒、鸡蛋清、湿淀粉、料酒、盐、鸡精拌匀成馅，酿入苦瓜内，用干湿淀粉封口成筒状。

② 苦瓜筒上笼蒸熟，摆放在盘内；汁倒入锅内烧开，勾芡，浇在苦瓜肉柱上即成。

食材绝招：苦瓜，又叫癞瓜、凉瓜，具有特殊的苦味，是深受欢迎的去火降压菜，尤其适宜夏季食用。

烹饪绝招：◎使用原汁勾芡是大厨们常用的方式，可以有效为菜品增鲜提味。

◎可将苦瓜先下入热油锅中慢火微煎，再入蒸笼蒸，这样烹制出的菜肴口味更香浓。

保健功效：本菜造型美观，口感香辣微苦，馅鲜味美，营养丰富。

炒 菜

干煸苦瓜

原料

苦瓜300克，猪肉100克，海米、蒜瓣、花椒、辣椒碎、盐、味精、白糖、红油、色拉油各适量。

制作

① 将苦瓜洗净，顺长切成两半，挖去瓜瓤，切成长条，焯过；猪肉切末，海米、蒜瓣分别切末。

② 炒锅注油烧至六成热，放入苦瓜条过油，捞出沥油。

③ 炒锅注油烧热，下入蒜末、花椒、辣椒碎、海米爆香至油呈红色，放入猪肉末略炒，投入苦瓜条，边翻炒边加盐、味精、白糖，最后淋入红油，出锅即成。

食材绝招： 苦瓜不要一次吃得过多，因苦瓜中含有的草酸会妨碍身体对钙质的吸收，尤其是需要补充大量钙的宝宝不能吃太多的苦瓜。

烹饪绝招： 苦瓜焯烫后务必沥干，否则过油时油易外溅。

保健功效： 本菜干香味辣，醒酒下饭。苦瓜有解除疲劳、清心明目、益气壮阳、延缓衰老的作用；辣椒中含丰富的维生素C，海米中含钙质，猪肉营养丰富，搭配食用是健美抗衰老佳肴。

热 汤

三鲜苦瓜汤

原料

苦瓜300克，鲜香菇、冬笋各100克，盐、味精、鲜汤、色拉油各适量。

制作

① 将苦瓜洗净，顺长切成两半，挖去瓜瓤，切成薄片，放入开水锅中焯烫，捞出沥干。

② 鲜香菇去蒂，片成薄片；冬笋洗净去壳，切成薄片。

③ 炒锅注油烧至七成热，放入苦瓜片略炒，添入鲜汤烧开，再加入冬笋片、香菇片煮至酥软，撒入盐、味精调味，起锅倒入汤碗即可。

食材绝招： 挑选苦瓜时，除了要挑果瘤大的苦瓜，还要注意苦瓜的外形，应挑选瓜形直立，颜色嫩绿泛白，有光泽的。

烹饪绝招： 制作时，去掉苦瓜的瓜瓤，可以有效除去苦瓜的苦味。因为苦瓜瓤是苦瓜中苦味素含量最高的部位，苦味很重。

保健功效： 本菜色美、味鲜，营养素含量丰富，是经典家常汤之一，尤其适宜素食者食用。

苦瓜丝拌熏干

凉拌菜

原料

苦瓜、熏豆腐干各200克，盐、白糖、味精、酱油、醋、香油各适量。

制作

① 将苦瓜洗净，顺长切成两半，挖去瓜瓤，切成丝，下入开水锅中焯烫，捞出沥干，装盘。

② 熏豆腐干切成小丁，装盘。

③ 将酱油、醋、香油、盐、白糖、味精调成汁，倒入盘内，拌匀即成。

食材绝招： 食用苦瓜时，最好去掉苦瓜的外皮，这样可以有效去除瓜皮表面的农药残留。如不去皮，应该用软毛刷仔细刷洗，以清除残留农药。

烹饪绝招： 味精、白糖、盐不易溶于凉汁中，可以将其先用温开水化开，再加入其他调味品调成味汁。

保健功效： 本菜清爽开胃，苦瓜有解除疲劳、清心明目、益气壮阳、延缓衰老的作用。豆腐干中富含蛋白质，两者搭配是下酒的理想菜肴。

香菜红萝卜丝

凉拌菜

原料

红心萝卜200克，香菜25克，葱花、盐、味精、白糖、醋、香油各适量。

制作

① 香菜择洗净，切成段。

② 萝卜洗净去皮切丝，加入盐略腌，沥干。

③ 将萝卜丝、香菜段加入葱花、盐、味精、醋、白糖、香油拌匀即可。

食材绝招： 优质红心萝卜色泽鲜嫩，肉质松脆多汁，肉质根粗壮，大小均匀，饱满而无损伤，表皮光滑而不开裂。

烹饪绝招： 红心萝卜是生熟食皆宜的蔬菜，可洗净直接调拌生食，也可用热水焯烫后拌食。

保健功效： 本菜酸甜可口，风味独特。红心萝卜性凉，味辛甘，含有大量纤维素，色泽悦目，可消积滞、化痰清热、下气宽中、解毒。

炒 菜

金钩炒青丝

原料

青萝卜300克，海米50克，干辣椒丝、葱丝、盐、料酒、香油、色拉油各适量。

制作

① 将萝卜洗净去皮，切成细丝；海米泡开。

② 炒锅注油烧热，下入葱丝、干辣椒丝炒香，烹入料酒，放入海米、萝卜丝，不断翻炒。

③ 待萝卜丝炒熟变色、变软时，加盐调味，淋入香油炒匀即可。

食材绝招：萝卜营养丰富，有很好的食用、医疗价值，有"冬吃萝卜夏吃姜，一年四季保安康"的说法。

烹饪绝招：烹炒萝卜丝时不能加水，加水后菜品的口感会变差。

保健功效：本菜色泽悦目，红绿相间，清香微辣。萝卜所含热量较少，膳食纤维较多，吃后易产生饱胀感，搭配鲜味十足的海米，是经典家常菜之一。

热 菜

香辣萝卜带皮肉

原料

白萝卜400克，带皮猪肉200克，葱花、姜片、花椒、郫县豆瓣酱、盐、味精、香油各适量。

制作

① 将猪肉放入开水锅中煮至断生，捞出切成薄片；萝卜洗净，切滚刀块。

② 将煮肉原汤烧开，放入萝卜块、肉片、葱花、姜片、花椒、盐烧开，小火煮熟。

③ 把豆瓣酱、香油、味精调匀装入小碟内，佐食肉片、萝卜。

食材绝招：品质一般的白萝卜肉质松脆多汁，不糠心、不空心、不黑心，无外伤和病虫害，大小不均匀，形状不匀称，表皮粗糙但不开裂。

烹饪绝招：使用带皮猪肉炖煮，可使本汤更营养、更美味。

保健功效：本菜汤汁乳白，清香不腻。萝卜味甘性凉，宽中下气，消食化痰；猪肉性甘平，健脾胃、补虚弱、强筋骨。与萝卜炖吃，气香味鲜，可用于治疗胃满肚胀、消化不良等，是患厌食症小儿的辅助食疗菜肴。

清炒木耳菜

炒 菜

原料

木耳菜350克，海米25克，蒜末、盐、味精、料酒、香油、花生油各适量。

制作

① 将木耳菜择洗净，沥干。

② 海米放入温水中略泡，捞出洗净。

③ 炒锅注油烧热，下蒜末爆香，放入木耳菜、烹入料酒，撒入盐、味精、海米炒熟，滴入香油，出锅即可。

食材绝招: 优质的木耳菜叶子近似圆形，肥厚而黏滑，很像木耳。

烹饪绝招: 木耳菜适宜素炒，要用旺火快炒，炒的时间长了易出黏液，并且不宜放酱油。

保健功效: 本菜清香爽口，木耳菜富含维生素A、维生素C、B族维生素和蛋白质，而且热量低、脂肪少，有降血压、益肝、清热凉血、利尿、防止便秘等功效，极适宜老年人食用；但孕妇及脾胃虚寒者应慎食木耳菜。

木耳菜甜椒汤

热 汤

原料

木耳菜350克，甜椒200克，葱花、盐、素高汤、香油、花生油各适量。

制作

① 木耳菜洗净，下入开水锅中焯熟，捞出沥干。

② 甜椒洗净，切成片。

③ 炒锅注油烧热，下入葱花爆香，放入甜椒、木耳菜、盐略炒，加入素高汤煮开，滴入香油即成。

食材绝招: 优质木耳菜烹调后清香鲜美，口感嫩滑。

烹饪绝招: 焯烫木耳菜时，可以加入少许油和盐，这样焯烫后菜色碧绿，不易发黄。

保健功效: 本菜滑润适口，木耳菜的钙含量很高，且草酸含量极低，是补钙的优选经济菜，搭配含有丰富的维生素C、维生素K的甜椒，不但营养丰富，更可有效防治坏血病，对牙龈出血、贫血、血管脆弱有辅助治疗作用。

热 菜

油煎南瓜饼

原料

南瓜250克，糯米粉200克，红豆沙125克，白糖、花生油各适量。

制作

① 南瓜洗净切块蒸熟，晾凉后去皮捣成糊，加糯米粉、白糖，搓成粉粒状，蒸熟晾凉，搓成条状，揪成10个小团。

② 将小团捏扁，包入豆沙馅，按成圆饼，即成为南瓜饼坯。

③ 炒锅注油烧热，放入饼坯煎熟即可。

食材绝招：挑选南瓜时可以看南瓜皮，瓜皮越粗糙、越硬、颜色越黄，肉就越香甜好吃。

烹饪绝招：◎ 煎南瓜饼时，应该用慢火慢煎。

◎ 将南瓜饼蘸匀面包糠，再下入热油锅煎，可使南瓜饼外形更美观。

保健功效：本菜色泽美观，香甜软糯，南瓜中含有丰富的锌，参与人体内核酸、蛋白质的合成，是肾上腺皮质激素的固有成分，也是人体生长发育的重要物质。

热 菜

蜜汁南瓜

原料

南瓜350克，蜂蜜适量。

制作

① 将南瓜刮去厚皮，去掉子洗净，切成小块。

② 锅中添水烧开，将南瓜块上笼蒸15分钟，蒸熟。

③ 取出南瓜块晾凉，淋入蜂蜜即成。

食材绝招：挑选南瓜时，可以从瓜肉和南瓜种上进行选择。瓜肉厚实，种子繁密的南瓜口感香，耐吃。

烹饪绝招：蒸南瓜时注意控制时间，不要蒸的过烂。

保健功效：本菜香糯甘甜，南瓜所含成分能促进胆汁分泌，加强胃肠蠕动，帮助食物消化，搭配蜂蜜，增加营养，口感甜而不腻。

南百红豆

炒菜

原料

南瓜250克，泡好的红小豆150克，百合100克，葱末、姜末、盐、味精、白糖、湿淀粉、料酒、香油、花生油各适量。

制作

① 南瓜去皮切丁，百合洗净掰片。

② 炒锅注油烧至六成热，下入南瓜丁、百合片过油，捞出沥油。

③ 炒锅注油烧热，下入葱末、姜末爆锅，烹入料酒，倒入南瓜丁、百合片、红小豆，添入适量水煮熟，加盐、味精、白糖调味，加湿淀粉勾芡，淋入香油即成。

食材绝招：瓜肉厚实的南瓜，水分少，口感甜、面，非常适宜用作煲汤或炖煮。

烹饪绝招：百合最好使用鲜百合，这样，在过油时不易出现油溅。

保健功效：本菜色泽鲜艳，口感柔脆。南瓜有健肤润肤、减肥的作用，红小豆有消肿利尿的功效，再搭配百合，美容瘦身效果明显。

米汤南瓜

热菜

原料

老南瓜500克，葱段、姜片、盐、味精、香油、湿淀粉、米汤、色拉油各适量。

制作

① 南瓜去皮、瓤洗净，切长方块。

② 炒锅注油烧热，下葱段、姜片炒香。

③ 投入南瓜块翻炒，添入米汤，焖至南瓜软烂，撒入盐、味精略烧，勾芡收汁，淋香油，出锅即可。

食材绝招：南瓜，又称倭瓜、饭瓜，既可当菜又可代粮，有很好的食疗价值。

烹饪绝招：南瓜置于热油锅中翻炒至色泽金黄即可添入米汤，这样制成的米汤南瓜香味浓郁。

保健功效：本菜软烂细腻，咸鲜香甜。南瓜钴的含量较高，它是胰岛细胞合成胰岛素所必需的微量元素，南瓜对防治糖尿病、降低血糖有特殊的疗效。

腐乳南瓜

原料

南瓜500克，腐乳2块，腐乳汁、蒜泥、盐、味精、香油、花生油各适量。

制作

① 南瓜洗净去皮、瓤切成条；腐乳块压成泥，加入腐乳汁拌匀。

② 炒锅注油烧热，下蒜泥炒香，倒入腐乳汁炒数下。

③ 放入南瓜条炒匀，加入盐、味精和适量开水，用小火焖至汤汁干，淋入香油，出锅即成。

食材绝招：南瓜是糖尿病人的绝好食材。可把南瓜烘干，制成南瓜粉，以便供糖尿病人长期少量食用。

烹饪绝招：◎ 腐乳要选用南乳，南乳味浓香醇厚，适宜烹制菜肴。

　　　　　◎ 南瓜应挑选优质嫩南瓜，这种南瓜粗纤维少，营养价值较高。

保健功效：本菜南瓜糯嫩，腐乳味香，色泽酱红，有一定的黏稠度，有腐乳的香味，咸中有甜，风味独特。

魔芋南瓜汤

原料

南瓜250克，魔芋丝150克，盐、白糖、鸡精各适量。

制作

① 南瓜洗净去皮、籽切块，上笼蒸至软烂，搅打成泥。

② 锅中添入适量清水烧开，放入南瓜泥、魔芋丝略煮。

③ 最后撒入盐、白糖、鸡精搅匀即可。

食材绝招：南瓜对防治糖尿病、降低血糖有特殊的疗效，日常食用有很好的保健功效。

烹饪绝招：◎ 用适量湿淀粉勾芡，可以使口感更佳。

　　　　　◎ 烹制本菜时，可以使用魔芋块，口感更滑嫩。

保健功效：本菜甜润适口。南瓜内含有维生素和果胶，果胶有很好的吸附性，能黏结和消除体内细菌毒素和其他有害物质，如重金属中的铅、汞和放射性元素，能起到解毒作用。

珊瑚藕片 🍽

凉拌菜

原料

鲜藕350克，干红辣椒、白糖、米醋、花生油各适量。

制作

① 藕洗净去皮切成薄片，下入开水锅中焯烫，捞出过凉沥干，加白糖、米醋拌匀。
② 干红辣椒切丝。
③ 炒锅注油烧热，下入干红辣椒丝炸香，将油浇入藕片拌匀，码入盘内，再取几根辣椒丝，点缀在藕片上即成。

食材绝招: 莲藕，又名莲菜，微甜而脆，十分爽口，既可生食也可做菜，且药用价值相当高，是老幼妇孺、体弱多病者上好的食品和滋补佳珍。

烹饪绝招: 煮藕时忌用铁器，以免引起食物发黑。

保健功效: 本菜微甜酸辣，清爽脆嫩。莲藕散发出一种独特清香，还含有鞣质，有一定健脾止泻作用，能增进食欲，促进消化，开胃健中，有益于胃纳不佳、食欲不振者恢复健康。

姜丝炒鲜藕 🍽

炒菜

原料

鲜藕500克，姜丝100克，葱丝50克，盐、味精、料酒、花生油各适量。

制作

① 鲜藕去皮洗净切片，下入开水锅焯烫，捞出沥干。
② 炒锅注油烧热，下姜丝、葱丝炒香，放入藕片煸炒。
③ 再加入料酒、盐、味精炒匀即成。

食材绝招: 选购莲藕时，应挑选外皮呈黄褐色、肉肥厚而白的莲藕，这种莲藕经吃，口感清脆。

烹饪绝招: 姜丝味浓，味辣，可用清水略冲洗后再用。

保健功效: 本菜清脆爽口。藕的营养价值很高，富含铁、钙等微量元素，植物蛋白质、维生素以及淀粉含量也很丰富，有明显的补益气血，增强人体免疫力作用。

炒 菜

莲藕烧肉皮

原料

莲藕250克，猪肉皮200克，枸杞子50克，蒜片、姜片、盐、味精、料酒、酱油、色拉油各适量。

制作

① 猪肉皮洗净切小块，下入开水锅中焯烫，捞出沥干；藕洗净去皮切片。

② 炒锅注油烧热，下入蒜片、姜片爆锅，加入肉皮块煸炒至收缩。

③ 放入清水、藕片、枸杞子、盐、料酒、酱油，微火炖烧至熟烂、汤汁浓厚，撒入味精调味，出锅即成。

食材绝招：莲藕如果发黑，有异味，说明已经变质，不可食用。

烹饪绝招：◎ 枸杞子应提前洗净泡开。

　　　　　◎ 烹制本菜时，一定要加入料酒，以达到去腻增鲜。

保健功效：本菜咸鲜味美，口感爽滑，营养丰富。莲藕中含有黏液蛋白和膳食纤维，能与人体内胆酸盐、食物中的胆固醇及甘油三酯结合，帮助其排出体外，从而减少脂类的吸收。搭配肉皮食用，香而不腻。

凉拌菜

香辣三丝藕片

原料

鲜藕300克，香菜50克，鲜姜、干红辣椒、盐、白糖、味精、白醋、香油、花椒油各适量。

制作

① 藕洗净去皮切片，下入沸水锅内烫至断生，捞入过凉沥干，加入盐、白糖、味精、白醋、香油拌入味略腌。

② 香菜择洗净切段，鲜姜去皮切丝，干红辣椒洗净切丝。

③ 将藕片整齐地码在盘中，撒入香菜段、姜丝、辣椒丝，浇入热花椒油，拌匀即成。

食材绝招：藕四季均有上市，以夏、秋的为好，夏天的称为"花香藕"，秋天的称为"桂花藕"。

烹饪绝招：焯烫过的藕片一定要置于凉水中进行过凉，这样才能避免藕片发黑变色。

保健功效：本菜颜色洁白，质地脆嫩，酸甜微辣。藕的营养价值很高，富含铁、钙等微量元素，植物蛋白质、维生素以及淀粉含量也很丰富，有明显的补益气血，增强人体免疫力的作用。

果味藕条

凉拌菜

原料

嫩藕500克，果珍粉100克，白糖、柠檬酸、橘子香精各适量。

制作

① 藕洗净去皮切条，放入凉水中泡至洁白，再下入沸水锅中焯至断生，捞出沥干。

② 将藕条放入盆内，加入果珍粉、白糖、柠檬酸，滴入橘子香精拌匀。

③ 盖盖，静置4小时，盛入盘内即成。

食材绝招：藕节数目不会影响品质，选购时要挑较粗短的藕节，成熟度足，口感较佳。

烹饪绝招：◎ 也可不用橘子香精。

◎ 可将藕条置于冰箱中冷藏后食用，这样更加冰凉入味。

保健功效：本菜果香味浓，酸甜可口，是夏季降暑菜肴之一。藕性偏凉，含有丰富的维生素K，具有收缩血管和止血的作用，搭配富含维生素C的果珍粉，口感、营养皆加倍。

红枣糯米藕

热 菜

原料

鲜藕500克，糯米、红枣、火腿末、栗子末、桂花、蜂蜜、红曲米、酱油、冰糖、盐各适量。

制作

① 鲜藕去皮整节洗净，沥干水分待用；糯米洗净泡软。

② 红枣去核洗净切成粒，与火腿末、栗子末、泡好的糯米拌成馅，塞入藕孔中。

③ 炒锅加入红曲米、冰糖、清水，将塞入馅料的藕放入锅中煮约2小时，待藕酥烂取出，切成片排放盘中；将红曲米、蜂蜜、桂花、酱油、盐调成汁，浇在藕片上即成。

食材绝招：莲藕要外形饱满，不要选择外型凹凸不完整的莲藕。

烹饪绝招：◎ 切藕的时候，需将藕的一端切开，另一端封闭。

◎ 塞馅时，需用筷子边塞边捣，这样蒸熟后切出的藕片不易掉馅。

保健功效：本菜颜色红润，软糯香甜，是深受欢迎的甜点之一。熟莲藕补心益血，可用于高血压、失眠、鼻衄、咯血、血淋、尿血等的辅助食疗。

凉拌菜

芝麻拌嫩茄

原料

长茄子250克，熟白芝麻、芝麻酱、芥辣酱、味精、米醋、浅色酱油、香油各适量。

制作

① 茄子切去头尾，削皮洗净。

② 茄子上笼用中火蒸至软烂，取出晾凉，撕成条。

③ 把芝麻酱、芥辣酱、米醋、浅色酱油、味精、香油调匀，加入茄子条，淋入香油拌匀，撒上熟白芝麻即成。

食材绝招： 挑选嫩茄子可以通过看"腰带"。在茄子萼片与果实相连接的地方，有一圈浅色环带，也叫"腰带"，这条带越宽、越明显，说明茄子越鲜嫩。

烹饪绝招： 香油可用热色拉油、热花椒油代替。如果使用热辣椒油，可以使本菜增加辣味，口感更美味。

保健功效： 本菜软滑酸辣，清凉可口。茄子含丰富的维生素P，能增强毛细血管的弹性，减低毛细血管的脆性及渗透性，防止微血管破裂出血，使心血管保持正常的功能，对高血压、动脉硬化、咯血等患者均有益。

热菜

金沙茄条

原料

嫩茄子300克，熟咸鸭蛋黄2个，盐、干淀粉、色拉油各适量。

制作

① 将茄子去皮洗净切条，加盐腌渍15分钟，再拌匀干淀粉；咸鸭蛋黄拍成末。

② 炒锅注油烧热，放入茄子，慢火炸至色泽淡黄、微脆，捞出沥油。

③ 锅中留油烧热，放入蛋黄末炒香，再倒入茄条炒匀，使蛋黄均匀地裹在茄条上即可。

食材绝招： 吃茄子分季节，秋后的老茄子含有较多茄碱，对人体有害，不宜多吃。

烹饪绝招： 茄子切成块或片后，由于氧化作用会很快由白变褐。如果将切成块的茄子立即放入水中浸泡起来，待做菜时再捞起滤干，就可避免茄子变色。

保健功效： 本菜色泽金黄，爽口脆嫩。茄子含有维生素E，有防止出血和抗衰老功能，常吃茄子，可使血液中胆固醇水平不致增高，对延缓人体衰老具有积极的意义。

蒸茄拌肉酱 🔘

凉拌菜

原料 》

嫩茄子300克，猪瘦肉末100克，黄豆酱75克，葱花、姜末、蒜末、味精、料酒、花生油各适量。

制作 》

① 茄子洗净去皮切成两半，入笼中蒸熟，取出沥干。

② 炒锅注油烧热，下入姜末、蒜末爆香，加猪瘦肉末炒散，放入黄豆酱、葱花、料酒炒出香味，再加入清水、味精炒成肉酱。

③ 将炒好的肉酱放在茄子上，食用时拌匀即可。

食材绝招: 茄子古称酪酥、昆仑瓜，以幼嫩果实供食用，最早产于印度，公元4～5世纪传入我国。

烹饪绝招: 黄豆酱也可用甜面酱代替。如果喜欢吃辣，也可使用豆瓣酱，使用前注意把豆瓣酱剁细。

保健功效: 本菜鲜嫩可口，酱香味醇。蒸茄子搭配肉酱，营养更加丰富，可维持血压，加强血管的抵抗力，并对防治紫癜症也有帮助。

油焖三鲜 🔘

炒 菜

原料 》

茄子、土豆各200克，青椒150克，葱花、姜片、蒜末、盐、糖、味精、酱油、花生油各适量。

制作 》

① 将土豆、茄子去皮洗净切块，青椒去籽切块。

② 土豆放入沸水锅中煮至五成熟，捞出沥干。

③ 炒锅注油烧热，下葱花、姜片、蒜末炒香，放入茄块、土豆块煸炒，加入盐、酱油、糖及少量清水煨熟透，再加入青椒、味精翻炒均匀，出锅即成。

食材绝招: 茄子肉质软，易吸收汤汁，烹制方法广泛，可用于烧、焖、蒸、炸、拌等方法。

烹饪绝招: 炒茄子时，在锅里事先放点醋，可以使炒出的茄子颜色不发黑。

保健功效: 本菜也被称为"地三鲜"，茄子含有龙葵碱，能抑制消化系统肿瘤的增殖，对于防治胃癌有一定效果。搭配土豆、青椒，软嫩脆爽，鲜香适口，是北方人喜爱的佳肴。

炒 菜

鱼香茄子 🍴⚪

原料

茄子500克，郫县豆瓣酱25克，葱花、姜末、蒜末、盐、白糖、味精、湿淀粉、酱油、醋、料酒、清汤、花生油各适量。

制作

① 将茄子洗净去皮切块，裹匀湿淀粉，下入热油锅中炸透，捞出沥油。

② 锅中留油烧热，下入郫县豆瓣酱、葱花、姜末、蒜末炒香，加入清汤、茄块、酱油、料酒、醋、盐、白糖小火烧熟，撒入少许味精调味。

③ 用湿淀粉勾芡，出锅即成。

食材绝招: 茄子的营养丰富，含有蛋白质、脂肪、碳水化合物、维生素以及钙、磷、铁等多种营养成分，属家常高营养价值蔬菜。

烹饪绝招: 炸茄子易造成维生素P损失，而挂糊上浆后炸制能有效减少这种损失。将鸡蛋液加淀粉、盐调成浆，茄块先裹匀浆再下入热油锅中进行炸制，炸时注意采用慢火。

保健功效: 本菜颜色红亮，口感咸甜酸辣，是经典家常菜之一。

热 菜

酱扒茄子 🍴⚪

原料

茄子500克，猪瘦肉150克，青尖椒、红尖椒、葱、蒜、甜面酱、盐、糖、味精、酱油、色拉油各适量。

制作

① 茄子洗净切条加盐略腌，沥干后蒸熟入盘；猪瘦肉切丝，青尖椒、红尖椒、葱切丝，蒜切末。

② 炒锅注油烧热，下肉丝炒熟，加入甜面酱、盐、味精、糖、酱油炒匀调味，放在蒸好的茄条上。

③ 另起锅注油烧热，下蒜末炒成金黄色，浇在肉丝上，再撒入青尖椒丝、红尖椒丝、葱丝即成。

食材绝招: 选购茄子时，应注意避免老茄子。老茄子通常外皮发皱、无光泽，而且萼片与果实相连接的环带不明显。

烹饪绝招: 蒸茄子时，先将切好的茄块撒点盐拌匀腌15分钟，挤出渗出的黑水，这样蒸出的茄子更入味。

保健功效: 本菜酱香浓郁，滑软微辣，食材丰富，是经典的家常菜之一。

手撕茄子

凉拌菜

原料

茄子500克，芝麻酱、芥末粉、盐、糖、酱油、香油各适量。

制作

① 茄子去蒂洗净，入蒸笼蒸软。

② 将芥末粉、芝麻酱、酱油、香油、盐、糖加少许凉开水调成酱汁。

③ 取出蒸熟的茄子，撕成长条，盛在碟中，淋入调好的酱汁即可。

食材绝招：选购茄子时，如果发现茄子上长出小茄牙，则不宜购买，这可能是打入激素过多催熟的。

烹饪绝招：◎蒸茄子时应注意火候，注意不要使茄子过熟过烂，以免水分过多影响口感。

　　　　　◎可用芥末酱替换芥末粉，使用时，可先用凉开水将其调成汁，再加入其他调味料调匀即可。

保健功效：本菜细嫩微辣，风味独特，芥末香浓，鲜香回甜，制作简便，尤其适宜夏季食用。

西芹鲜百合

炒 菜

原料

鲜百合、西芹各100克，圣女果75克，盐、鸡精、鲜汤、湿淀粉、色拉油各适量。

制作

① 将鲜百合片拆散；西芹择洗净，切菱形小块；圣女果洗净切厚片；三者入沸水焯烫去生，倒出沥干。

② 炒锅注油烧热，放入百合片、西芹、圣女果略炒。

③ 添入鲜汤烧开，撒入盐、鸡精，用湿淀粉勾芡，翻炒均匀即成。

食材绝招：西芹新鲜不新鲜，主要看叶身是否平直，新鲜的西芹芹颈是平直的。

烹饪绝招：将西芹先放沸水中焯烫，焯水后要马上过凉，除了可以使成菜颜色翠绿，还可使菜品的口感更清脆。

保健功效：此菜色泽悦目，营养丰富，芹菜含有丰富的膳食纤维，有明显的降压作用。番茄可健胃消食，对高血压、高血脂患者尤为适宜，搭配清心润肺的百合，可有效补充人体所需的多种维生素及微量元素。

炒 菜

芹菜牛肉丝

原料

牛里脊500克，芹菜300克，鸡蛋1个，红辣椒、葱、姜、盐、淀粉、香油各适量。

制作

① 将牛里脊切丝，加入淀粉、盐、鸡蛋清拌匀，腌15分钟；芹菜择洗净切长段；葱、姜、红辣椒均切丝。

② 炒锅注油烧热，下入牛里脊丝滑熟，捞出沥油。

③ 锅内留油烧热，下入葱丝、姜丝爆锅，放入辣椒丝、芹菜煸炒至熟，加入牛里脊丝、盐，大火快速炒片刻，装盘即可。

食材绝招： 存放时间较长的芹菜，叶子尖端就会翘起，叶子软，甚至发黄起锈斑。

烹饪绝招： 也可用嫩肉粉代替淀粉给牛里脊肉上浆，这样腌渍后的牛肉口感更嫩滑。

保健功效： 本菜酥香可口，略带麻辣。牛肉滋补健身，营养价值高；芹菜含有大量的粗纤维，还具有一股特殊的芳香，这种芳香有安神镇定、诱人食欲的作用，特别是芹菜中的香芹，香味更是浓郁。辛香的芹菜和牛肉是很好的搭配，不但牛肉香味浓郁，而且能保证营养供给，不增加体重。

凉拌菜

椒油芹丝

原料

西芹300克，花椒粒、盐、鸡精、香油各适量。

制作

① 西芹择洗净切丝。

② 将西芹下入开水锅中焯烫，捞出过凉沥干，加少许盐、香油、鸡精拌匀。

③ 炒锅注香油烧热，加花椒粒炸香，浇在芹菜上即可。

食材绝招： 芹菜，又称富菜，是原产于欧洲地中海地区一带的蔬菜。

烹饪绝招： 芹菜叶中所含的胡萝卜素和维生素C比茎多，因此吃时不要把能吃的嫩叶扔掉。

保健功效： 本菜脆嫩爽口。芹菜性甘、温，入肺、胃、肾，可固肾止血、健脾养胃，是辅助治疗高血压病及其并发症的首选食品，对于原发性、妊娠性及更年期高血压均有效，对于血管硬化、神经衰弱患者亦有辅助治疗作用。

芹菜炒香干

炒 菜

原料

芹菜、五香豆腐干各200克，猪肉丝50克，葱末、姜末、盐、料酒、味精、花生油各适量。

制作

① 芹菜择洗净切成段，豆腐干切成丝，分别放入沸水锅中焯出，沥干水分。

② 炒锅注油烧至五成热，下肉丝炒至变色，再下葱姜末、料酒炒香。

③ 放入芹菜翻炒数下，加入豆腐干丝、盐、味精翻炒均匀，出锅即成。

食材绝招：芹菜对人体能起安定作用，有利于安定情绪，消除烦躁。

烹饪绝招：芹菜焯烫后，可以减少油脂对其"入侵"，使菜品香而不腻。

保健功效：芹菜口感脆嫩，香干滑软，二者搭配，能有效补充妇女经血的损失，而且可使目光有神，头发黑亮，对缺铁性贫血患者的治疗有积极意义。

西芹花生米

凉拌菜

原料

芹菜200克，花生100克，胡萝卜50克，盐、味精、香油各适量。

制作

① 芹菜择洗净切成斜块，花生煮熟，胡萝卜洗净切丁。

② 将以上三种原料放入沸水锅中焯过，捞出沥干水分。

③ 将芹菜、花生、胡萝卜加盐、味精、香油拌匀，装盘即成。

食材绝招：芹菜是一种人类种植历史悠久的蔬菜，早在3000多年前就有关于芹菜种植的文字记载。

烹饪绝招：西芹、花生、胡萝卜焯烫时所用的时间不同，焯水时应区分开。西芹焯烫的时间要短，以保持其鲜嫩清脆的口感。

保健功效：本菜色泽悦目，清脆可口，适合心脑血管患者。芹菜具有清热、平肝、明目和降血压的作用，花生具有止血、润肺和胃、降低血压、降胆固醇等作用，搭配富含维生素的胡萝卜，尤其适合三高患者食用。

西芹炒腰果 🍴

炒 菜

原料

西芹300克，胡萝卜150克，腰果100克，盐、味精、白糖、湿淀粉、香油、色拉油各适量。

制作

① 西芹择洗净，切菱形块，胡萝卜切小片，分别下入开水锅中焯烫。捞出沥干。

② 炒锅注油烧至四成热，下入腰果炸透炸香，捞出沥油。

③ 锅内留油烧热，放入西芹、胡萝卜旺火快炒，撒入盐、味精、白糖炒匀，用湿淀粉勾芡，放入腰果，淋上香油，出锅即可。

食材绝招：芹菜含有锌元素，能促进人的性兴奋，西方称之为"夫妻菜"。

烹饪绝招：西芹、胡萝卜在焯烫时，可加入盐、色拉油，这样能使焯烫出的色泽更好，营养价值更高。

保健功效：本菜清爽脆嫩。芹菜含有丰富的维生素、铁及植物膳食纤维，有润肤、明目、养血的功效，植物膳食纤维能起到减肥作用。腰果含有胡萝卜素及维生素C、维生素E等，芹菜与腰果、胡萝卜搭配同食，能使人润肤美容、健美、延年益寿，还可作为高血压、便秘等病患者的辅助食疗食物。

虎皮酿椒 🍴

热 菜

原料

青尖椒500克，猪肉馅200克，水发木耳、海米各25克，鸡蛋1个，葱末、姜末、酱油、盐、糖、味精、淀粉、花生油各适量。

制作

① 木耳剁碎，海米泡开切末；尖椒洗净掏空内瓤；将鸡蛋液、淀粉、盐调成糊。

② 肉馅加入酱油、糖、味精、葱末、姜末搅拌均匀，填入尖椒中，然后将尖椒挂匀糊。

③ 炒锅注油烧热，放入尖椒炸熟，捞出沥油即可。

食材绝招：通过尖椒的形状可以判断出尖椒的辣味程度。一般说来，圆筒形和钝圆锥形的尖椒辣味小，而弯曲长角形、细长的尖椒辣味大。

烹饪绝招：炸制尖椒时，要注意火候控制。应先用慢火炸熟，再用急火炸酥，使之呈现外酥里嫩的好口感。

保健功效：本菜鲜嫩味香，尖辣中含有丰富的维生素等营养物质，搭配营养丰富的肉馅，能下饭，增强体力，更能缓解怕冷、冻伤、血管性头痛等症状。

青椒肚片 🍴

原料

青椒250克，熟猪肚100克，葱末、姜末、蒜末、料酒、酱油、醋、盐、味精、湿淀粉、花生油各适量。

制作

① 将熟猪肚切成片；青椒洗净去籽切片，下入开水锅中焯烫，捞出沥干。

② 炒锅注油烧热，下葱末、姜末、蒜末炒香，放入肚片，烹入料酒、酱油炒透。

③ 加入青椒、盐、醋、味精翻炒至入味，用湿淀粉勾芡，出锅即成。

炒菜

食材绝招：眼疾患者、食管炎、胃肠炎、胃溃疡、痔疮患者应少吃或忌食青椒；同时有火热病症或阴虚火旺，高血压，肺结核病的人慎食青椒。

烹饪绝招：青椒入开水锅中略焯即可，时间最多不超过15秒钟，以保持青椒的色泽鲜绿、口感脆嫩。

保健功效：本菜脆嫩爽口，鲜香味美，青椒中强烈的香辣味能刺激唾液和胃液的分泌，增强食欲，搭配高蛋白的猪肚，能有效促进肠道蠕动，帮助消化，吸收高蛋白的营养。

青椒肉丝 🍴

炒菜

原料

猪肉250克，青柿子椒100克，葱、姜、盐、味精、湿淀粉、料酒、酱油、甜面酱、花生油各适量。

制作

① 将猪肉、葱、姜、青柿子椒均切成丝；肉丝加少许酱油、料酒、盐拌匀，然后拌入湿淀粉，再抹入花生油上浆。

② 将酱油、料酒、味精、葱丝、姜丝、湿淀粉调成味汁。

③ 炒锅注油烧热，下入肉丝，边下边用勺推动使肉丝散开，加入甜面酱炒香，放入青椒丝略炒，倒入味汁，待起泡时翻匀即成。

食材绝招：优质的青柿子椒大小均匀、果皮坚实、肉厚质轻、脆嫩新鲜。

烹饪绝招：肉丝上浆时，若加入适量蛋清，可使肉丝的口感更滑嫩。

保健功效：本菜青椒脆爽，口感细嫩。青椒与猪肉是经典相宜搭配，猪肉中丰富的动物蛋白质同辣椒中的丰富维生素搭配食用，对吸收营养很有帮助。

炒菜

青椒烧腐竹

原料

青椒250克，腐竹150克，猪肉75克，葱花、盐、味精、湿淀粉、料酒、酱油、清汤、香油、花生油各适量。

制作

① 腐竹泡发后切段；青椒去籽切片，下入开水锅中焯烫，猪肉切片。

② 炒锅注油烧至五成热，下入葱花、猪肉片炒散，放入腐竹略炒，加入料酒、酱油、盐及少许清汤，用小火烧入味。

③ 再放入青椒、味精炒匀，勾芡，淋入香油，出锅即成。

食材绝招：使用的青椒既可以是青尖椒，也可以是柿子椒。柿圆椒多为甜椒，呈圆形，且果肉越厚越甜脆。

烹饪绝招：由于青椒中含有的维生素C不耐热，易被破坏，加工时要掌握火候。

保健功效：本菜咸鲜香浓，爽口脆嫩，辣椒有益脑、健美、延年的作用，腐竹含有较多的蛋白质、维生素A、钙等，搭配猪肉，可以为脑活动提供物质基础，也是理想的美容益智食物。

凉拌菜

尖椒拌虾皮

原料

青尖椒、红尖椒各100克，虾皮50克，大葱、香菜、香油、味极鲜酱油、米醋、花生油各适量。

制作

① 将青红尖椒洗净切小丁，大葱洗净切丁，香菜去叶洗净切末，虾皮洗去盐分及杂质。

② 炒锅注油烧至五成热，下入虾皮，炸脆捞出。

③ 将虾皮、大葱丁、青红尖椒丁、香菜末加香油、美极鲜酱油、米醋拌匀，装盘即可。

食材绝招：挑选辣椒时注意，以无裂口、无虫咬、无斑点、不烂、不软、不冻的为优质辣椒。

烹饪绝招：切辣椒前，先将刀在凉水中蘸一下再切，这样就不容易辣眼睛了。

保健功效：本菜咸鲜辣脆，辣椒中含有强抗氧化物质——辣椒素，搭配营养丰富的虾皮，可有效阻止有关细胞的新陈代谢，从而终止细胞组织的癌变过程，降低癌症细胞的发生率。

荔枝山药羹

热粥

原料

粳米150克，荔枝50克，莲子、山药干、白糖各适量。

制作

① 粳米洗净，用冷水浸泡30分钟，捞出沥干；山药洗净去皮，捣成泥；莲子洗净，除去莲子心，加水泡软。
② 锅内添适量冷水，放入荔枝肉和粳米，用大火煮沸，加入山药泥和莲子，改用小火熬煮成粥。
③ 撒入白糖调味，稍焖片刻即可。

食材绝招：选购山药时，可以通过外形。优质的山药茎干笔直、粗壮，拿到手中有一定分量。

烹饪绝招：剥皮后的山药非常滑手，在切片时很容易切到手，可以在手上涂些醋、盐，这样就不容易滑手了。

保健功效：本粥黏稠味美，营养丰富。山药是一种高营养、低热量的食品，富含纤维，是一种天然的纤体美食，搭配具有滋补功效的荔枝、莲子、粳米，更具有美容功效，可以滋润皮肤，防止皮肤干燥。

山药莲子汤

热汤

原料

山药、空心莲子各150克，白糖、糖桂花各适量。

制作

① 将莲子用沸水泡软；山药削去皮，切成滚刀块。
② 锅中放入莲子、山药块、清水，大火煮沸，转小火焖至莲子酥烂。
③ 加入白糖、糖桂花，起锅倒入碗中即成。

食材绝招：新鲜的山药一般表皮比较光滑，颜色呈自然的颜色。

烹饪绝招：山药皮中所含的皂角素或黏液里含的植物碱，少数人接触会引起山药过敏而发痒，处理山药时戴上橡胶手套就能有效避免。

保健功效：本菜甜酸适口，山药含有大量的黏液蛋白、维生素及微量元素，能增强免疫功能，延缓细胞衰老，有效阻止血脂在血管壁的沉淀，预防心血管疾病，搭配莲子，具有益志安神、延年益寿的功效。

热 汤

山药排骨汤

原料

山药300克，排骨500克，芹菜50克，葱片、姜片、花椒、盐、味精、胡椒粉、料酒各适量。

制作

① 排骨切段，下入沸水锅中焯烫，捞出沥干；山药去皮切块，芹菜择洗干净切段。

② 锅中放入清水、排骨、葱片、姜片、花椒、料酒、芹菜段大火烧开，改小火炖煮。

③ 待排骨炖至五成熟时，放入山药块，再炖至排骨酥烂时，拣去葱、姜、芹菜，撒入盐、味精、胡椒粉调味即可。

食材绝招：优质山药的切开处带黏液，断层雪白，黏液多，水分少。

烹饪绝招：山药用刀切后或焯烫后，都不易放置时间过久，这样易出现变色，影响质量。

保健功效：本汤香浓味美。中医认为山药具有健脾、补肺、固肾、益精等多种功效，搭配排骨、芹菜，对肺虚咳嗽、脾虚泄泻、肾虚遗精、带下及小便频繁等症，都有一定的疗补作用。

凉拌菜

甜酸山药条

原料

山药300克，白糖、浓缩橙汁各适量。

制作

① 锅内添入适量清水，加入白糖熬化后晾凉，再放入橙汁调成甜酸果汁。

② 山药去皮洗净，切成条，下入沸水锅中焯烫，捞出沥干。

③ 将山药条放入甜酸果汁中浸泡6小时左右，食用时淋入少许原汁即可。

食材绝招：山药称山芋，又名淮山，性平、味甘，营养丰富，有"神仙之食"的美名。

烹饪绝招：山药去皮焯烫后，放入盐水中可以避免其变色。

保健功效：本菜颜色橙黄，嫩滑爽口。新鲜山药的块茎中含有的多糖蛋白成分的黏液质、消化酶等，搭配橙汁，可预防心血管脂肪沉积，有助于胃肠的消化吸收。

蛋黄焗山药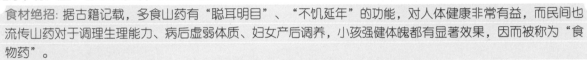

炒菜

原料

鲜山药300克，咸鸭蛋黄2个，鸡蛋1个，香葱末、盐、淀粉、花生油各适量。

制作

① 将山药去皮切长条，下入沸水锅中焯烫，捞出过凉沥干；鸭蛋黄用刀压成泥。

② 碗内打入鸡蛋，加入淀粉调匀，放入山药条挂糊，再下油锅炸至色金黄捞出。

③ 锅内留油少许，下入鸭蛋黄炒至起沫，再放入山药条略炒，撒入盐、香葱末炒匀，出锅即可。

食材绝招：据古籍记载，多食山药有"聪耳明目"、"不饥延年"的功能，对人体健康非常有益，而民间也流传山药对于调理生理能力、病后虚弱体质、妇女产后调养，小孩强健体魄都有显著效果，因而被称为"食物药"。

烹饪绝招：要先将蛋黄炒出香味，再加入山药条，注意翻炒要快，以挂匀蛋黄沙。

保健功效：本菜软嫩爽口，咸香味美。山药含有皂甙、黏液质，有润滑，滋润的作用，搭配鸡蛋，可益肺气，养肺阴，治疗肺虚痰嗽久咳之症。

枸杞山药

炒菜

原料

山药350克，枸杞50克，嫩姜25克，盐、味精、花生油各适量。

制作

① 山药去皮切菱形片，下入沸水锅中焯烫，捞出沥干。

② 枸杞用水泡开，嫩姜去皮切细丝。

③ 炒锅注油烧热，下入姜丝爆香，放入山药片煸炒，再加入枸杞炒熟，撒入盐、味精炒匀即成。

食材绝招：山药块茎的表皮是挑选的重点。表皮光洁无异常斑点，才可放心购买。发现异常斑点绝对不能买。因为只要表皮有任何异常斑点，就表明它已经感染了病菌。

烹饪绝招：山药不可以生吃，因为生的山药里有一定的毒素。

保健功效：本菜洁白脆嫩，姜味香浓。山药含有淀粉酶、多酚氧化酶等物质，有益于脾胃消化吸收功能，搭配枸杞，富含膳食纤维，能推迟胃内食物的排空，控制血糖、助消化。

凉拌菜

凉拌生菜

原料

生菜200克，水发木耳100克，姜、盐、糖、味精、醋、香油各适量。

制作

① 将生菜择洗净，切成段，加盐拌匀略腌；木耳洗净，生姜去皮，均切成细丝。

② 将生菜沥干，加入醋、糖、味精拌匀，放入木耳丝、生姜丝，淋入香油拌匀即成。

食材绝招：在挑选生菜的时候，应注意看菜叶的颜色是否青绿，叶面发黄、发乌的生菜应避免选购。

烹饪绝招：生菜因可能有农药化肥的残留，生吃前一定要洗净。

保健功效：本菜口感甜酸，活血通络，降脂减肥。生菜具有明目、防治口臭、增进食欲、通乳汁的功效；木耳含有丰富的易于人体吸收的蛋营养，并具有补脾益气、润燥化痰及较强的滋补功效，两者搭配，适用于治疗热咳、痰多、胸闷、吐泻等症状。

凉拌菜

蚝油生菜

原料

生菜500克，蒜末、盐、味精、胡椒粉、湿淀粉、酱油、料酒、清汤、蚝油、香油、花生油各适量。

制作

① 生菜择洗净，放入加盐、花生油的开水锅中焯烫，捞出过凉沥干。

② 炒锅注油烧热，下蒜末爆香，加入蚝油、酱油、料酒、味精、胡椒粉、清汤烧开，用湿淀粉勾芡，淋上香油，浇在生菜上即可。

食材绝招：挑选生菜时要注意茎部，茎色带白的才够新鲜。

烹饪绝招：生菜焯烫时，时间不要太长，这样可以保持生菜脆嫩的口感。

保健功效：本菜色彩翠绿，鲜嫩香脆。大蒜具有杀菌消炎的作用，还可降血脂、降血糖、降血压，甚至有补脑的作用；生菜富含多种维生素，其中维生素C的含量最为丰富，具有防治牙龈出血和坏血病的作用，常吃能清内热，二者搭配，药效明显。

三丝生菜

凉拌菜

原料

生菜200克，木耳150克，干辣椒50克，姜丝、盐、白糖、味精、醋、香油各适量。

制作

① 生菜择洗净，撕成小片，加盐拌匀略腌；干辣椒切丝，木耳水发后洗净撕成小块。

② 生菜沥干，加入醋、白糖、味精拌匀，放上干辣椒丝、木耳丝、生姜丝，浇入热香油，拌匀即成。

食材绝招：越好的生菜叶子越脆，这个用手掐一下叶子就能感觉得到。而且叶片不是非常厚，叶面有诱人的光泽度。

烹饪绝招：新鲜生菜用手撕成小片，口感会比用刀切还好。

保健功效：本菜色彩分明，清脆香辣，回味甜酸。生菜中含有膳食纤维和维生素C，有消除多余脂肪的作用，搭配具有瘦身功效的干辣椒，以及营养丰富的木耳，堪称减肥佳肴。

嫩烧丝瓜排

炒菜

原料

丝瓜300克，盐、鸡精、胡椒粉、湿淀粉、色拉油、香油各适量。

制作

① 将丝瓜去皮、去两端，切成条。

② 炒锅注油烧热，放入丝瓜条翻炒。

③ 撒入盐、鸡精调味，用湿淀粉勾芡，淋香油，撒胡椒粉即成。

食材绝招：挑选丝瓜时可以用手捏瓜柄。瓜柄较硬，皮呈绿色，瓜皮上没有刮伤变黑的斑痕，整个瓜条"硬邦邦"的，是新鲜的丝瓜。

烹饪绝招：烹制时应注意尽量保持清淡，油要少用，可勾稀芡，用味精或胡椒粉提味。

保健功效：中医认为丝瓜性味甘平，有清暑凉血、解毒通便的作用，常食可祛风化痰、润肌美容、利水消肿、通经络、行血脉、下乳汁等。

炒菜

辣烧丝瓜

原料

丝瓜500克，羊肉100克，豆瓣酱25克，鲜红尖椒1个，葱末、姜末、蒜末、盐、白糖、味精、湿淀粉、酱油、料酒、花生油各适量。

制作

① 丝瓜切成条；羊肉洗净切片，红尖椒去籽切块。

② 炒锅注油烧热，下肉片炒散，加入豆瓣酱、葱、姜、蒜末炒香。

③ 放入丝瓜条、料酒、酱油、盐、白糖及少许清水煨熟，放入红尖椒块、味精炒匀，收浓汤汁，勾芡即成。

食材绝招：不新鲜的丝瓜发软，表皮易产生黑色条纹。

烹饪绝招：丝瓜汁水丰富，宜现切现做，以免营养成分随汁水流走。

保健功效：本菜酱香浓郁，咸鲜香辣。丝瓜中含防止皮肤老化的B族维生素，增白皮肤的维生素C等成分，能保护皮肤、消除斑块，使皮肤洁白、细嫩，搭配具有滋养功效的羊肉，是滋补佳肴。

热汤

丝瓜玉米羹

原料

豆腐200克，甜玉米粒50克，丝瓜、胡萝卜各1根，香菇、盐、淀粉、香油各适量。

制作

① 丝瓜切丁，甜玉米粒切碎，胡萝卜、香菇、豆腐切丁。

② 锅中添入适量水烧开，放入玉米碎烧约10分钟，加入胡萝卜丁、香菇丁再烧约5分钟。

③ 再加入丝瓜丁、豆腐丁略烧，撒入盐、淀粉、香油调味即成。

食材绝招：丝瓜藤茎的汁液具有保持皮肤弹性的特殊功能，能美容去皱。

烹饪绝招：可以加入适量味精提味，这样可以使羹的口感更鲜。

保健功效：本菜色泽悦目，味鲜美。丝瓜中维生素C、维生素B的含量较高，搭配胡萝卜、豆腐、玉米，粗细得当，营养丰富。

香菇烩丝瓜

热 菜

【原料】

丝瓜500克，香菇50克，姜末、盐、味精、湿淀粉、料酒、香油、色拉油各适量。

【制作】

① 丝瓜去皮洗净切片；香菇水发后去蒂切片。

② 炒锅注油烧热，下姜末爆香，烹入料酒，放入泡香菇的原汁、香菇片、丝瓜，烧透。

③ 加入盐、味精调味，用湿淀粉勾芡，淋上香油，出锅即成。

食材绝招: 丝瓜又称吊瓜，原产于南洋，明代引种到我国，常作蔬菜食用，可入药具有很高的药用价值。

烹饪绝招: 丝瓜不宜生吃，适宜烹食。

保健功效: 本菜味美爽口，香菇与可止咳平喘、清热解毒、凉血止血的丝瓜搭配，具有滋肺阴、补肾阳的功效，常吃对人体健康极为有利。适合辅助治疗肺虚咳嗽、体倦、腰膝酸软等病症。

栗香丝瓜液

热 汤

【原料】

丝瓜50克，生栗子、姜各适量。

【制作】

① 栗子去皮洗净，置于榨汁机中添水打烂，滤渣取汁。

② 丝瓜洗净去皮，切成薄片；姜洗净切片。

③ 锅中添入适量水，放入丝瓜、姜片煮沸，再转用小火略煮；加入栗子汁煮开即可。

食材绝招: 体虚内寒、腹泻者不宜多食丝瓜。

烹饪绝招: 栗子去外皮后，可将其置于冷水中浸泡30分钟，这样，内皮会容易剥。

保健功效: 本汤营养丰富，富含纤维。丝瓜中维生素B等含量高，搭配栗子汁，对小儿大脑发育及中老年人大脑健康很有益。

热汤

猪蹄煮丝瓜豆腐

原料

净猪蹄500克，丝瓜250克，豆腐100克，香菇50克，大葱、姜、盐各适量。

制作

① 将猪蹄洗净；丝瓜洗净去皮切块，豆腐切块；葱切末，姜切片；香菇洗净。

② 沙锅添适量清水，放入猪蹄、香菇大火烧沸，转小火煮至猪蹄熟烂。

③ 加入葱末、姜片、盐调味，下入丝瓜块、豆腐块煮熟即可。

食材绝招：丝瓜具有消肿的药用功效，使用时可以直接把丝瓜煎汤喝，或者把丝瓜汁涂敷在肿胀处即成。

烹饪绝招：丝瓜味道清香，用其制作汤羹味道更佳。

保健功效：本菜肉烂汤美，营养丰富，更具有很好的美容功效。猪蹄中富含胶原蛋白质，能防止皮肤过早褶皱，延缓皮肤衰老。丝瓜中含防止皮肤老化的维生素B1，增白皮肤的维生素C等成分，能保护皮肤、消除斑块。搭配豆腐、香菇，香而不腻，并能使皮肤洁白、细嫩。

炒菜

素鸡炒蒜薹

原料

素鸡250克，嫩蒜薹150克，葱末、姜末、蒜末、盐、鸡精、湿淀粉、料酒、香油、花生油各适量。

制作

① 将素鸡切成条，蒜薹洗净切成段。

② 炒锅注油烧热，下入葱末、姜末、蒜末炒香，烹入料酒。

③ 放入素鸡、蒜薹煸炒，撒入盐、鸡精炒至蒜薹熟，用湿淀粉勾芡，淋上香油，出锅即成。

食材绝招：品质好的蒜薹应新鲜、脆嫩，无粗老纤维，条长。

烹饪绝招：蒜薹不宜烹制得过烂，以免辣素被破坏，降低杀菌作用。

保健功效：本菜嫩软脆爽，咸鲜适口。蒜薹中含有丰富的维生素C，搭配素鸡，具有明显的降血脂、预防冠心病和动脉硬化的作用，并可防止血栓的形成。

蒜薹炒鸡蛋

炒菜

原料

嫩蒜薹250克，鸡蛋4个，姜末、盐、花椒水、花生油各适量。

制作

① 将蒜薹洗净切成段，鸡蛋打入碗内加盐搅匀。
② 炒锅注油烧至五成热，下蛋液炒炒散成蛋块。
③ 炒锅注油烧热，下姜末炝锅，放入蒜薹段煸炒至断生，加入盐、花椒水翻炒入味，倒入鸡蛋炒匀，出锅即成。

食材绝招：优质的嫩蒜薹上部浓绿，基部嫩白，尾端不黄、不烂、不蔫，顶帽不开花。
烹饪绝招：鸡蛋中可加入适量料酒搅匀，更易去除腥味。
保健功效：本菜翠绿嫩黄，软嫩鲜香。蒜薹中的特殊成分能保护肝脏，诱导肝细胞脱毒酶的活性，可以阻断亚硝胺致癌物质的合成，从而预防癌症的发生，搭配营养丰富的鸡蛋，是抗癌佳肴。

蒜薹炒土豆丝

炒菜

原料

嫩蒜薹250克，土豆150克，猪肉100克，姜丝、盐、料酒、酱油、醋、味精、香油、花生油各适量。

制作

① 土豆去皮切丝，用冷水洗净淀粉，捞出沥干；蒜薹洗净切成段，猪肉切丝。
② 炒锅注油烧至五成热，下肉丝炒散，加入姜丝炒香，放入土豆丝、料酒、醋煸炒数下。
③ 再加入蒜薹、酱油翻炒至半熟，撒入盐、味精调味，淋上香油炒匀，出锅即成。

食材绝招：蒜薹可以生吃，作为烹饪原料时，人们习惯于将它与荤料搭配炒制成菜，营养价值更高。
烹饪绝招：发芽的、绿色的或发黑的、发软的土豆都不能食用，这样的土豆含有毒性极强的龙葵素，能致人体中毒。
保健功效：本菜脆嫩味美。蒜薹性温，具有活血、防癌、杀菌作用，对腹痛、腹泻有一定疗效，搭配土豆、猪肉，可温中下气、补虚、调和脏腑。

凉拌菜

橘香青笋

原料

青笋300克，橘子3个，糖、盐、味精、白醋、橙汁、香油各适量。

制作

① 将青笋去皮切细丝；橘子取皮，洗净细丝。

② 将青笋丝、橘子皮丝泡在水中，吸水变脆，捞出沥干。

③ 加糖、盐、味精、白醋、橙汁、香油拌匀装盘即可。

食材绝招: 优质青笋的笋形粗短条顺、不弯曲、大小整齐。

烹饪绝招: 青笋怕咸，要少加盐才好吃。

保健功效: 本菜酸甜爽口，顺气开胃，助消化。青笋中含有大量植物纤维素，能促进肠壁蠕动，通利消化道，帮助大便排泄，可用于辅助治疗各种便秘。

凉拌菜

糖醋莴笋

原料

嫩莴笋300克，葱末、姜末、白醋、盐、白糖、味精各适量。

制作

① 将莴笋去根，削去外皮洗净，切成滚刀块备用。

② 锅加水烧开，放入莴笋烫一下捞出，沥净水分，放入盘内加盐拌匀，拨散晾凉。

③ 将葱末、姜末、白醋、盐、白糖、味精调成糖醋汁，将莴笋挤去水分，放入碗内，加入糖醋汁，腌至入味即可。

食材绝招: 优质莴笋皮薄、质脆、水分充足、笋条不蔫萎、不空心，表面无锈色。

烹饪绝招: 焯莴笋时一定要注意时间和温度，焯的时间过长、温度过高会使莴苣绵软，失去脆嫩口感。

保健功效: 本菜清爽脆嫩，酸甜适口。莴笋的营养价值相当高，含有蛋白质、脂肪、糖类、维生素A、维生素B_1、维生素C、钙、磷、铁、钾、镁、硅等营养成分。

莴笋烩香菇 🍴

炒菜

原料 ▶
莴笋250克，香菇100克，胡萝卜1根，葱粒、盐、鸡精、胡椒粉、湿淀粉、酱油、色拉油各适量。

制作 ▶
① 莴笋去皮，切菱形薄片，焯烫沥干；香菇泡发洗净，切片；胡萝卜洗净切成片，焯烫沥干。
② 炒锅注油烧热，下葱粒爆香，放入莴笋片、香菇片和胡萝卜片煸炒。
③ 撒盐、鸡精、胡椒粉，滴入酱油炒匀，勾芡出锅即成。

食材绝招: 优质莴笋，整修洁净，基部不带毛根，上部叶片不超过五六片，全棵不带泥土。

烹饪绝招: 莴笋味鲜美有香气，烹制时可以少加鸡精。

保健功效: 莴笋搭配香菇，二者同食，有利尿通便、降脂降压的功效，对高血压、高血脂、便秘、慢性胃炎等有食疗作用。

干烧笋尖 🍴

炒菜

原料 ▶
冬笋尖250克，水发冬菇50克，胡萝卜、青豆各25克，郫县豆瓣、葱末、姜末、料酒、清汤、盐、白糖、花生油各适量。

制作 ▶
① 冬笋尖、冬菇、胡萝卜切块，郫县豆瓣剁碎。
② 将冬笋尖、冬菇、胡萝卜丁、青豆下开水锅中煮透捞出。
③ 炒锅注油烧热，下葱末、姜末爆锅，下豆瓣炒出红油，加料酒、清汤、盐、白糖烧开，再投入全部原料，烧开后用小火煨10分钟，改中火收汁，装盘即成。

食材绝招: 挑选冬笋时看笋的根部，根部的"痣"红的笋鲜嫩。

烹饪绝招: 食用前先用开水焯过，可以有效去除笋中的草酸。

保健功效: 冬笋脆嫩，豆香浓郁，色彩美观，是经典的家常菜之一。冬笋性味甘寒，具有滋阴凉血、清热化痰、解渴除烦、利尿通便、养肝明目的功效，搭配冬菇、胡萝卜，是肥胖和习惯性便秘患者的调理佳肴。

炒 菜

油焖春笋

原料

春笋500克，花椒、白糖、味精、酱油、香油、色拉油各适量。

制作

① 将笋肉洗净剖开，切小段。

② 炒锅注油烧至五成热，下花椒炸香后捞去。

③ 放入笋条煸炒至淡黄色，加入酱油、白糖及适量水，加盖小火焖，翻动几次，待汤汁浓稠，加味精，淋香油，出锅即成。

食材绝招: 挑选嫩笋时，看笋节与节之间的距离，距离越近，笋越嫩。

烹饪绝招: 笋采收后会迅速老化，因此要尽量趁鲜食用，越新鲜其营养价值越高。

保健功效: 本菜鲜嫩香甜，爽口开胃。春笋所含的蛋白质优良，还含有人体必需的赖氨酸、色氨酸、苏氨酸、苯丙氨酸，以及在蛋白质代谢过程中占有重要地位的谷氨酸和有维持蛋白质构型作用的胱氨酸，是很好的保健蔬菜。

炒 菜

冬笋香炒腊肉

原料

腊肉250克，净冬笋100克，青蒜50克，肉清汤、鸡精、色拉油各适量。

制作

① 将腊肉洗净，上笼蒸熟取出，切成片。

② 冬笋切片，青蒜洗净切长段。

③ 炒锅注油烧至六成热，放入腊肉、冬笋片煸炒，加入肉清汤稍焖，待收干水分，放入青蒜、鸡精，再翻炒几下，出锅装盘即成。

食材绝招: 嫩冬笋外壳鲜黄或淡黄略带粉红，笋壳完整且饱满光洁。

烹饪绝招: 靠近笋尖部的地方宜顺切，下部宜横切，这样烹制时不但易熟烂，而且更易入味。

保健功效: 本菜腊肉清香，口感鲜嫩。冬笋有祛热化痰、解渴益气、爽胃等功效，搭配猪肉、青蒜，对糖尿病、水肿、积食、便秘、积痰、咳嗽、疮疡等症有辅助疗效。

油辣冬笋尖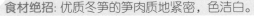

炒 菜

原料

净冬笋300克，高汤100毫升，花椒、鸡精、盐、酱油、辣椒油、香油各适量。

制作

① 将冬笋在清水中煮熟，捞出放凉。

② 把冬笋从中间切开，用刀背拍松，按其形状，切成一头尖、一头宽的条。

③ 炒锅注香油烧至七成热，下冬笋、花椒煸炒，加酱油、盐炒几下，注入高汤，加鸡精，焖2分钟，待收浓汤汁，盛入盘中，淋上辣椒油拌匀即成。

食材绝招： 优质冬笋的笋肉质地紧密，色洁白。

烹饪绝招： 冬笋肉质脆嫩，其味之所以顶鲜，主要是因为含有大量精氨酸、酪氨酸、天冬氨酸等氨基酸及甜菜碱、胆碱、嘌呤类物质。

保健功效： 本菜白中带红，脆嫩鲜辣，富有浓郁的地方特色。冬笋中植物蛋白、维生素及微量元素的含量均很高，常食有助于增强机体的免疫功能，提高防病抗病能力。

炝拌莴笋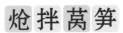

凉拌菜

原料

莴笋500克，干辣椒2个，姜丝、花椒、盐、白糖、白醋、花生油各适量。

制作

① 莴笋去叶、皮，切成条，加盐拌匀腌渍30分钟，挤干水分，放入姜丝；干辣椒切段。

② 炒锅注油烧热，下入干辣椒段、花椒炸出香味，把热油浇在姜丝上。

③ 锅中放入白糖、白醋熬化，浇在莴笋中，浸渍3小时即成。

食材绝招： 莴笋按其叶形可分为圆叶种和尖叶种，按其茎的颜色又可分为白笋和青笋两种。

烹饪绝招： 莴笋沥干水分，可以增加脆嫩感。

保健功效： 本菜脆嫩爽口，甜酸微辣。莴笋中还含有一定的微量元素锌、铁，特别是其中的铁元素很容易被人体吸收，经常食用新鲜莴笋，可以防治缺铁性贫血。

炒菜

莴笋炒肉片

原料

莴笋400克，猪瘦肉200克，葱花、盐、味精、酱油、色拉油各适量。

制作

① 将莴笋去皮洗净，切成薄片，放入开水锅中焯一下捞出；猪瘦肉切片。

② 炒锅注油烧至六成热，下入葱花爆香，加入肉片煸炒至断生。

③ 放入莴笋片、酱油、盐翻炒至熟透入味，撒入味精，淋上熟油，出锅即可。

食材绝招： 莴笋，又名莴苣、生笋、白笋、千金菜等。莴笋肉质脆嫩，颜色淡绿，制作菜肴可荤可素，可凉可热，是一种营养食品，有较高的医疗价值。

烹饪绝招： 莴笋脆嫩，易急火快炒，缩短加热时间，使炒出来的菜火候适宜，吃起来清爽。

保健功效： 本菜味道清香，口感鲜嫩。莴笋、肉片二者搭配，营养丰富，有促进食欲、补脾益气，生津液、通乳汁的功效，对小便不利、乳汁不通等症有一定的疗效。

炒菜

炒蘑菇莴笋

原料

鲜蘑菇250克，莴笋150克，胡萝卜50克，姜末、盐、味精、湿淀粉、料酒、色拉油各适量。

制作

① 鲜蘑菇洗净切片，莴笋去皮洗净切片，胡萝卜洗净切片。

② 炒锅注油烧热，下入姜末爆锅，加入蘑菇片、胡萝卜片、莴笋片翻炒。

③ 再放入盐、料酒、味精炒匀，用湿淀粉勾芡，淋上熟油，出锅即成。

食材绝招： 莴笋以茎做蔬菜食用，肉质质嫩，肥嫩香脆，食用风味别具一格。

烹饪绝招： 平菇也可以用口蘑代替，这样口感更嫩滑，更鲜。

保健功效： 本菜脆嫩爽滑。蘑菇、莴笋二者同食，有利尿通便、降脂降压的功效，对高血压、高血脂、便秘、慢性胃炎等有食疗作用。

玉米笋炒黄瓜

炒菜

原料

黄瓜250克，玉米笋150克，胡萝卜、冬笋各50克，冬菇2朵，盐、味精、酱油、香油、色拉油各适量。

制作

① 把所备原料洗净，黄瓜、冬笋、冬菇切条，玉米笋切段，胡萝卜切菱形片。

② 炒锅注油烧至七成热，下冬笋、冬菇略炒，放入黄瓜、玉米笋、胡萝卜翻炒至断生，加入盐、味精、酱油翻炒入味，滴入香油，出锅装盘即成。

食材绝招： 优质玉米笋笋体鲜嫩，形态完整良好，呈圆锥形；笋粒饱满，排列紧密细致，呈淡黄色或黄色；无虫害、空心、木质、损伤等现象。

烹饪绝招： 烹制时要热油快炒，以保持原料的色泽和味道鲜美，脆嫩爽口。

保健功效： 本菜味美爽口，玉米笋含有丰富的维生素、蛋白质、矿物质，营养含量丰富；并具有独特的清香，口感甜脆、鲜嫩可口。

蒜蓉茼蒿

凉拌菜

原料

茼蒿300克，蒜50克，盐、孜然粉、五香粉、味精、生抽、醋、芥末油、香油各适量。

制作

① 将茼蒿择洗干净，切段，放入沸水锅中焯过，捞出过凉，沥干水分装盘。

② 蒜去皮捣成泥。

③ 将茼蒿加入蒜泥、生抽、醋、盐、孜然粉、五香粉、味精、芥末油、香油拌匀即可。

食材绝招： 新鲜的茼蒿的营养价值最高，在市场上采购时应挑选最新鲜的，注意避免购买萎蔫的。

烹饪绝招： 茼蒿中的芳香精油遇热易挥发，烹调时应以旺火快炒。

保健功效： 本菜清香鲜嫩，爽口开胃。茼蒿含有丰富的维生素、胡萝卜素及多种氨基酸，搭配蒜共炒，具有养心安神、降压补脑、清血化痰、润肺补肝、稳定情绪、防止记忆力减退的功效。

热菜

茼蒿嫩豆腐

原料

嫩豆腐200克，茼蒿150克，鸡蛋2个，葱末、香菜末、盐、胡椒粉、鸡汤、香油、酱油、花生油各适量。

制作

① 茼蒿去叶洗净，切成碎粒；豆腐剁成泥。

② 鸡蛋打入盆内，放入茼蒿粒、豆腐泥，撒盐、鸡精、胡椒粉拌匀。

③ 炒锅注油烧热，下葱末爆香，放入拌好的鸡蛋糊轻轻翻炒，加鸡汤烧透，撒上香菜末，淋上香油出锅，把葱末、酱油、香油调成味汁，上桌佐餐即可。

食材绝招: 茼蒿辛香滑利，胃虚泄泻者不宜多食。茼蒿气浊、上火，一次忌食过量。

烹饪绝招: 制作时火候要嫩，味道更鲜美。

保健功效: 茼蒿中含有特殊香味的挥发油，有助于宽中理气，消食开胃，增加食欲，搭配豆腐、鸡蛋，不但营养全面，而且其所含粗纤维有助肠道蠕动，对解决便秘很有益处。

凉拌菜

茼蒿芝麻豆干

原料

茼蒿、豆腐干各200克，大蒜、盐、味精、芝麻酱、酱油、醋、香油各适量。

制作

① 茼蒿择洗干净，放入沸水锅内焯熟，捞出过凉，切成段，放入盆内。

② 大蒜去皮捣成蒜泥，豆腐干用沸水烫后切成丝。

③ 茼蒿菜盆中加入豆腐干丝、芝麻酱、味精、盐、酱油、醋、香油、蒜蓉拌匀即可。

食材绝招: 茼蒿病虫害少，农药污染轻，每年3月、4月和10月、11月、12月为最佳食用期。

烹饪绝招: 先择好茼蒿，去掉黄烂叶梗，洗好后控干水分。不可切成段，应整棵下锅焯烫。这种整棵焯烫出来的青菜，由于内中的水分基本保留，吃起来脆嫩鲜美。

保健功效: 本菜绿白相间，多味可口。茼蒿中含有多种氨基酸、蛋白质及较高量的钠、钾等矿物盐，搭配豆腐干，能调节体内水的代谢，通利小便，消除水肿。

辣炒茼蒿肉丝

炒菜

原料

茼蒿500克，猪肉150克，红辣椒25克，大蒜、盐、酱油、料酒、湿淀粉、色拉油各适量。

制作

① 将茼蒿洗净切成段；大蒜去皮洗净捣成泥，红辣椒去籽洗净切成丝。

② 猪肉切成丝，加入酱油、料酒腌渍15分钟。

③ 锅中注油烧热，倒入猪肉丝略炒，下蒜泥爆香，放入茼蒿、盐炒至茼蒿变软，用湿淀粉勾芡，盛入盘中，撒入红辣椒丝即可。

食材绝招：好的茼蒿的茎呈圆形，颜色以翠绿色为佳，用手掐茎部顶端，顶部嫩。

烹饪绝招：◎猪肉丝在腌渍时加入适量淀粉，口感会更嫩滑。
◎先炒猪肉可使菜肴的味道更香，且更营养。

保健功效：茼蒿中粗纤维含量极为丰富，搭配辣椒和猪肉，不但爽口开胃，而且营养丰富。

清炒茼蒿

炒菜

原料

嫩茼蒿300克，白糖、盐、味精、香油、色拉油各适量。

制作

① 将茼蒿洗净，沥干水。

② 炒锅注油烧热，倒入茼蒿煸炒至变软。

③ 加盐、白糖和少许水，烧至锅中汤开，撒入味精调味，淋香油即可。

食材绝招：茼蒿分为尖叶茼蒿和圆叶茼蒿两种类型。尖叶茼蒿叶片小，口感粳性，但是香味比较浓；圆叶茼蒿叶宽大，口感软糯。

烹饪绝招：茼蒿水洗后易腐烂，要洗后即切，切好即炒，不要久放。

保健功效：本菜色彩碧绿，鲜嫩微甜。茼蒿气味芬芳，清炒之后食用，具有消痰开郁，避秽化浊的功效。

炒 菜

醋熘土豆丝

原料

土豆400克，香菜段、葱丝、盐、味精、香醋、花椒油、花生油各适量。

制作

① 将土豆去皮切细丝，在清水中洗去淀粉，沥干水分。

② 锅内注油烧热，下入葱丝、花椒油炒香，加入土豆丝翻炒，随即撒盐、味精炒匀。

③ 出锅时烹入香醋，撒入香菜段即成。

食材绝招: 优质土豆其外形个头大、均匀，形正。

烹饪绝招: 土豆去皮不宜厚，越薄越好，因为土豆皮中含有较丰富的营养物质。

保健功效: 土豆中含有丰富的维生素及钙、钾等元素，醋熘的做法，不但口感酸香脆嫩，且易于各种营养素的消化吸收。

炒 菜

醋熘三丝

原料

土豆、青椒各1个，胡萝卜1根，葱丝、姜丝、盐、鸡精、醋、色拉油各适量。

制作

① 将土豆去皮切细丝，用清水洗去淀粉。

② 青椒、胡萝卜洗净，分别切成丝。

③ 炒锅注油烧热，下葱丝、姜丝爆锅，再加入土豆丝、青椒丝、胡萝卜丝翻炒，撒入鸡精、盐炒匀，淋入醋，出锅即可。

食材绝招: 优质土豆的皮面光滑而不过厚，芽眼较浅且便于削皮。

烹饪绝招: 切好的土豆丝放入水中，应注意不要泡得太久而致使土豆的水溶性维生素等营养流失。

保健功效: 本菜酸香适口，土豆中含有大量膳食纤维，搭配青椒和胡萝卜，不但色泽悦目，还能宽肠通便，帮助机体及时排泄代谢毒素，防止便秘，预防肠道疾病的发生。

辣烧土豆条

炒菜

原料

土豆350克，尖椒、五花肉各100克，干辣椒段、芹菜、葱花、盐、味精、酱油、香油、花生油各适量。

制作

① 土豆去皮切粗条略洗，五花肉切丝，尖椒切粗条，芹菜切段。

② 炒锅注油烧热，下入五花肉略炒，加入葱花、干辣椒、土豆条、酱油小火煸炒。

③ 待土豆条软时，放入尖椒条、芹菜段、盐炒熟，撒入味精，淋香油即可。

食材绝招：优质的土豆口感肉质细密，味道纯正。

烹饪绝招：炒土豆时可以适当加醋，既可避免烧焦，又可分解土豆中的毒素，并使色、味相宜。

保健功效：本菜是经典家常风味，味道适口。中医认为土豆性平味甘，具有和胃调中、益气健脾、强身益肾、消炎、活血消肿等功效，可辅助治疗消化不良、习惯性便秘、神疲乏力、慢性胃痛、关节疼痛、皮肤湿疹等症，是胃病和心脏病患者的优质保健食品。

辣炒土豆丝

炒菜

原料

土豆300克，干红辣椒75克，盐、味精、醋、花生油各适量。

制作

① 土豆去皮切细丝，用清水洗去淀粉；红辣椒去籽洗净，切丝。

② 炒锅注油烧热，下红辣椒丝煸炒几下，加入土豆丝，放入盐、味精炒熟，淋入少许醋，出锅即成。

食材绝招：优质的土豆炒后口感脆，有劲道。

烹饪绝招：土豆宜去皮吃，有芽眼的部分应挖去，以防龙葵素中毒。

保健功效：本菜脆嫩香辣，清淡爽口，土豆能供给人体大量有特殊保护作用的黏液蛋白。能促使消化道、呼吸道以及关节腔、浆膜腔的润滑，预防心血管系统的脂肪沉积，保持血管的弹性，有利于预防动脉粥样硬化的发生。

炒 菜

干煸土豆丝 🍴

原料

新土豆300克，辣椒段50克，葱节、盐、味精、花生油各适量。

制作

① 将土豆去皮切成细丝，用清水洗去淀粉，沥干水分。
② 炒锅注油烧热，放入土豆丝炸至金黄色，捞出控油。
③ 锅中留底油，下入葱节爆香，再下辣椒段炒成板栗色，放入炸好的土豆丝，加盐、味精翻炒均匀即可。

食材绝招： 优质的土豆，油炸时土豆条不碎、不断。

烹饪绝招： 新土豆皮较薄且软，用刀削或刮皮既费时，又会将土豆肉一起削去。较简便的方法是：将土豆放入一个棉质布袋中扎紧口，像洗衣服一样用手揉搓，这样就很简单地将土豆皮去净，最后用刀剔去有芽部分即可。

保健功效： 本菜色泽悦目，红黄相间，口感鲜脆，香辣开胃。土豆是一种碱性蔬菜，有利于体内酸碱平衡，中和体内代谢后产生的酸性物质，从而有一定的美容、抗衰老作用。

热 菜

香酥薯片 🍴

原料

土豆400克，红糖、白糖各75克，熟芝麻、酥桃仁、熟花生仁、色拉油各适量。

制作

① 土豆洗净去皮，切薄片，桃仁、花生仁剁成碎末，与芝麻、白糖拌匀待用。
② 炒锅留油烧至六成热，下薯片炸熟，捞出，待油温升至八成热，再下入复炸，捞出沥油。
③ 锅内留少许油烧热，下红糖溶化，放入薯片快速翻炒均匀，盛盘趁热抖散，撒上拌匀的芝麻混合料即成。

食材绝招： 土豆原产于南美洲高山地区，与水稻、小麦、玉米、高粱一起被称为全球五大农作物，于十八世纪传入我国。

烹饪绝招： 炸土豆片时应采用小火，复炸可以使薯片口感更酥脆。

保健功效： 本菜色泽红艳，口感甜香酥脆。土豆是重要的粮食、蔬菜兼用作物。它营养素齐全，而且易为人体消化吸收，在欧美享有"第二面包"的称号。经过油炸后的土豆片香脆，饱腹感强。

炝拌土豆丝

凉拌菜

原料

土豆300克，青椒、红椒各50克，盐、味精、花椒油各适量。

制作

① 将土豆洗净去皮，切成细丝，焯水过凉。

② 将青红椒去蒂、籽洗净，切成细丝，焯水过凉。

③ 将土豆丝、青红椒丝加盐、花椒油、味精拌匀，装盘即成。

食材绝招: 土豆种类的划分有很多方式，根据用途可将土豆分为四类: 烘烤土豆，水煮土豆，通用土豆和新土豆。

烹饪绝招: 土豆去皮以后，如果一时不用，可以放入冷水中，再向水中滴几滴醋，可以使土豆洁白。

保健功效: 本菜清淡爽口，颜色鲜艳。土豆所含的钾能取代体内的钠，同时能将钠排出体外，搭配青椒、红椒，有利于高血压和肾炎水肿患者的康复。

番茄双泥

凉拌菜

原料

土豆300克，茄子200克，番茄酱50克，熟鸡蛋2个，盐、鸡精、香油各少许。

制作

① 茄子去皮洗净，土豆洗净蒸熟去皮，分别捣成泥状，加入盐、鸡精拌匀。

② 将熟鸡蛋剥去壳，蛋清、蛋黄分开，将蛋黄捣成泥，蛋清切成末，各加少许盐拌匀。

③ 将拌好的茄泥、土豆泥对称放在盘内，蛋清、蛋黄分别放在茄泥和土豆泥两侧，番茄酱堆放在中间，浇入香油即成。

食材绝招: 通用土豆可用来水煮、油炸、烘烤、做沙锅、汤等多种用途。它们也可用于烘烤、做土豆泥、油炸，但是效果没有烘烤土豆来得好。

烹饪绝招: 番茄酱也可以用色拉酱代替，风味更加独特。

保健功效: 本菜清香适口、制作简便，土豆含有大量淀粉以及蛋白质、B族维生素、维生素C等，搭配富含维生素P的茄子，具有营养血管，促进吸收的效果。

炒 菜

土豆烧排骨

原料

土豆250克，猪肋排200克，葱粒、姜片、盐、味精、胡椒粉、嫩肉粉、老抽、清汤、色拉油各适量。

制作

① 将猪肋排洗净，剁成段，用刀拍松，加入老抽、盐、嫩肉粉腌渍；土豆去皮洗净，切滚刀块。

② 炒锅注油烧热，下葱粒、姜片炒香，放入排骨翻炒，加入老抽、盐、清汤烧开，改用小火稍焖。

③ 待排骨烧至七成熟，放入土豆块，用小火继续慢烧，待排骨、土豆熟烂，加味精、胡椒粉调味，出锅即成。

食材绝招: 新土豆不是指刚挖的土豆而是指未完全成熟、个儿比较小、一般在土豆皮还没长成熟时就收获的土豆。由于还没成熟，新土豆在处理过程中往往部分掉脱了皮或薄皮是翘起来的。

烹饪绝招: 肋排腌渍前，可入开水中焯烫一下，去掉杂质，并保持营养成分不流失。

保健功效: 本菜汤汁香浓，土豆熟烂，排骨肉松嫩。二者同煮，不但味道鲜美，营养价值高，还能健脾胃。土豆本身含有丰富的叶酸，搭配含有丰富优质蛋白质的猪肉，营养丰富。

热 菜

营养土豆泥

原料

土豆250克，高汤、水适量。

制作

① 土豆洗净去皮，切片。

② 将土豆片放在锅中用水熬软，捞出捣烂。

③ 用准备好的高汤将土豆泥调至黏稠状即可。

食材绝招: 很多种类的土豆都有新土豆，尤以红色土豆为多。新土豆适合做汤、炖烧菜、做沙锅菜等。少量的脱皮对于"新土豆"则是正常的。

烹饪绝招: 制作土豆泥时，也可依据个人口味适量加入葱花、胡椒粉、盐、味精等调味品。

保健功效: 本菜黏香可口，易于消化吸收，尤其适宜婴幼儿食用。

裙带菜土豆饼

热 菜

原料

土豆、裙带菜各100克，盐、淀粉、色拉油各适量。

制作

① 将裙带菜切碎，用热水稍烫；土豆煮熟去皮，制成土豆泥。

② 在土豆泥中加入裙带菜、盐搅拌均匀，做成小汉堡肉形状的土豆饼，蘸匀淀粉。

③ 炒锅注油烧热，下入土豆饼煎至两面金黄，捞出沥油即可。

食材绝招： 烘烤土豆外观一般是长形、皮粗糙而似软木塞表面，这种土豆的淀粉含量较高，质地比较干、粉，烘烤后比较轻且蓬松，捣碎后比较轻、滑腻而有乳脂感。

烹饪绝招： 制作时也可依据个人口味，加入玉米粒、火腿末、松仁等配料，不但使营养更丰富，而且色泽更悦目。

保健功效： 本菜香鲜可口，素饼不腻。土豆对孩子的健康成长帮助益处极大，搭配裙带菜，可以为孩子提供生长发育需要的营养物质，特别是碘。

海苔土豆

热 菜

原料

土豆100克，海苔75克，奶油、盐各适量。

制作

① 土豆去皮，切成适口大小，加水略泡；海苔切末。

② 锅中添入适量水，放入土豆、盐烧至变软，捞出沥干。

③ 将土豆块拌匀奶油，再蘸匀海苔末即可。

食材绝招： 海苔又名紫菜干、索菜、子菜、甘紫菜等。以片薄，表面光滑，有光泽，洁净无杂质，含水量在9%以下者为佳。

烹饪绝招： 土豆去皮后，加水略泡，可有效去除土豆的涩味。

保健功效： 松松软软的土豆上，蘸满青海苔，别具风味。海苔富含胆碱和钙、铁，能增强记忆、治疗妇幼贫血、促进骨骼、牙齿的生长和保健，搭配土豆，营养易被吸收，是促进青少年成长的佳肴。

凉拌菜

洋葱拌番茄

原料

洋葱、番茄各200克，盐、白糖、胡椒粉、醋、香油各适量。

制作

① 将洋葱去老皮，切掉根部，洗净切成丝。

② 把番茄放入沸水锅烫一下，剥去皮，切成厚桔瓣形片，码在盘中。

③ 洋葱丝放在番茄上，加盐、白糖、胡椒粉、醋拌匀，放入冰箱冷藏30分钟，取出加香油拌匀即可。

食材绝招: 洋葱以鳞片肥厚、色泽鲜明、体表干燥、外表光滑的为佳。

烹饪绝招: 洋葱所含香辣味对眼睛有刺激作用，切洋葱时，可提前将洋葱对半切开，置于凉水中浸泡，能有效减轻刺激。

保健功效: 本菜甜酸清凉。洋葱所含的微量元素硒是一种很强的抗氧化剂，能消除体内的自由基，搭配富含维生素C的番茄，能增强细胞的活力和代谢能力，更具有防癌、抗衰老的功效。

炒 菜

洋葱蚝油牛肉

原料

洋葱250克，牛肉200克，蒜片、盐、白糖、味精、湿淀粉、酱油、料酒、蚝油、花生油各适量。

制作

① 将牛肉洗净切成片，加入酱油、料酒、湿淀粉上浆；洋葱去老皮洗净切成片。

② 炒锅注油烧至五成热，下牛肉炒至变色，放入洋葱片、蒜片、蚝油略炒。

③ 加入少许清水、盐、白糖、味精翻炒，待洋葱断生，用湿淀粉勾芡，出锅即成。

食材绝招: 洋葱以无损伤和病虫害、颈部小、未发芽、抱合紧密为佳。

烹饪绝招: 洋葱不宜加热过久，以有些微辣味为佳。

保健功效: 本菜口感滑嫩，鲜香味美，牛肉有补脾健身、强筋健骨的功效，洋葱含有多种维生素及糖类，具有祛毒消肿、杀菌的作用。二者搭配，不但营养丰富，更适用于治疗风寒感冒，头痛鼻塞、面部水肿等症。

炒洋葱丝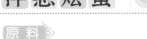

原料

洋葱300克，盐、酱油、色拉油各适量。

制作

① 将洋葱去老皮，切掉根部，洗净切成丝。
② 炒锅注油烧热，放入洋葱丝煸炒。
③ 再加入酱油、盐，炒匀出锅即可。

炒菜

食材绝招: 洋葱以坚实、大小均匀者为佳。

烹饪绝招: 炒洋葱时加少许白葡萄酒，就不会炒焦。

保健功效: 本菜鲜香可口，洋葱中富含前列腺素A，能扩张血管、降低血液黏度，因而会产生降血压、增加冠状动脉的血流量、预防血栓形成的作用，此菜也是高血压、高血脂和心脑血管病人的保健菜。

洋葱烩蛋

原料

洋葱250克，鸡蛋3个，盐、色拉油各适量。

制作

① 将洋葱去老皮洗净切成丝；鸡蛋磕入碗中，加少许盐，搅匀。
② 炒锅注油烧热，倒入鸡蛋液炒熟盛起。
③ 炒锅注油烧热，下洋葱丝炒片刻，加适量盐、开水烧沸，倒入炒好的鸡蛋，烧至洋葱熟烂，盛入盘中即成。

热菜

食材绝招: 如洋葱已发芽，则中间多已腐烂，务必在购买时注意避免此种情况。

烹饪绝招: 洋葱切好后，可蘸少许面粉，入锅煸炒，这样炒出来的葱头色金黄、质脆嫩、鲜香可口。

保健功效: 本菜色美香浓，营养丰富，增强抵抗力，更具有发散风寒、抵抗流感的功效。洋葱的鳞茎和叶子含有硫化丙烯的油脂性挥发物，具有辛辣味，这种物质能抗寒，抵御流感病毒，有较强的杀菌作用。

炒菜

草菇菜心

原料

草菇300克，嫩菜心150克，盐、味精、胡椒粉、湿淀粉、酱油、蚝油、料酒、花生油各适量。

制作

① 草菇洗净，下入开水锅中焯烫，捞出沥干。

② 炒锅注油烧热，下草菇略炒，再放入酱油、料酒、盐、味精、胡椒粉、蚝油和少量水烧开，用湿淀粉勾芡，盛于盘中间。

③ 另起锅注油烧热，下菜心煸炒，撒入盐、味精炒匀后出锅即可。

食材绝招：草菇分甲乙丙丁四级。等级越高，菇的菌蕾越大，肉质越实，合格的产品呈灰色，味浓香，表面光滑。

烹饪绝招：草菇焯水的时候，清水里最好加入少许的盐和色拉油以便入味和增加口感。

保健功效：本菜鲜香脆嫩，微辣爽口。草菇的维生素C含量高，能促进人体新陈代谢，提高机体免疫力，增强抗病能力。

炒菜

蒜香鲜草菇

原料

鲜草菇400克，蒜片25克，葱花、姜片、盐、白糖、味精、清汤、湿淀粉、料酒、酱油、香油、花生油各适量。

制作

① 草菇洗净，竖刀切开，焯过，沥干水分。

② 炒锅注油烧热，下葱花、姜片炒香，烹入料酒、酱油，加水烧沸，下草菇煨熟透，捞出。

③ 另起锅注油烧热，下蒜片炒香，加入草菇、少许清汤、白糖、盐、味精烧开稍焖，用湿淀粉勾芡，淋入香油，出锅即成。

食材绝招：草菇是食用菌的一个种类，因为生长在稻草上而得名，又名兰花菇、美味草菇、美味包脚菇、中国蘑菇、秆菇、麻菇、南华菇、贡菇、家生菇等，在东亚与东南亚都有养殖，并被广泛地作为一种食材使用。

烹饪绝招：将草菇洗净，是竖刀切开而非横刀切开，操作过程中草菇先是煨熟透，然后再是烧开稍焖。

保健功效：本菜软嫩爽滑，鲜香味美。草菇含有一种异种蛋白物质，有消灭人体癌细胞的作用。所含粗蛋白超过了香菇，具有抑制癌细胞生长的作用，特别是对消化道肿瘤有辅助治疗作用，能加强肝肾的活力。

草菇炖豆腐

热菜

原料

南豆腐500克，草菇、竹笋、油菜心各25克，盐、酱油、味精、黄酒、淀粉、色拉油各适量。

制作

① 竹笋去壳、皮，洗净切片；油菜心洗净，淀粉加水调成湿淀粉；豆腐切厚块，入开水锅焯烫，捞出沥干。
② 锅内注油烧热，放入黄酒、清汤、草菇、竹笋、菜心、盐、酱油、味精、豆腐块烧沸。
③ 用湿淀粉勾芡出锅即可。

食材绝招： 草菇不易长期保鲜存放，一般在16℃的气温下能存放2天左右，不能在5℃左右的冰箱内保鲜，否则会很快失水。

烹饪绝招： 如用香油代替色拉油，则香味更浓。

保健功效： 本菜味鲜嫩软，汤汁适口。草菇能够减慢人体对碳水化合物的吸收，本菜是糖尿病患者的良好食品。

芥油金针菇

凉拌菜

原料

金针菇300克，火腿200克，香菜、盐、味精、芥末油、香油各适量。

制作

① 将金针菇去掉老根，香菜去叶洗净切段，火腿切丝。
② 锅中注水烧开，分别下入金针菇、香菜段、火腿丝焯过，沥干。
③ 将焯过水的金针菇、香菜段、火腿丝加盐、味精、芥末油、香油拌匀，装盘即可。

食材绝招： 金针菇不管是白是黄，如果颜色特别均匀、鲜亮，没有原来的清香而有异味的，可能是经过熏、漂、染或用添加剂处理过。

烹饪绝招： 下入金针菇、香菜段、火腿丝焯水要等到锅里的水完全烧开才能进行。

保健功效： 本菜香辣开胃，色彩鲜艳。金针菇中含有一种叫朴菇素的物质，有增强机体对癌细胞的抗御能力，常食金针菇还能降胆固醇，预防肝脏疾病和胃肠道溃疡，增强机体正气，防病健身。

热 汤

金针鸡丝汤

原料

鲜金针菇250克，熟鸡丝50克，盐、味精、高汤、色拉油各适量。

制作

① 将鲜金针菇洗净，切成长段，放入沸水锅中烫片刻，捞出过凉。

② 锅中放入色拉油、高汤、鲜金针菇、熟鸡丝煮沸，加入盐、味精调味，起锅倒入汤碗中即可。

食材绝招：金针菇易挑选菌柄的长度大约在15厘米左右，而且菌顶是半球型的。不要长开的，长开的就老了。

烹饪绝招：金针菇切成较长的段，入沸水中不要烫的过久。

保健功效：此菜清鲜润滑。金针菇能有效地增强机体的生物活性，促进体内新陈代谢，有利于食物中各种营养素的吸收和利用，对生长发育也大有益处。

凉拌菜

清拌金针菇

原料

鲜金针菇250克，盐、白糖、味精、香油各适量。

制作

① 将金针菇切断根，放入水中洗净。

② 再将金针菇下入沸水锅内焯熟，捞出沥干水分。

③ 金针菇放入盘内，加盐、白糖、味精、香油拌匀即可。

食材绝招：如使用金针菇罐头，则挑选时应注意，如果颜色鲜亮，有刺鼻气味，汤汁混浊且有悬浮物的，可能是经过特殊处理的，不可选购。

烹饪绝招：味精、盐、白糖可以加适量温开水化开，再倒入盘中拌匀，这样更易入味。

保健功效：此菜清脆爽口。长期食用金针菇可抑制血脂升高，降低胆固醇，防治心脑血管疾病。

冻豆腐金针汤 🍴⃝

热汤

原料

冻豆腐100克，金针菇75克，香菜25克，榨菜丝、肉清汤、盐、胡椒粉各适量。

制作

① 冻豆腐切成小块；金针菇去蒂洗净，沥干；榨菜丝洗净，香菜洗净切小段。

② 锅置火上，倒入肉清汤烧开，下冻豆腐块煮至入味，加入金针菇、榨菜丝、盐煮片刻。

③ 盛入汤碗中，撒上香菜段和胡椒粉即可。

食材绝招： 使用金针菇之前最好将其用开水焯一下，在水里放一小勺盐，这样可以把残留的硫去掉，还可以起到杀菌的作用。

烹饪绝招： 金针菇应待冻豆腐煮的入味后加入。

保健功效： 此菜清鲜微辣，长期食用金针菇具有抵抗疲劳，抗菌消炎、清除重金属盐类物质、抗肿瘤的作用。

金针羹 🍴⃝

热汤

原料

金针菇200克，香菜叶、木耳、粉丝、白胡椒粉、糖、素高汤、蚝油、乌醋、湿淀粉、香油各适量。

制作

① 将金针菇洗净；粉丝泡软，切成小段；木耳切成丝；锅中加水烧开，放入金针菇、木耳烫过，捞出沥干水分。

② 锅中倒入素高汤煮开，加蚝油、乌醋、白胡椒粉、糖、金针菇、木耳丝、粉丝煮沸约3分钟，用湿淀粉勾芡，淋入香油，撒上香菜叶即可。

食材绝招： 金针菇适合气血不足、营养不良的老人、儿童、癌症患者、肝脏病及胃肠道溃疡、心脑血管疾病患者食用，另外，脾胃虚寒者金针菇不宜吃得太多。

烹饪绝招： 注意控制火候，避免金针菇和粉丝煮的太烂。

保健功效： 此菜鲜辣爽口，开胃顺气，助消化。长期食用可补肝，益肠胃，抗癌；主治肝病、胃肠道炎症、溃疡、癌瘤等病症。

炒菜

菠萝炒木耳

原料

菠萝250克，黑木耳25克，枸杞、盐、味精、湿淀粉、色拉油各适量。

制作

① 菠萝去皮，切片，用盐水浸泡；黑木耳泡发洗净，撕成小片，枸杞洗净略泡。

② 炒锅注油烧热，下黑木耳片煸炒，再下菠萝片同炒，加入枸杞、适量清水略烧，撒入盐、味精调味，用湿淀粉勾芡，炒匀盛盘即可。

食材绝招: 优质木耳无霉变，颜色正常，无大量的破碎，无泥沙、杂草。

烹饪绝招: 菠萝用盐水浸泡，可有效去除菠萝的酸涩味。

保健功效: 此菜三色相间，酸甜爽口。菜品中铁的含量极为丰富，故常吃能养血驻颜，令人肌肤红润，容光焕发，并可防治缺铁性贫血。

炒菜

大葱炒木耳

原料

水发木耳150克，猪肉末、大葱各100克，青尖椒、红尖椒、姜、盐、味精、湿淀粉、酱油、蚝油、花生油各适量。

制作

① 木耳洗净撕成片，下开水锅焯一下捞出；青尖椒、红尖椒均洗净去籽切末，葱姜切片。

② 炒锅注油烧热，下入葱片、姜片、肉末炒香，加木耳、酱油、盐、蚝油烧片刻，撒入味精调味，用湿淀粉勾芡，再加入红青尖椒末，出锅即成。

食材绝招: 优质的木耳泡发后朵大适度、耳瓣略展、朵面乌黑有光泽，朵背略呈灰褐色，质体轻松，身干肉厚，朵型整齐，朵片有弹性。

烹饪绝招: 水发木耳时，加入适量淀粉，可使木耳的杂质更易沉淀。

保健功效: 此菜脆爽适口，富含胶质，可有效吸附体内杂质，帮助身体排毒，从而起到清胃涤肠的作用。

木耳豆腐

热 菜

原料

豆腐500克，木耳50克，葱末、姜末、火腿、盐、味精、湿淀粉、鲜汤、色拉油各适量。

制作

① 将豆腐切丁，火腿切丁；木耳泡发后洗净切丁。

② 炒锅注油烧热，下葱末、姜末爆香，再下木耳丁煸炒片刻，加入鲜汤、盐烧开。

③ 撒入味精调味，用湿淀粉勾芡，加入火腿丁翻炒几下，出锅即成。

食材绝招： 挑选木耳时，可以用手掂。抓一把放在手里掂一掂分量，没有掺假的黑木耳分量很轻。

烹饪绝招： ◎木耳用冷水泡发，虽然耗时，但泡发率更高，且泡发的木耳口感更好。

◎豆腐丁可提前用开水焯过，能有效去掉豆腥味。

保健功效： 此菜鲜嫩爽口，富含帮助消化的纤维类物质，更具有排毒的功效。

肉末烧平菇

炒 菜

原料

鲜平菇250克，猪肉末200克，蛋清1个，葱末、姜末、料酒、盐、味精、湿淀粉各适量。

制作

① 将鲜平菇择洗净，下入沸水锅中焯过，沥干水分。

② 肉末加入葱末、姜末、料酒、盐、味精、蛋清、湿淀粉及少许清水，制成肉泥。

③ 炒锅注油烧热，下肉泥煸炒，加入鲜平菇翻炒均匀，出锅即可。

食材绝招： 以平菇的外形可知道其口感：菌伞呈乳白色，菌柄较长的平菇口感香脆；菌伞呈线灰色或黑褐色，菌柄较短的平菇味道鲜美。

烹饪绝招： 肉末中加入蛋清和湿淀粉，可以使肉泥的口感滑嫩。

保健功效： 此菜软嫩爽滑，营养丰富，更含有硒、多糖体等多种抗癌物质。

热汤

蘑菇瘦肉汤 🍽

原料

蘑菇200克，猪肉150克，小白菜100克，姜末、盐、淀粉、酱油、花生油各适量。

制作

① 小白菜洗净；蘑菇洗净掰开。
② 瘦肉洗净，切薄片，加盐、淀粉、酱油腌渍10分钟。
③ 炒锅注油烧热，下入姜末爆锅，加入蘑菇略炒，添入水烧开，放入白菜、肉片煮熟，撒盐调味即可。

食材绝招：优质的鲜平菇外形整齐，完整无损，色泽正常，质地脆嫩而肥厚，清香纯正，无杂味。
烹饪绝招：瘦肉切薄片需越薄越好，这样更易入味。
保健功效：本菜肉汤营养，蘑菇嫩滑，含有的多种维生素及矿物质，具有改善人体新陈代谢、增强体质、调节植物神经功能等作用，可作为营养品。

平菇蛋汤 🍽

热汤

原料

鲜平菇250克，青菜心50克，鸡蛋2个，盐、料酒、酱油、花生油各适量。

制作

① 平菇洗净撕成薄片，下入沸水锅中略烫，捞出；鸡蛋磕入碗中，加料酒、少许盐搅匀；青菜心洗净切成段。
② 炒锅注油烧热，下青菜心煸炒，放入平菇、适量水烧开。
③ 加盐、酱油，倒入鸡蛋液搅成蛋花，再烧开即成。

食材绝招：食用时宜选用八成熟的鲜平菇，营养价值高，味道鲜美。
烹饪绝招：◎平菇入水焯烫的时间不可过久，以免平菇缩水过重。
◎打入鸡蛋液时，可先浇入冒开水泡的地方，等全部浇入后，稍等片刻，再用勺子翻搅，这样成型的蛋花更好看。
保健功效：此菜鲜美可口，对降低血胆固醇、防治尿道结石有很好的功效，尤其适宜调理妇女更年期综合征。

蘑菇拌贝肉

炒菜

原料

蘑菇200克，鲜贝肉100克，西芹、葱末、盐、胡椒粉、鸡蛋清、湿淀粉、料酒、酱油、香油、色拉油各适量。

制作

① 西芹洗净切段，蘑菇切片；鲜贝肉洗净沥干，加盐、胡椒粉、料酒、鸡蛋清、湿淀粉搅拌均匀腌片刻，放入沸水锅中焯熟，捞出加少许盐、香油拌匀。

② 炒锅注油烧热，下葱末煸香，放入蘑菇片、西芹、盐、酱油翻炒，盛入盘中，鲜贝放入中间即可。

食材绝招：优质的蘑菇菌柄为白色，有菌环，支撑在菌盖中央，菌褶为褐色。

烹饪绝招：腌贝肉的盐不可太多，时间也不可太长，以免过老。

保健功效：此菜富含促进肠胃动力的粗纤维、半粗纤维和木质素，可保持肠内水分平衡，促进新陈代谢，提高免疫力。

香菇油菜

炒菜

原料

油菜心300克，鲜香菇150克，葱花、姜片、盐、料酒、蚝油、湿淀粉、色拉油各适量。

制作

① 香菇洗净切片，下入开水锅中焯烫，捞出沥干；油菜心洗净。

② 炒锅注油烧热，下入葱花、姜片爆锅，放入香菇煸炒。

③ 加入蚝油、盐、料酒、适量清水、油菜心，稍加翻炒，用湿淀粉勾芡，淋上熟油，将油菜心摆在盘周围，香菇放在盘中即成。

食材绝招：挑选香菇时，最好的选择菌盖上有裂开花纹的，裂开的花纹说明营养成分积累更多，被称为花菇，香气更浓郁，营养价值更高。

烹饪绝招：蚝油也可用酱油加入适量糖代替。

保健功效：本菜咸鲜适口，营养丰富，富含高蛋白、多糖、多种氨基酸和多种维生素，而脂肪含量低，是减肥者的美味佳肴之一。

热 汤

香菇豆腐汤

原料

豆腐200克，香菇100克，冬笋50克，油菜25克，盐、味精、胡椒粉、熟鸡油各适量。

制 作

① 香菇泡发洗净，捞出沥干；豆腐切小块，入开水锅中略焯，捞出沥干；冬笋切成薄片；油菜洗净。
② 汤锅添入清汤烧沸，放入冬笋片、香菇、豆腐块，加盐、味精烧沸。
③ 再放入油菜，撒入胡椒粉，淋入熟鸡油即可。

食材绝招: 储存干香菇时应注意干燥，可以在储存容器内放入适量的吸湿剂。
烹饪绝招: ◎可用鲜香菇代替干香菇，但应注意择洗干净。
◎本汤中可依据个人口味添加其他食材，如加入火腿、打入鸡蛋液等
保健功效: 此菜汤鲜味香，口感嫩滑，脆香，营养丰富，具有排毒、清肠的功效，更可清除体内的过氧化氢。

炒 菜

香菇熘鸡片

原料

水发香菇250克，鸡脯肉150克，蛋清1个，泡辣椒、葱粒、姜粒、盐、味精、料酒、胡椒粉、湿淀粉、花生油各适量。

制 作

① 香菇洗净切成片；泡辣椒去籽，切成节；取碗加入料酒、盐、味精、胡椒粉、湿淀粉及少许清水，调成味汁。
② 鸡肉切成片，加盐、料酒、蛋清、湿淀粉拌匀上浆。
③ 炒锅注油烧热，下鸡片炒散至变色，放入葱姜、泡椒煸炒香，加入香菇炒至断生，烹入味汁翻炒均匀，淋上熟油，出锅即成。

食材绝招: 干香菇储存时注意避光保存，因为光线中的红外线会使香菇升温，紫外线会引发光化作用，从而加速香菇变质。
烹饪绝招: 香菇切片大约厚度在5毫米左右厚即可，而鸡肉切片也应控制在这个厚度上。
保健功效: 本菜肉质鲜嫩，香味醇厚，具有抗癌作用。

松仁香菇

原 料

香菇300克，松仁100克，葱、姜、白糖、味精、淀粉、生抽、高汤、蚝油、花生油各适量。

制 作

① 香菇用温水泡开，葱、姜切片。

② 锅中注油烧至七成热，下入控干水的香菇，过油捞出；再下入松仁炸好捞出。

③ 锅留油烧热，下入葱、姜炒香，加入高汤、蚝油、白糖、生抽、香菇，小火慢烧10分钟，撒入味精调味，用湿淀粉勾芡，在加入松仁，装盘即成。

食材绝招：挑选鲜香菇时宜选菌盖厚的，因其香味更浓郁。

烹饪绝招：泡发香菇的水不要丢弃，很多营养物质都溶在水中，可以添入锅中用作高汤。

保健功效：汤汁香气浓郁，脆嫩柔软爽口，本菜更能起到降血压、降胆固醇、降血脂的作用，可预防动脉硬化、肝硬化等疾病。

蚝油双菇

原 料

香菇、草菇各200克，葱片、姜片、盐、湿淀粉、料酒、蚝油、色拉油各适量。

制 作

① 将香菇、草菇洗净切片，用开水焯一下，捞出备用。

② 炒锅注油烧热，下葱片、姜片爆锅，倒入草菇片、香菇片煸炒。

③ 加入料酒、蚝油、盐、适量清水翻炒，用湿淀粉勾芡，淋上熟油出锅即可。

食材绝招：长得特别大的鲜香菇不要吃，因为它们多是用激素催肥的，大量食用可对机体造成不良影响。

烹饪绝招：◎熟油如用香油代替，可以使菜肴的味道更加香浓。

◎本菜使用的香菇易选择鲜品，干品不易入味，且菜色一般。

保健功效：此菜清爽鲜嫩，排毒养颜，对消化不良、便秘等病症具有食疗功效。

热 菜

香菇鹌鹑蛋

原料

鹌鹑蛋200克，香菇75克，菠菜、胡萝卜各50克，淀粉25克，盐、白糖、酱油、香油、花生油各适量。

制作

① 鹌鹑蛋蒸熟去壳，加入酱油；菠菜择洗净，下入加盐开水锅中焯烫，捞出沥干；胡萝卜切成薄片。

② 炒锅注油烧热，下入香菇、胡萝卜、菠菜略炒，加水、盐、白糖煮开。

③ 将鹌鹑蛋放入，用湿淀粉勾芡，淋香油即可。

食材绝招：优质鲜香菇菇形圆整，菌盖下卷，菌肉肥厚，菌褶白色整齐，干净干爽。

烹饪绝招：蒸鹌鹑蛋之前可以将其放于冷水中略泡，这样蒸出的鹌鹑蛋更容易剥皮。

保健功效：菜品造型别致，营养丰富，香菇搭配鹌鹑蛋，具有补肝肾、健脾胃、益气血、益智安神、美容颜的功效。

热 菜

香菇鱼块

原料

净鲜鱼肉200克，水发香菇75克，鸡蛋1个，葱段、姜片、蒜片各25克，盐、胡椒粉、淀粉、酱油、料酒、清汤、清油、香油各适量。

制作

① 香菇洗净切块；鱼切成块，加料酒、盐、胡椒粉腌渍10分钟，裹匀鸡蛋液和干淀粉调成糊，下入热油锅中炸熟。

② 锅留底油烧热，下入姜片、葱段、蒜片炒香，添汤，放入鱼块、香菇、酱油、盐、料酒烧入味，勾芡，淋香油，起锅倒入鱼盘中即成。

食材绝招：发好的香菇要放在冰箱里冷藏才不会损失营养。

烹饪绝招：慢火熬煮，可使鱼块有效入味。

保健功效：本菜口感清香，鱼肉细嫩，口味咸鲜，香菇搭配鱼肉，具有化痰理气、益胃和中、解毒、抗肿瘤独特功效。

温拌银耳干贝

凉拌菜

原料

水发银耳150克，黄瓜100克，水发干贝50克，葱段、姜丝、花椒粒、盐、味精、色拉油各适量。

制作

① 将水发银耳洗净，撕成小片；水发干贝切成丝，黄瓜洗净切成片。

② 银耳片、干贝丝、黄瓜片加入姜丝、盐、味精拌匀。

③ 炒锅注油烧热，下入花椒粒、葱段，用慢火炸至色泽暗红，捞去，浇在银耳上，拌匀即成。

食材绝招: 质量好的银耳，耳花大而松散，耳肉肥厚，色泽呈白色或略带微黄，蒂头无黑斑或杂质，朵形较圆整，大而美观。

烹饪绝招: 若加入适量香油，更有增香提味的功效。

保健功效: 此菜清爽鲜嫩，能提高肝脏解毒能力，起保肝作用。

清汤银耳

汤菜

原料

水发银耳100克，盐、胡椒粉、料酒、鸡清汤、味精各适量。

制作

① 银耳加适量冷水泡发，择洗净。

② 将银耳下入开水锅中焯熟，再捞入大汤碗内。

③ 锅中放入鸡清汤、盐、料酒、胡椒粉烧开，撇去浮沫，撒入味精调匀，倒入装有银耳的汤碗内即成。

食材绝招: 如果银耳花朵呈黄色，一般是下雨或受潮烘干的。如果银耳色泽呈暗黄，朵形不全，呈残状，蒂间不干净，属于质量差的。

烹饪绝招: 银耳需彻底去蒂和杂质洗净，下入开水锅中焯至嫩熟而不可太过头。

保健功效: 本菜汤汁清澈如水，银耳洁白似花，脆嫩柔软爽口，具有促进胃肠蠕动，减少脂肪吸收的效果。

热菜

酸甜蚕豆 🍴

原料

熟蚕豆500克，葱花、姜末、蒜末、盐、红糖、酱油、醋、花生油各适量。

制作

① 将姜末、蒜末、醋、红糖、酱油、盐、用温开水调匀成味汁。

② 炒锅注油烧热，放入蚕豆炒至色泽金黄，盛入大碗。

③ 趁热淋入味汁翻拌，加盖焖20分钟，开盖，再翻拌一次，再加盖焖20分钟开盖拌匀，撒上葱花即可。

食材绝招：选购时，选嫩豆荚绿色，表面白色短茸毛新鲜直立，每荚有种子2～3粒。

烹饪绝招：调味汁时，若没有红糖，也可用白砂糖来代替，另外第三步中一定要盖上锅盖焖入味。

保健功效：蚕豆香味浓郁，甜酸适口。蚕豆中含有调节大脑和神经组织的重要成分钙、锌、锰、磷脂等，并含有丰富的胆石碱，有增强记忆力的健脑作用。

热菜

干煸四季豆 🍴

原料

四季豆200克，猪肉、虾米各50克，辣椒、冬菜、葱、姜、蒜、盐、糖、酱油、香油、花生油各适量。

制作

① 将四季豆择洗干净切成长段，猪肉切成末；虾米、冬菜、葱、姜、蒜均切成末。

② 炒锅注油烧热，将四季豆过油，捞出沥油；

③ 锅内留油烧热，下入肉末煸炒，放入虾米、冬菜、姜末和四季豆，中火干煸片刻，添高汤，收干汤汁，加入辣椒、盐、糖，淋香油，下葱花，装盘即可。

食材绝招：选购四季豆时，应挑选豆荚饱满、肥硕多汁、折断无老筋、色泽嫩绿、表皮光洁无虫痕者。

烹饪绝招：四季豆过油捞出后再次下锅煸炒需用中火，切记要等到完全熟透再起锅。

保健功效：此菜脆嫩鲜爽，清香味美。四季豆富含蛋白质和多种氨基酸，常食可健脾胃，增进食欲。夏天多吃此菜有消暑，清口的作用。

花肉芸豆炖粉条

热 菜

原料 ➤

芸豆500克，粉条150克，猪五花肉50克，鲜汤500毫升，葱花、姜末、盐、味精、酱油、色拉油各适量。

制作 ➤

① 芸豆择洗净，切段；猪肉切成厚片。

② 炒锅注油烧热，下葱花、姜末爆香，加入肉片略炒。

③ 放入酱油、芸豆段、鲜汤、盐，烧至芸豆将熟，放粉条炖透，撒入味精调味即可。

食材绝招: 在选购芸豆时，可以将芸豆掰断，越是脆生的芸豆越新鲜。

烹饪绝招: 烧至芸豆将熟，放粉条炖透。不可放入太早免得粉条熟过，也不可太晚以免粉条半生。

保健功效: 此菜鲜嫩味香。芸豆含有皂苷，尿毒酶和多种球蛋白，能有效提高免疫力，激活淋巴T细胞，而尿毒酶更是对肝昏迷患者有较好疗效。

虾酱肉末芸豆

热 菜

原料 ➤

芸豆300克，猪五花肉150克，鲜虾酱75克，鸡蛋2个，香菜末、葱末、姜末、盐、鲜汤、酱油、料酒、色拉油各适量。

制作 ➤

① 芸豆择洗净，下入开水锅中焯烫，捞出切成末；猪五花肉切末；鸡蛋打入碗内，加入少许虾酱拌匀。

② 炒锅注油烧热，倒入鸡蛋液，小火炒熟，盛入碗内待用。

③ 炒锅注油烧热，下入葱末、姜末爆香，加入猪肉末、酱油、料酒煸炒至熟，放入芸豆末、虾酱、鸡蛋和适量鲜汤，慢火煨透，撒盐调味，最后加入香菜末，翻炒出锅即成。

食材绝招: 芸豆必须煮透才能食用，这是因为芸豆粒中含有一种毒蛋白，会致人食物中毒，而这种毒蛋白在高温下才能破坏。

烹饪绝招: 第三步加入芸豆末、虾酱、鸡蛋和适量鲜汤后要用慢火煨透，才能放入盐调味。

保健功效: 本菜酱香浓郁。芸豆是一种高钾低钠食品，此菜很适合于心脏病，动脉硬化，高血脂和忌盐患者食用。

热 菜

脊骨炖芸豆

原料

芸豆300克，猪脊骨200克，葱花25克，姜片、花椒、八角、盐、味精、料酒、酱油、高汤、色拉油各适量。

制作

① 芸豆择洗干净，掰成段；猪脊骨剁成块洗净，再下入开水锅中焯烫。

② 炒锅注油烧热，下葱花、姜片、花椒、八角炝锅，加入脊骨，烹入料酒，放高汤、盐、酱油，大火炖15分钟。

③ 再加入芸豆慢火炖至熟烂，撒入味精调味，出锅即可。

食材绝招：挑选芸豆时，可以通过择豆筋的方式进行挑选，嫩芸豆的豆筋易断，不连续。

烹饪绝招：脊骨剁成4厘米长的块，不可太大，用冷水浸泡20分钟左右去掉血水，再用开水焯烫。

保健功效：本菜汤香醇，味咸鲜。芸豆味甘、性平，搭配脊骨，具有温中下气、利肠胃、止呃逆、益肾补元、镇静等功效。

凉拌菜

凉拌豆角豆腐泡

原料

芸豆300克，豆腐泡150克，熟芝麻50克，葱末、蒜末、生抽、香油各适量。

制作

① 芸豆择洗干净，下入开水锅中煮熟，捞出沥干切段；熟芝麻压碎。

② 豆腐泡切粗丝，下入开水中焯软，捞出沥干。

③ 豆腐泡丝、芸豆加蒜末、葱末、生抽、香油、芝麻拌匀即可。

食材绝招：优质的芸豆色泽鲜亮，呈红色或赤褐色，豆蒂稍稍突起。

烹饪绝招：将芸豆放锅中煮熟，可先用大火略煮，再转慢火煮10分钟，务必煮熟。

保健功效：此菜爽口开胃，营养丰富，色泽悦目。芸豆对治疗虚寒呃逆，胃寒呕吐，跌打损伤，喘息咳嗽，腰痛，神经痛均有一定疗效。

蒜泥豆角

凉拌菜

原料

豆角350克，蒜泥、盐、味精、芝麻酱、香油、花椒油各适量。

制作

① 豆角择洗净，放入沸水锅内烫熟，捞出过凉沥干。
② 再将豆角切成段。
③ 豆角段加入蒜泥、香油、花椒油、芝麻酱、盐、味精，拌匀即成。

食材绝招：挑选豆角的时候其实不一定要全部都买很嫩的。"老"豆角虽然在清脆爽口上要逊色些，但由于肉质肥厚，因此口感柔和，易入味，吃起来也有嫩豆角所不具备的美味。
烹饪绝招：将豆角择洗净切段，大约长度在5～6厘米左右，太长的话食用时不便。
保健功效：此菜颜色碧绿，脆嫩爽口。豆角有调和脏腑、安养精神、益气健脾、消暑化湿和利水消肿的功效。

羊肉烧豆角

炒菜

原料

嫩豆角250克，羊肉150克，葱末、姜末、蒜末、八角、盐、味精、料酒、鲜汤、香油、花生油各适量。

制作

① 羊肉洗净，切成薄片；豆角择洗净焯过沥干，切长段。
② 炒锅注油烧热，下葱末、姜末、蒜末、八角炒香，放入羊肉略炒。
③ 投入豆角煸炒，烹入料酒、盐及少许鲜汤，烧开后略煮，待豆角软烂，收浓汤汁，撒入味精调味，淋香油炒匀，出锅盛盘即成。

食材绝招：把豆角切成3寸长的段，在开水里焯一下，沥干水分，冻在冰箱里就能保存很长一段时间了。
烹饪绝招：烹煮时间宜长不宜短，要保证豆角熟透，否则会发生中毒。
保健功效：豆角软嫩，滋味鲜香。主治脾虚兼湿，食少便溏，湿浊下注、妇女带下过多，还可用于暑湿伤中、吐泻转筋等症。

炒 菜

香肠腊味荷兰豆

原料

荷兰豆200克，广式小香肠150克，葱末、姜末、盐、白糖、味精、湿淀粉、料酒、花生油各适量。

制作

① 荷兰豆择洗净，下入加盐的沸水焯熟，沥干切段；小香肠蒸熟切斜片。

② 炒锅注油烧热，下葱末、姜末爆香，放入荷兰豆煸炒，加入料酒、白糖、盐、味精略炒。

③ 倒入小香肠片，翻炒均匀，用湿淀粉勾芡，淋上熟油，出锅即成。

食材绝招： 荷兰豆系指豌豆中的软荚豌豆，又称食荚豌豆。在美国、加拿大、澳大利亚、新加坡、马来西亚、中国香港等地的市场十分畅销。

烹饪绝招： 因为在第一步中荷兰豆已放入加盐的沸水焯过了，所以在第二步中加盐的分量要控制好。

保健功效： 此菜翠绿鲜嫩，腊味香浓。荷兰豆对增强人体新陈代谢功能有十分重要的作用，是西方国家主要食用的蔬菜品种之一。

炒 菜

金钩荷兰豆

原料

荷兰豆400克，虾米50克，蒜末、盐、糖、料酒、色拉油各适量。

制作

① 荷兰豆择洗净，切成段。

② 虾米切成粒，加料酒浸泡。

③ 炒锅注油烧至六成热，下蒜粒爆香，放入虾米翻炒，倒入荷兰豆，加入盐、料酒、糖、蒜粒炒至荷兰豆变成翠绿色，出锅装盘即成。

食材绝招： 由于荷兰豆易于加工、储藏、运输，也是很有前途的出口创汇特菜品种之一。

烹饪绝招： 虾米切粒越细碎越好，用料酒浸泡是为了去腥、增加鲜香的口感。

保健功效： 本菜颜色碧绿，脆嫩爽口。荷兰豆搭配海米，营养价值高，风味鲜美，并具有延缓衰老、美容保健等功效。

椒味荷兰豆 🍴

原料

荷兰豆300克，盐、黑胡椒粉、香油各适量。

制作

① 荷兰豆择洗净。
② 将荷兰豆下入开水锅内焯熟，捞出沥干，切成段。
③ 再加入黑胡椒粉、盐、香油拌匀即成。

凉拌菜

食材绝招：荷兰豆易烂，保存时可以将荷兰豆放入保鲜袋内，用夹子夹紧，之后在保鲜袋的底角两边用剪子剪两个小洞，然后再放入冰箱的冷藏室冷藏，这样大概可以储藏一星期。

烹饪绝招：将荷兰豆两头的豆尖和边筋一定要去除干净，以免影响口感。

保健功效：此菜清爽香辣。经常食用，对脾胃虚弱、小腹胀满、呕吐泻痢、产后乳汁不下、烦热口渴均有疗效。

糖豆 🍽🍴

原料

黄豆500克，糖适量。

制作

① 黄豆择洗净，加热水泡开，捞出沥干。
② 炒锅注油烧热，下黄豆慢火炸熟，捞出沥油。
③ 在黄豆上撒入糖拌匀即成。

热菜

食材绝招：优质的豆类颗粒饱满、有光泽、整齐均匀、坚硬、极少杂质；颗粒大小不均，软湿、杂质较多的为次品。

烹饪绝招：炸黄豆时，油温不易过热，应先将黄豆炸熟透，再次炸酥。

保健功效：本菜甜酥香脆，黄豆含有丰富的蛋白质，也含有多种人体必需的氨基酸，可以提高人体免疫力。

炒菜

三丝绿豆芽

原料

绿豆芽200克，水发香菇75克，胡萝卜、黄瓜皮各50克，葱丝、姜丝、盐、味精、料酒、花椒油、花生油各适量。

制作

① 将绿豆芽掐去两头洗净，沥干水分；香菇、胡萝卜、黄瓜皮均切丝。

② 炒锅注油烧热，下葱丝、姜丝炒香，放入绿豆芽、香菇丝、胡萝卜丝、黄瓜皮丝快炒。

③ 加入料酒、盐炒匀，待变软将熟时，撒入味精调味，淋入花椒油，出锅即成。

食材绝招：购买绿豆芽时，应该选择那种须很长的，这种豆芽在生长中吸收了豆子较多的营养，而不要选购矮胖无根的绿豆芽。

烹饪绝招：放入绿豆芽、香菇丝、胡萝卜丝、黄瓜皮丝后要快速翻炒，使其受热均匀。

保健功效：本菜清淡素雅，咸鲜爽口。绿豆芽性寒，烹调时配上一点姜丝，可以中和它的寒性，十分适于夏季食用。

炒菜

香辣绿豆芽

原料

绿豆芽500克，香菜50克，干红辣椒25克，葱丝、花椒粒、盐、味精、醋、花生油各适量。

制作

① 将绿豆芽掐去两头洗净，香菜洗净切段，干红辣椒切丝。

② 炒锅注油烧至五成热，下花椒粒炸香，捞出去掉，下入葱丝、红辣椒丝炒出香辣味。

③ 放入绿豆芽，用旺火翻炒数下，烹入醋，加入盐、味精，撒上香菜段炒匀，出锅即成。

食材绝招：在选购豆芽时，要先抓一把闻闻有没有氨味，再看看有没有须根，如果发现有氨味和无须根的，就不要购买和食用。

烹饪绝招：绿豆芽含水量大，要急火快炒，以保持菜型和脆嫩口感。

保健功效：此菜脆嫩香辣。绿豆芽中含有丰富的维生素C，可以治疗坏血病，它还有清除血管壁中胆固醇和脂肪的堆积、防止心血管病变的作用。

鸡丝豆芽

炒菜

原料

绿豆芽250克，鸡脯肉150克，蛋清1/2个，葱丝、姜丝、盐、湿淀粉、醋、料酒、花生油各适量。

制作

① 绿豆芽去掉两头洗净；鸡脯肉洗净，切成细丝，加入盐、料酒、蛋清、湿淀粉拌匀。

② 炒锅注油烧热，下入鸡丝炒散，盛出。

③ 炒锅注油烧热，下葱丝、姜丝爆香，放入绿豆芽，用旺火翻炒，加盐、料酒、醋、鸡丝炒匀，出锅即成。

食材绝招：选购豆芽须谨慎商贩为了改善豆芽的卖相，用溶有"保险粉"的水浸泡豆芽，如此"漂白美容"后的豆芽外观特别白嫩，且能长时间保持鲜亮的色泽。

烹饪绝招：烹饪此菜无特别需要注意的地方，鸡丝尽量切的细一些，第三步翻炒要求大火。

保健功效：此菜咸鲜清香，清肠胃，利湿热。绿豆芽中含有核黄素，特别适合口腔溃疡的人食用。

肉丝绿豆芽

炒菜

原料

绿豆芽500克，猪瘦肉250克，香菜、葱丝、姜丝、盐、味精、酱油、料酒、色拉油各适量。

制作

① 将猪肉洗净切成丝，绿豆芽去头尾，香菜去叶洗净切段。

② 炒锅注油烧热，下入葱丝、姜丝、肉丝炒数下，再倒入绿豆芽、香菜段翻炒，加入盐、味精、料酒快速炒匀，装盘即可。

食材绝招：选购豆芽菜时要仔细辨认，合格的豆芽叶子肥厚、饱满、豆芽茎粗壮、有弹性，而且闻着没有刺鼻异味。

烹饪绝招：炒菜时应注意把握好火候，用大火快炒，这样才能更入味。

保健功效：此菜香嫩爽口。绿豆芽的热量很低，而水分和纤维素含量很高，常吃豆芽，可以达到减肥的目的。

热菜

火腿虾粒香豆腐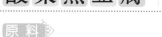

原料

虾仁150克，豆腐100克，火腿、西葫芦各50克，盐、白糖、淀粉、胡椒粉、色拉油各适量。

制作

① 虾仁洗净沥干切粒，豆腐洗净撒少许盐涂匀；西葫芦去皮、瓤，洗净切粒，火腿切粒。

② 炒锅注油烧热，下入虾粒炒熟，盛出。

③ 锅中留油烧热，放入虾仁、火腿、西葫芦略炒，撒入盐、白糖、胡椒粉炒匀，添少许水煮开，勾芡，浇入豆腐中即可。

食材绝招：好的豆腐为淡黄或白色，边角完整，不凹凸，口感细嫩，软硬适宜，醇香无杂质，无异味。

烹饪绝招：豆腐洗净后，可以放入开水锅中焯烫一下，不但能有效去掉豆腥味，更可杀菌消毒。

保健功效：本菜鲜香可口，营养全面，尤其适宜作为青少年的成长餐。豆腐的蛋白质含量丰富，丰富的大豆卵磷脂有益于神经、血管、大脑的发育生长。此外，豆腐对身体调养、减肥、细腻肌肤也很有好处。

热菜

酸菜蒸豆腐

原料

豆腐200克，酸白菜50克，葱、姜、盐、豆豉、香油各适量。

制作

① 酸菜洗净切片，下入开水锅中焯烫，捞起挤干；豆豉切细；姜切丝；葱切花。

② 豆腐切厚片，放入开水中焯烫，捞出沥干，入盘，将酸菜片排在豆腐上。

③ 将豆豉、姜丝、葱花、盐拌匀放在酸菜上，蒸7分钟，淋上香油即可。

食材绝招：豆腐若无法一次吃完，可将其切成块，再放回冰箱冷藏，方便下次使用。

烹饪绝招：酸菜一定要洗净，切小薄片，用清水浸15分钟，挤干。这样是为了避免太酸或太咸。

保健功效：这道菜清淡不腻，别有风味。豆腐的蛋白质含量丰富，而且豆腐蛋白属完全蛋白，不仅含有人体必需的八种氨基酸，而且比例也接近人体需要，营养价值较高。

塌嫩豆腐

热菜

原料

豆腐300克，鸡蛋2个，干面粉25克，大葱、盐、胡椒粉、鸡汤、香油、花生油各适量。

制作

① 鸡蛋打散，葱切成段。

② 豆腐切片，加盐略腌，裹匀面粉，蘸匀鸡蛋液。

③ 炒锅注油烧热，下入豆腐片煎至两面金黄，添鸡汤，撒盐、胡椒粉焖入味，加入葱段，滴入香油，装入盘内即可。

食材绝招: 无包装的豆腐很容易腐坏，买回家后，应立刻浸泡于水中，并放入冰箱冷藏，烹调前再取出。

烹饪绝招: 豆腐的粗皮一定要去掉，撒适量盐不可太多，另外，水分要沥干净，再裹匀干面粉。

保健功效: 这道菜豆腐香嫩，味道鲜美。豆腐内含植物雌激素，能保护血管内皮细胞不被氧化破坏，常食可减轻血管系统的破坏，预防骨质疏松、乳腺癌和前列腺癌的发生，是更年期妇女的保护神。

美味花豆腐

热菜

原料

豆腐50克，熟鸡蛋黄1个，小白菜、大葱、姜、盐、淀粉各适量。

制作

① 葱、姜加水制成葱姜汁。

② 小白菜择洗净，下入开水锅中焯烫，捞出沥干，剁成末；熟蛋黄压成末。

③ 豆腐捣成泥，加淀粉、盐、葱姜水、小白菜末搅匀，堆成方形，撒入蛋黄末，入蒸锅用中火蒸10分钟即可。

食材绝招: 盒装豆腐较易保存，但仍须放入冰箱冷藏，以确保在保存期限内不会腐败。

烹饪绝招: ◎ 这道料理的豆腐最好采用盒装的内酯豆腐，口感更加嫩滑。

◎ 豆腐入蒸锅的时间要掌握好，保持软嫩适度是关键。

保健功效: 这道菜柔软可口，营养丰富。豆腐里含有丰富的大豆卵磷脂，搭配营养丰富的蛋黄，不但富含高蛋白，益于神经、血管、大脑，而且更有助于病后、产后的保养。

炒 菜

五彩豆腐 🍴○

原料

豆腐250克，鸡蛋3个，番茄、鲜香菇、熟青豆各50克，大葱、盐、花生油各适量。

制作

① 豆腐洗净，入沸水中烫透捞出，切成丁；番茄、香菇均切成小丁；葱切末。

② 将番茄丁、香菇丁、豆腐丁、熟青豆、葱末搅匀。

③ 炒锅注油烧至六成热，将鸡蛋液、各种丁放入翻炒至原料成熟，出锅盛入盘中即可。

食材绝招: 豆腐本身的颜色是略带点微黄色，如果色泽过于白，有可能添加漂白剂，则不宜选购。

烹饪绝招: ◎ 炒时应注意火候不易过大，避免煳锅。

　　　　　 ◎ 若使用生青豆，应提前下入开水锅中焯熟，以免食物中毒。

保健功效: 这道菜色泽亮丽，味道鲜美。豆腐里所含的大豆蛋白能恰到好处地降低血脂，保护血管细胞，预防心血管疾病，搭配番茄、香菇、青豆，营养均衡。

热 菜

虾仁炖豆腐 ○🍴

原料

豆腐300克，虾仁100克，毛豆50克，大葱、姜、盐、淀粉、香油、花生油各适量。

制作

① 豆腐切丁；虾仁洗净；毛豆入开水煮熟，捞出沥干。

② 炒锅注油烧热，下入香葱、姜末爆香，添高汤，放入豆腐丁、虾仁、盐炖煮入味。

③ 加入毛豆略煮，勾芡，淋入少许香油即可。

食材绝招: 豆腐可以选用内酯豆腐，当盒装内酯豆腐的包装有凸起，里面豆腐则混浊、水泡多且大，便属于不良品，千万不可选购。

烹饪绝招: ◎ 虾仁挑去虾线后一定要洗净。

　　　　　 ◎ 毛豆务必入开水煮熟，否则易导致食物中毒。

保健功效: 虾仁鲜嫩，豆腐滑软、清香，色泽诱人食欲。本菜对病后调养、减肥、细腻肌肤亦很有好处。

炒虾粒豆腐 🍴

炒 菜

原料

对虾、豆腐各200克，韭菜50克，鸡蛋3个，葱、姜、盐、胡椒粉、香油、花生油各适量。

制作

① 虾去头、皮洗净切末；豆腐剁泥，加鸡蛋液、高汤、盐、胡椒粉调匀。

② 韭菜洗净切末；葱、姜均洗净切末。

③ 炒锅注油烧热，放葱、姜、虾粒、豆腐、韭菜末炒匀，撒入盐、胡椒粉调味，淋香油即成。

食材绝招： 挑选豆腐时，可以通过品尝的方式进行鉴别。优质豆腐入口豆香浓郁，不酸、软硬适度。

烹饪绝招： 烹饪时不要加味精、鸡精，因虾自身即带有鲜味，加入味精、鸡精，会减弱菜肴的自然口感和味道。

保健功效： 本菜鲜香滑嫩，美味可口。虾、豆腐被誉为"二鲜"，搭配嫩滑的豆腐，又鲜又嫩且营养丰富，尤其适合脑力工作者、经常加夜班者食用。

油菜海米豆腐 ▣

炒 菜

原料

豆腐、油菜各150克，虾米50克，葱、盐、味精、玉米淀粉、花生油、香油各适量。

制作

① 豆腐洗净切成丁；海米泡发，切成碎末；油菜择洗干净，切碎。

② 炒锅注油烧至七成热，下入葱花炝锅，投入豆腐、海米翻炒。

③ 放入油菜炒透，撒盐、味精，勾芡，滴入香油即可。

食材绝招： 劣质豆腐呈灰白色或深黄色，无光泽；有酸败味或其他异味；组织松散，表面粗糙，不细腻，有牙碜感。

烹饪绝招： 炒锅注油烧热，下入葱花炝锅，要迅速，投入豆腐、海米，翻炒几下，不可太久。

保健功效： 这道菜色泽白绿，味道鲜美，营养丰富，均衡搭配，尤其适合3岁以上的幼儿食用。

炒 菜

麻婆豆腐

原料

豆腐300克，猪肉100克，辣豆瓣酱50克，葱花、姜末、蒜末各25克，盐、花椒粉、豆豉、湿淀粉、料酒、酱油、花生油各适量。

制作

① 将豆腐切成方块，放入温水锅内稍煮，捞出沥干水分。

② 将猪肉切成末，辣豆瓣酱剁细。

③ 炒锅注油烧热，下肉末炒香，放入辣豆瓣酱、豆豉、姜末、蒜末炒香，加入料酒、酱油、水，随即下豆腐、盐，转小火焖熟，勾芡，撒葱花和花椒粉即可。

食材绝招：制作麻婆豆腐宜选用细嫩清香"石膏豆腐"，而不是卤水豆腐，挑选时，可以用手捏或用鼻子闻，判断其是否新鲜。

烹饪绝招：豆腐切块后，在沸腾的淡盐水焯过，可以保持豆腐口感细嫩，且不易碎。

保健功效：本菜口味细嫩、鲜烫、酥香。豆腐中缺少人体必需氨基酸——蛋氨酸，把它和其他的肉类、蛋类食物搭配一起合用成菜，可大大提高豆腐中蛋白质营养的利用率。

热 菜

腐皮卷素菜

原料

油皮150克，绿豆芽、胡萝卜各100克，韭黄、榨菜、鲜香菇各50克，姜汁、盐、白糖、淀粉、胡椒粉、色拉油各适量。

制作

① 香菇、胡萝卜、榨菜、豆芽、韭黄均洗净切末，淀粉加适量水调成浆。

② 炒锅注油烧热，下入香菇末、胡萝卜末、榨菜末、豆芽末、韭黄末，加盐、白糖、胡椒粉炒匀制成馅。

③ 将油皮包入馅，下入热油锅煎至金黄，盛出切段即可。

食材绝招：油皮也叫豆腐皮，优质豆腐皮皮薄透明，表面光滑，色黄而有光泽，折成半圆时不断，泡后柔软不黏。

烹饪绝招：◎油皮卷入锅煎时，应用慢火煎，以保证外酥内香。

◎制作本菜时宜使用鲜油皮，可以在油皮外部涂抹上适量盐，这样煎出来的腐皮卷外皮更有味。

保健功效：本菜色彩金黄，味道香，馅料营养丰富、搭配均衡，是家常宴会的佳肴之一。

三丝炝腐竹

热 菜

原料

水发腐竹200克，水发香菇、胡萝卜、芹菜各50克，姜丝、盐、味精、胡椒粉、色拉油各适量。

制作

① 腐竹泡发后切成丝。

② 芹菜、香菇、胡萝卜均洗净切丝，分别焯透、过凉。

③ 炒锅注油烧热，下入姜丝煸香，倒入腐竹丝、香菇丝、胡萝卜丝、芹菜丝略炒，加入盐、味精、胡椒粉炒熟即成。

食材绝招: 挑选腐竹时，可以通过折断来判断其优劣。好的腐竹质脆易折，条状折断有空心。

烹饪绝招: 烹炒时，可以先放胡萝卜丝和芹菜丝略炒，再加入易熟的腐竹丝和香菇丝，及时撒盐、胡椒粉炒入味，最后撒入味精。

保健功效: 此菜红、白、绿、黑四色相映，清淡适口。腐竹含有多种矿物质，可有效补充钙质，能防止因缺钙引起的骨质疏松；搭配芹菜丝等，营养均衡、科学，是经典家常菜肴之一。

酱汁腐竹

热 菜

原料

腐竹300克，豆瓣酱100克，葱末、姜末、蒜末、盐、糖、味精、料酒、花生油各适量。

制作

① 腐竹用热水泡软洗净，沥干水分切段。

② 炒锅注油烧热，下葱末、姜末、蒜末爆香，再下豆瓣酱炒出香味。

③ 放入腐竹段煸炒片刻，加入料酒、盐、糖、少许清水烧开，用小火煨透，待汤汁浓稠、紧裹腐竹表面，撒入味精调味，出锅即成。

食材绝招: 挑选腐竹时，可以通过看外观和闻味道的方法。好的腐竹呈淡黄色，略有光泽，且无任何异味；劣质腐竹则黄中有白，色泽光亮，闻上去有霉味、酸臭味以及其他异味。

烹饪绝招: 腐竹适宜用温水泡发，以软为好，一般说来，10分钟左右即成。

保健功效: 本菜软嫩油润，酱味浓郁，下饭。腐竹含有丰富的铁，而且易被人体吸收，常食对缺铁性贫血有一定疗效。

炒菜

蒜香回锅肉

原料

带皮五花肉350克，蒜薹100克，郫县豆瓣酱、甜面酱、盐、白糖、酱油、料酒、花生油各适量。

制作

① 猪肉洗净，入锅内煮至六七成熟，捞出凉透切大片；蒜薹洗净切段，郫县豆瓣酱剁碎粒。

② 炒锅注油烧至五成热，下肉片炒至变色，烹入料酒，加入郫县豆瓣、甜面酱炒香，再加入酱油、盐、白糖炒匀，放入蒜薹段快速炒至断生，出锅装盘即成。

食材绝招：优质的带皮五花肉富有弹性，无论捏、按均弹性佳，猪皮表面细致，不会过干或过油。

烹饪绝招：猪肉先煮熟再入锅烹炒，是传统回锅肉的做法，可使炒好的肉片肥而不腻。如直接将五花肉切片下入锅中烹炒，则口感会略差。

保健功效：此菜色泽红亮，香气浓郁，肥而不腻。五花肉含有丰富的优质蛋白质和必需的脂肪酸，并提供血红素（有机铁）和促进铁吸收的半胱氨酸，能改善缺铁性贫血，搭配色泽红、味道足的酱，十分下饭。

热菜

水煮肉片

原料

猪里脊肉250克，莴笋尖150克，芹菜段、蒜苗段各50克，豆瓣酱、麻辣椒末、湿淀粉、味精、酱油、鲜汤、色拉油各适量。

制作

① 猪里脊肉洗净切成片，加盐、湿淀粉拌匀上浆。

② 炒锅注油烧热，下莴笋尖、芹菜段、蒜苗段、盐炒软。

③ 炒锅注油烧热，下豆瓣酱炒香，添入鲜汤烧沸，加肉片煮熟，撒入味精，放入麻辣椒末，浇入热油即可。

食材绝招：猪里脊肉可以用臀尖肉或弹子肉代替。臀尖肉位于臀部的上面，都是瘦肉。弹子肉位于后腿腿上，也都是瘦肉且肉质较嫩。

烹饪绝招：◎ 处理里脊肉时，一定要先除去连在肉上的筋和膜，否则不但不好切，吃起来口感也不佳。

◎ 家中没有鲜汤，可以添入水后多加入鸡精或鲜汤粉。

保健功效：此菜为重庆名肴，色深红，以麻辣、鲜烫、细嫩著称，营养丰富。

蒜泥白肉

凉拌菜

原料

猪后腿肉350克，蒜、糖、盐、味精、酱油、辣椒油、香油各适量。

制作

① 猪肉煮熟，放入煮肉原汤中泡至汤凉，肉取出切成薄片。

② 蒜加少许盐捣成泥状，淋入少许香油，用凉开水搅匀，而后加上糖、味精、酱油、辣椒油调成味汁。

③ 将肉片浇入味汁拌匀即成。

食材绝招：猪后腿肉，位于后腿上方，臀尖肉下方，全为瘦肉，纤维较长，一般多在做白切肉或回锅肉时用。

烹饪绝招：味汁要吃时再浇入拌匀，保持美味可口。

保健功效：本菜鲜香脆嫩，属下饭佳肴，是经典凉菜之一，猪肉中富含蛋白质、脂肪、维生素B$_1$等，与大蒜搭配，对促进血液循环、消除身体疲劳、增强体质有重要作用。

醪糟红烧肉

热菜

原料

带皮五花肉750克，醪糟汁75毫升，冰糖、葱、姜各25克，鲜汤、胡椒、盐、酱油、色拉油各适量。

制作

① 锅中添入适量清水、冰糖炒至变成红色，制成糖色汁。

② 带皮五花肉洗净切片，葱切段，姜切片。

③ 炒锅注油烧热，放入肉片炒至吐油，下入葱、姜煸炒，添入鲜汤烧沸，撇去浮沫，加盐、酱油、胡椒、糖色汁、醪糟汁，小火慢烧至色红、汁浓稠即可。

食材绝招：猪肉烹调前不要用热水清洗，因猪肉中含有一种肌溶蛋白的物质，在15℃以上的水中易溶解，若用热水浸泡就会散失很多营养，同时口味也欠佳。

烹饪绝招：第三步一定是要用小火慢烧，时间大概1小时可出现色红、汁浓稠的效果。

保健功效：在这道菜里，红烧肉汁浓醇香鲜甜，肉肥软不腻，有开胃助消化的功效。

热菜

南瓜蒸肉

原料

南瓜500克，猪肉300克，糯米、酱油、腐乳汁、红糖、江米酒、葱、花椒、姜各适量。

制作

① 将南瓜带从周围切四方形刀口，取下作盖，挖净瓤。

② 猪肉洗净切片，葱、姜洗净切末；糯米、花椒混合，入锅炒黄，磨成粗粉。

③ 猪肉片加葱、姜、腐乳汁、酱油、红糖、江米酒、粗粉拌匀，装入南瓜内，盖上瓜盖，上笼蒸熟即成。

食材绝招：猪肉应煮熟，因为猪肉中有时会有寄生虫，如果生吃或调理不完全时，可能会在肝脏或脑部寄生有钩绦虫。

烹饪绝招：江米酒可以用醪糟汁代替，口感更香浓。

保健功效：这道菜造型美观，味道丰富。可补充优质蛋白质和必需的脂肪酸。

炒菜

姜丝肉

原料

猪肉300克，姜50克，胡萝卜、香菜、盐、味精、料酒、色拉油各适量。

制作

① 将猪肉、胡萝卜、姜分别切丝，香菜择洗净切段。

② 锅中添水烧开，下入胡萝卜、香菜段用水焯透，捞出过凉备用。

③ 炒锅注油烧热，放入姜丝、猪肉丝炒变白，烹入料酒，撒入盐、味精、胡萝卜丝、香菜炒匀即可。

食材绝招：优质的猪肉，脂肪白而硬，且带有香味。肉的外面往往有一层稍带干燥的膜，肉质紧密，富有弹性，手指压后凹陷处立即复原。

烹饪绝招：肉丝切好后放在小苏打溶液里浸一下再炒，特别可口。

保健功效：本菜是冬令佳肴，姜味浓郁，驱寒散热。生姜驱寒保暖，搭配猪肉，暖上加暖，同时可以驱外邪，并可治疗腹痛。

榨菜肉丝

炒菜

原料

榨菜200克，猪瘦肉100克，干辣椒、香菜段、大蒜、味精、生抽、料酒、香油、花生油各适量。

制作

① 榨菜洗净切丝，下入开水锅中略焯，捞出沥干。

② 猪肉切丝，干辣椒切丝，香菜洗净切段，大蒜切末。

③ 炒锅注油烧热，下入蒜末、辣椒丝炒香，放入肉丝炒至变白，烹入料酒、生抽，加入榨菜丝炒片刻，撒入香菜段、味精，淋上香油出锅即可。

食材绝招： 猪肉摸上去要有点黏手，证明没有注水，按下去要有弹性，证明新鲜。

烹饪绝招： 榨菜洗净切丝，用开水焯烫泡上，可避免口感过咸。

保健功效： 这道菜咸鲜脆嫩，辣味可口。猪肉味甘咸、性平，入脾、胃、肾经，具有补肾养血，滋阴润燥之功效。

香菜炒肉丝

炒菜

原料

猪瘦肉300克，香菜、青尖椒、红尖椒、葱丝、盐、味精、生抽、料酒、香油、色拉油各适量。

制作

① 香菜择洗净切段；猪肉切丝，青尖椒、红尖椒均切丝。

② 锅内添水烧开，下入青椒丝、红椒丝焯烫，捞出沥干。

③ 炒锅注油烧热，放入猪肉丝、葱丝炒香，烹入料酒、生抽、盐、青椒丝、红椒丝略炒，撒入味精、香菜段炒匀即可。

食材绝招： 优质的猪瘦肉颜色近似玫瑰色，红得自然。

烹饪绝招： ◎ 香菜应最后投放，以避免烹炒的火候过烂。

◎ 青尖椒、红尖椒焯烫时应注意时间不宜过久。

保健功效： 这道菜红绿相映，口感脆嫩鲜香。猪肉对热病伤津、消渴赢瘦、肾虚体弱、产后血虚、燥咳、便秘、补虚、滋阴、润燥、滋肝阴，润肌肤，利二便和止消渴等病症有很好的食疗作用。

炒菜

神仙骨 🍽

原料

排骨550克，海米末50克，鸡蛋2个，面包糠、蒜末、辣椒粉、芝麻、花生碎、芹菜末、盐、糖、湿淀粉、香油、色拉油各适量。

制作

① 排骨剁成块洗净，加鸡蛋液、湿淀粉、盐上浆，下入七成热油锅炸至表皮酥脆，捞出沥油；面包糠、蒜末下入热油锅炒香，加辣椒粉、芝麻、花生碎拌匀。

② 炒锅注油烧热，放入排骨、海米末、面包糠、芹菜末、香油，翻炒匀起锅装盘即可。

食材绝招：排骨分扁排和圆排，挑选时，可以通过看骨头的形状进行区分，一般说来，扁排的口感更佳。

烹饪绝招：排骨剁成块最好用专门的刀，排骨块的大小应根据配菜要求确定。

保健功效：本菜咸鲜微辣，排骨外酥里嫩，回味悠长。猪排骨能提供人体生理活动必需的优质蛋白质、脂肪，尤其是丰富的钙质可维护骨骼健康。

炒菜

鱼香排骨 🍽

原料

小排骨500克，泡红辣椒、姜丝、蒜末、葱、盐、淀粉、糖、酱油、醋、料酒、花生油各适量。

制作

① 排骨洗净剁成小块，加盐腌渍，裹匀淀粉，下入七成热的油锅中炸透，捞出滤油；葱切段。

② 炒锅注油烧热，放入姜丝、蒜末炒香，加入泡红辣椒、酱油、醋、糖、料酒烧热。

③ 放入排骨、葱炒至收汁出锅即可。

食材绝招：烧排骨、糖醋排骨最好选用签排骨，这种口感更佳，更易入味。

烹饪绝招：◎ 一般说来，排骨加盐腌渍15分钟即可入味。

　　　　　◎ 可以用嫩肉粉代替淀粉，这样炸制出的排骨口感更嫩滑。

保健功效：这道菜排骨色泽金红，肉质细嫩，香味浓郁，咸甜香辣适口。猪排骨具有滋阴润燥、益精补血的功效；适宜于气血不足，阴虚纳差者。

肉末雪菜

炒 菜

原料

雪菜350克，猪肉150克，干辣椒、蒜末、盐、糖、味精、酱油、料酒、香油、色拉油各适量。

制作

① 雪菜洗净，下入开水锅中略煮，捞出沥干切成末。

② 干辣椒、猪肉均切末。

③ 炒锅注油烧热，下入干辣椒、肉末、蒜末炒香，加入料酒、雪菜末煸炒，撒入酱油、糖、味精、盐炒匀，淋上香油即可。

食材绝招：用于制作肉末的猪肉，最好选择肥瘦相间的，这种炒出的菜肴味道更香。

烹饪绝招：雪菜焯烫时应注意时间，不要煮的太久，以免失去雪菜原有的滋味，水分注意要沥干。

保健功效：这道菜咸甜辣香，家常美味。尤其适宜阴虚不足，头晕，贫血，老人燥咳无痰，大便干结，以及营养不良者食用。

红烧狮子头

热 菜

原料

猪肉400克，油菜250克，豆腐、荸荠各100克，姜末、盐、糖、味精、胡椒粉、酱油、料酒、高汤、色拉油各适量。

制作

① 豆腐、荸荠、猪肉均制成泥；油菜择洗净焯熟。

② 猪肉泥加豆腐、荸荠、盐、味精搅匀制成丸子，下入热油锅中炸至色泽金黄，捞出沥油。

③ 锅内添高汤烧开，放入肉丸、糖、味精、酱油、料酒、姜，小火焖煮15分钟。

④ 将油菜围在盘边，将肉丸放入盘中，淋入汤汁即可。

食材绝招：鲜猪肉应表面不发黏，肌肉细密而有弹性，颜色自然鲜红，用手指压后不留指印，并有一股清淡的自然肉香味。

烹饪绝招：剁肉前，把菜刀放在热水里泡3～5分钟，剁肉时肉末就不沾刀了。

保健功效：这道菜滋味香浓，营养丰富，是节日、庆典的重要菜品之一。油菜含有大量胡萝卜素和维生素C，有助于增强机体免疫能力。油菜所含钙量在绿叶蔬菜中为最高。

炒菜

腊肉炒苋菜

原料

苋菜250克，腊肉100克，盐、料酒、鸡精、花生油各适量。

制作

① 腊肉洗净，加料酒蒸30分钟，晾凉切片；苋菜去根、老叶，洗净切成长段。

② 炒锅注油烧热，放入苋菜，加入盐、鸡精煸炒至熟。

③ 炒锅注油烧热，放入腊肉片煸炒，加入苋菜，翻炒均匀即可。

食材绝招：质量好的腌腊肉色泽鲜艳，肌肉呈鲜红色或暗红色，脂肪无色或呈乳白色，肉质干爽结实，富有弹性，指压后无明显凹痕，有其固有的香味。

烹饪绝招：腊肉必须洗净，加料酒蒸30分钟左右，晾凉之后再切成薄片，这样加工后的腊肉不腻不腥、干净卫生。

保健功效：此菜浓香味美，口感丰富。腊肉中磷、钾、钠的含量丰富，还含有脂肪、蛋白质、碳水化合物等元素，是补充营养的佳肴。

热菜

腊肠番茄泥

原料

番茄、腊肠各100克，盐、肉汤适量。

制作

① 番茄去皮切碎。

② 腊肠切碎。

③ 锅置火上，添入肉汤，放番茄、腊肠边煮边搅拌，并用勺背将其研成糊状，撒少许盐调味即可。

食材绝招：在选购腊肠时需要注意，变质的腊肠色泽灰暗无光泽，脂肪呈黄色，且表面有霉斑。

烹饪绝招：◎番茄用热水烫之后比较容易剥皮。

　　　　　◎腊肠切碎前应先洗净，以确保卫生。

保健功效：这道菜酸咸得当，双重营养。腊肉选用新鲜的带皮五花肉，具有开胃祛寒、消食等功效。

大白菜炒肥肠

炒菜

原料

熟肥肠250克，大白菜500克，干辣椒丝、蒜苗、蒜末、料酒、盐、味精、湿淀粉、花生油各适量。

制作

① 肥肠切段，放入沸水锅焯过；大白菜切段。

② 炒锅注油烧热，加入干辣椒丝、白菜段、蒜末炒香。

③ 放入肥肠、蒜苗段煸炒，烹入料酒，撒入盐、味精，用湿淀粉勾芡即成。

食材绝招: 根据猪肠的功能可分为大肠、小肠和肠头，它们的脂肪含量是不同的，小肠最瘦，肠头最肥。

烹饪绝招: 肥肠切片大小在5厘米左右的长宽即可，另外要等到水完全烧开以后再下锅焯水。

保健功效: 这道菜肥而不腻，香辣适口。猪大肠有润燥、补虚、止渴止血之功效。

苦瓜煨肥肠

热菜

原料

苦瓜1根，熟猪大肠300克，红辣椒、蒜、香菜、豆豉、盐、鸡精、湿淀粉、清汤、香油、色拉油各适量。

制作

① 苦瓜洗净去瓤切条，焯过；红辣椒、蒜均切末，香菜择洗净切段；猪大肠切斜刀片，排放在碗中。

② 炒锅注油烧热，下入蒜末爆香，放入苦瓜、猪大肠翻炒，加入鸡精、清汤煨熟，将猪肠、苦瓜扣在盘内。

③ 炒锅注油烧热，放入红辣椒末、蒜末和豆豉炒香，倒入原汁，加湿淀粉勾芡，淋上香油，撒入香菜段即可。

食材绝招: 质量好的猪大肠，颜色呈白色，黏液多，异味轻，质稍软，具有韧性，不带粪便及污物。色泽变暗，有青有白，黏液少，异味重的质量不好。

烹饪绝招: 烹调时注意用小火煨，这样熬出来的汁味道浓，滋味足。

保健功效: 这道菜肥而不腻，香辣适口。猪大肠有润燥、补虚、止渴止血之功效，搭配富含维生素C、维生素E的苦瓜，可以起到很好的护肤和养颜效果。

麻辣猪肝 🍽

炒菜

原料

猪肝200克，炸花生米75克，花椒、干辣椒、葱、姜、蒜、盐、糖、味精、湿淀粉、料酒、酱油、醋、色拉油各适量。

制作

① 将猪肝、姜切成片，干辣椒切节，葱切段；猪肝加盐、料酒、淀粉略腌；将料酒、湿淀粉、葱、姜、蒜、糖、酱油、味精调成味汁。

② 炒锅注油烧热，下干辣椒、花椒炸香，放入猪肝片炒透，倒入味汁烧开，烹入醋，加入炸花生米略炒即成。

食材绝招：优良猪肝质均软且嫩，手指稍用力，可插入切开处，做熟后味鲜、柔嫩。

烹饪绝招：将肝用盐、料酒、淀粉上浆时，料酒不可过多，湿淀粉也要抓匀。

保健功效：这道菜麻辣味浓，肝鲜嫩，花生米香脆。猪肝中铁质丰富，是补血食品中最常用的食物，食用猪肝可调节和改善贫血病人造血系统的生理功能。

熘炒黄花猪腰 🍽

炒菜

原料

猪腰子300克，黄花菜50克，大葱、大蒜、姜、盐、淀粉、色拉油各适量。

制作

① 猪腰切开，剔去筋膜、臊腺洗净，切成小块。

② 黄花菜用水泡发，撕成小条；葱、姜、蒜切末。

③ 炒锅注油烧热，煸炒葱末、姜末、蒜末，放入猪腰炒至变色熟透，加入黄花菜、盐，煸炒片刻，用湿淀粉勾芡即可。

食材绝招：新鲜的猪心猪腰颜色呈自然的深红色，按下去有弹性和粘连感，没有水分。

烹饪绝招：猪腰切开，剔去筋膜、臊腺，洗净，切成块。筋膜和臊腺要去除彻底，并且要洗干净。

保健功效：本菜香鲜，营养丰富，具有养血平肝、滋阴补肾的作用，尤其适宜老年人肾虚耳聋、耳鸣者食用。

毛血旺

热 菜

原料

午餐肉片、毛肚、猪血片、猪大肠、豆芽各75克，粉条、香叶、灯笼椒、姜末、葱末、盐、鸡粉、火锅料、料酒、鲜汤、花生油、辣椒油各适量。

制作

① 毛肚、大肠洗净切块；豆芽洗净，粉条泡发。

② 炒锅注油烧热，下火锅料、葱末、姜末炒香，加入料酒、鲜汤，放入午餐肉、毛肚、猪血、猪大肠、鸡粉、盐煮开，盛入碗中。

③ 炒锅注油烧热，淋辣椒油，放入香叶、灯笼椒烧热，浇入碗中即可。

食材绝招: 变质的猪肠呈淡绿色或灰绿色，组织软，无韧性，易断裂，具有恶臭味。

烹饪绝招: ◎猪血片要略厚，以防烧煮时破碎。

◎烹制时可以加入适量香葱末，可使菜品的口味更妙。

保健功效: 本菜红亮油润，味道麻辣鲜嫩，汤汁浓香醇厚，别具风味，是经典川菜之一。

香辣毛肚

热 菜

原料

生毛肚300克，干辣椒、青红尖椒、香菜段、花椒、葱、姜、盐、味精、酱油、料酒、花生油各适量。

制作

① 将干辣椒、青红尖椒洗净切丝；葱、姜切片。

② 毛肚洗净放锅内，添水，下葱片、姜片、花椒，滴入料酒煮至熟烂，捞出切丝。

③ 炒锅注油烧热，下入葱丝、姜丝、辣椒丝煸炒片刻，烹入料酒，再放上肚丝，淋入酱油，加香菜段、味精炒匀即可。

食材绝招: 选购毛肚时要注意，特别白的毛肚是用双氧水、甲醛泡制变成白色的。

烹饪绝招: 注意毛肚要加白醋、盐，搓洗去除异味，反复洗几次。

保健功效: 本菜菜香味浓，香辣绵软。毛肚含蛋白质、脂肪、钙、磷、铁、硫胺素、核黄素、尼克酸等，具有补益脾胃，补气养血，补虚益精、消渴、风眩之功效。

凉拌菜

红油牛百叶

原料

水发牛百叶400克，香菜段50克，红油25毫升，干辣椒丝25克，糖、盐、味精、生抽、味达美、芥末油各适量。

制作

① 将水发牛百叶切成片，放入热水锅中焯水，捞出放入盘中。

② 碗中放入生抽、味达美、盐、糖、味精、芥末油、干辣椒丝调成味汁。

③ 将调好的味汁浇在牛百叶上，淋上红油即可。

食材绝招: 挑选牛百叶时，多层、稍厚的牛百叶口感更好，也更入味。

烹饪绝招: 牛百叶焯烫时间要短，否则容易出现老、硬的口感，且不易入味。

保健功效: 这道菜色泽红亮，香辣可口，回味无穷。牛百叶含蛋白质、脂肪、钙、磷、铁、硫胺素、核黄素、尼克酸等，尤其适宜于病后虚羸、气血不足、营养不良、脾胃薄弱之人食用。

炒 菜

虾酱牛肉炒空心菜

原料

空心菜200克，牛肉后腿100克，虾酱25克，大蒜、盐、淀粉、酱油、花生油各适量。

制作

① 牛肉切片，加入盐、淀粉、酱油腌渍15分钟。

② 空心菜择洗净切段；蒜切成末。

③ 炒锅注油烧热，下入蒜末、虾酱爆锅，放入空心菜炒软，加入牛肉炒熟，勾芡即可。

食材绝招: 牛肉受风吹后易变黑，进而变质，因此要注意保管。

烹饪绝招: 牛肉的纤维组织较粗，结缔组织又较多，应横切，将长纤维切断，不能顺着纤维组织切，否则不仅没法入味，还嚼不烂。

保健功效: 这道菜酱香浓郁不腻。牛肉富含蛋白质，能提高机体抗病能力，对生长发育及术后、病后调养的人在补充失血、修复组织等方面特别适宜，寒冬食牛肉可暖胃，是该季节的补益佳品。

飘香嫩牛肉

原料

牛里脊肉300克，盐、糖、嫩肉粉、淀粉、番茄汁、橙汁、柠檬汁、西柚汁、酸梅、料酒各适量。

制作

① 将牛里脊肉去筋洗净切条，加盐、料酒、嫩肉粉腌渍30分钟，蘸匀淀粉；酸梅去核切细。

② 炒锅注油烧至六成热，下入牛肉炸至棕黄色，捞出沥油。

③ 锅中添入清水、糖、酸梅、番茄汁、橙汁、柠檬汁、西柚汁熬化成味汁，浓稠时，淋在牛柳上即可。

食材绝招: 优质的新鲜牛肉里脊有光泽，红色均匀，脂肪洁白或淡黄色。

烹饪绝招: 炒锅注油烧至六成热，把牛肉均匀地蘸上干细淀粉，炸至棕黄色捞出装盘，注意油温不可太高，也不可炸的太久太老。

保健功效: 此菜色泽鲜润，口感柔和，橙黄惹味。牛肉有补中益气，滋养脾胃，强健筋骨，化痰息风，止渴止涎之功效。

麦仁小牛肉

原料

蒸熟小麦仁200克，牛肉100克，鸡蛋、青椒、红椒、李锦记桂林辣酱、葱、姜、盐、糖、淀粉、酱油、味精、花生油各适量。

制作

① 牛肉切粒，加酱油、糖、鸡蛋液、淀粉上浆；青椒、红椒切粒；葱、姜切片。麦仁下入开水锅中焯过，捞出沥干。

② 炒锅注油烧至七成热，下入牛肉滑熟，捞出沥油。

③ 炒锅注油烧热，下葱、姜、桂林辣酱煸香，添汤，撒入盐、味精、青红椒粒、牛肉、麦粒炒匀出锅即可。

食材绝招: 新鲜牛肉外表微干或有风干膜，不黏手，弹性好。变质肉的外表黏手或极度干燥，新切面发黏，指压后凹陷不能恢复，留有明显压痕。

烹饪绝招: 经过加酒、醋腌渍后的牛肉容易烂，而且肉质变嫩，色佳味美，香气扑鼻。

保健功效: 麦仁的清香溶入牛肉的滑嫩，口味奇妙。尤其适宜于中气下隐、气短体虚、筋骨酸软、贫血久病及面黄目眩之人食用。

热菜

饼卷小牛肉

原料

牛里脊300克，春饼6张，老干妈酱25克，鸡蛋1个，辣椒碎、花椒碎、葱末、姜、蒜、糖、味精、湿淀粉、酱油、花生油各适量。

制作

① 牛肉切丁，加入蛋清腌制20分钟，下入热油锅滑熟；蒜苗洗净切成丁。

② 炒锅注油烧热，下入姜、蒜、葱末、辣椒碎、花椒碎、老干妈酱爆香，加入牛肉丁、盐、酱油、糖、味精翻炒，用湿淀粉勾芡，出锅装盘，搭配春饼一同上桌即可。

食材绝招：新鲜牛肉具有鲜肉味儿，变质肉有异味甚至臭味。区别老嫩牛肉的方法：老牛肉肉色深红、肉质较粗；嫩牛肉肉色浅红，肉质坚而细，富有弹性。

烹饪绝招：牛肉的筋要去除干净，切丁要小，加入蛋清腌制20分钟，放入热油锅滑熟，温度不可过高。

保健功效：牛肉鲜嫩，辣而不燥，搭配春饼食用，鲜香满口，且营养丰富，强身健体。

热菜

麻辣牛肉条

原料

牛肉500克，盐、红糖、味精、辣椒粉、花椒粉、酱油、色拉油各适量。

制作

① 牛肉洗净切成条。

② 炒锅注油烧热，下入牛肉条炸熟，捞出沥油。

③ 锅中放入红糖炒成浆，加入酱油、盐、味精、辣椒粉、花椒粉略炒，放入牛肉条，拌匀即成。

食材绝招：牛肉喜甜厌咸，糖分子渗入到牛肉里去，肉质会出现鲜嫩的变化。腌制牛肉时最好先用白糖腌上20分钟，然后加入少许水搅拌，再加入其他腌料拌匀。

烹饪绝招：炸牛肉的火候不可太大，油温要控制稳定，酱油不可滴入太多。

保健功效：这道菜麻辣爽口，香嫩回甜。适宜于生长发育、术后、病后调养的人，或中气下隐、气短体虚、筋骨酸软、贫血久病之人食用。

红烧牛肉

热 菜

原料

牛肉200克，胡萝卜100克，香菇、红油豆瓣酱、老抽、白酒、葱丝、葱末、姜片、蒜泥、盐、大料、鸡粉、色拉油各适量。

制作

① 牛肉、胡萝卜均切块；姜切片；香菇泡发后切两半。

② 炒锅注油烧热，下入葱丝、姜片、大料爆香，加入牛肉、红油豆瓣酱、老抽、白酒炒匀，添入适量清水烧沸，放入香菇、盐，转中小火炖20分钟。

③ 加入胡萝卜块、蒜泥煮熟，撒入鸡粉、葱花即可。

食材绝招： 牛肉通常分为特级、一级、二级和三级四个级别。特级通常指牛里脊肉。一级指上脑、外脊，二级指仔盖、底板，三级指肋条、胸口，四级指脖头、腱子。

烹饪绝招： 炖的时候盐要在牛肉八成熟的时候放，否则会使牛肉中的精华汁液成分迅速流失，吃起来有点柴。

保健功效： 这道菜色泽深红，牛肉口感酥软，具有补脾胃、益气血、强筋骨的功效。

清炖牛肉

热 汤

原料

牛肉500克，白萝卜、花椒、葱段、姜末、料酒、盐、味精各适量。

制作

① 白萝卜洗净去皮，切滚刀块，牛肉切块，放入凉水中泡30分钟。

② 锅中添入适量水烧开，放入牛肉边炖边去除浮沫，直到无沫。

③ 加入葱、姜、花椒、料酒，用文火炖至九成烂，放入萝卜炖烂，撒入盐、味精调味即成。

食材绝招： 胸肉熟后食之脆而嫩，肥而不腻；弓寇筋多肉少，熟后色泽透明、美观；肋条筋肉丛生，熟后肉质松嫩；腱子肉现色，熟后鲜嫩松软。这些部位的肉比较适合于炖、煮。

烹饪绝招： 炖牛肉要用热水炖，可使牛肉表面蛋白质迅速凝固，防止肉中氨基酸流失，保持肉味鲜美。

保健功效： 本菜汤清鲜适口，肉软烂味香。尤其适宜于中气下隐、气短体虚、筋骨酸软、贫血久病及面黄目眩之人食用。

凉拌菜

干拌牛肉

原料

牛肉750克，熟油辣椒50克，炒花生米、葱、盐、糖、味精、花椒粉、酱油各少许。

制作

① 牛肉洗净，切成大块，放入加酱油的开水锅煮熟，捞出晾凉，切片；葱洗净切段；花生米切碎。

② 牛肉片加盐、熟油辣椒、酱油、糖、味精、花椒粉、葱段、花生米末拌匀盛盘即可。

食材绝招：煮老牛肉的前一天晚上把牛肉涂上一层芥末，第二天用冷水冲洗干净后下锅煮，这样处理后的老牛肉容易烂。

烹饪绝招：煮牛肉时放点酒、醋，这样处理之后老牛肉容易煮烂，而且肉质变嫩，色佳味美，香气扑鼻。

保健功效：这道菜麻辣鲜香，宜佐酒饭，且营养丰富。

凉拌菜

卤牛肉

原料

牛肉500克，卤水、料酒、香油各适量。

制作

① 牛肉放入沸水中煮10分钟，捞出洗净。

② 锅中添入卤水烧开，放入牛肉沸煮30分钟，加入料酒略焖，熄火，泡浸3小时，取出，刷上香油，切片即可。

食材绝招：牛肉在烹煮前应先用冷水洗净，撕去其表面黏连的内膜、筋，这样煮后的牛肉更美味。

烹饪绝招：如家中无卤水，可以使用清水加入桔皮、八角、花椒、小茴香等香料熬煮制成。

保健功效：此菜香而不腻，味甘性平，具有补脾胃、益气血、强筋骨、消水肿等功效。

香菇牛肉粥

热粥

原料

熟牛肉100克，大米、香菇各75克，盐、味精各适量。

制作

① 将熟牛肉切成细丁。
② 香菇放入水中发透，捞出切成碎粒；大米淘洗净。
③ 锅中放入清水、大米烧沸，加入牛肉丁、香菇粒，小火熬煮成粥，撒入盐、味精搅匀即成。

食材绝招：从味道上说，熟牛肉味道好，主要是由于煮肉用的是老汤，颜色应当比通常牛肉汤颜色深些。

烹饪绝招：旺火烧开后，揭开锅盖炖20分钟以去除异味，然后盖盖，改用微火小开，使汤面上浮油保持温度，起到焖的作用。

保健功效：此菜补虚养生，尤其适宜于生长发育、术后、病后调养的人、中气下隐、气短体虚、筋骨酸软、贫血久病及黄目眩之人食用。

红油牛筋

凉拌菜

原料

水发牛筋300克，菜心100克，葱末、盐、味精、生抽、辣椒油、香油各少许。

制作

① 将牛筋洗净适当切条，菜心洗净切丝。
② 锅中添水烧开，放入牛筋、菜心焯水后，捞出过凉。
③ 将牛筋、菜心放入盆中，放入葱末、盐、味精、辣椒油、香油、生抽拌匀即可。

食材绝招：选择颜色光亮、半透明状、干爽无杂味的蹄筋，这样的蹄筋品质最好。

烹饪绝招：干牛蹄筋需用凉水或碱水发制，刚买来的发制好的蹄筋应反复用清水洗几遍。

保健功效：本菜牛筋软滑，味道微辣。蹄筋中含有丰富的胶原蛋白，脂肪含量也比肥肉低，并且不含胆固醇，能增强细胞生理代谢，使皮肤更富有弹性和韧性，延缓皮肤的衰老。

炒 菜

桂花羊肉

原料

羊肉200克，鸡蛋3个，葱、盐、胡椒粉、淀粉、料酒、香油、色拉油各适量。

制作

① 大葱洗净切丝；羊肉切成粗丝，加蛋清、盐、胡椒粉、料酒、湿淀粉上浆；鸡蛋打入碗内，撒盐，添少许水搅匀备用。

② 炒锅注油烧至四成热，下入羊肉快速炒散倒出。

③ 锅中留油烧热，下葱丝炒香，加入鸡蛋液炒熟，放入羊肉丝炒匀，滴入香油即可。

食材绝招：鲜羊肉肉色鲜红而且均匀，有光泽，肉细而紧密，有弹性，外表略干，不黏手，气味新鲜，无其他异味。

烹饪绝招：炒锅注油烧至四成热，下入羊肉快速炒散倒出。火候不可过大，油温不可过高，翻炒要迅速。

保健功效：这道菜形似桂花，蛋嫩肉滑。羊肉性温，冬季常吃羊肉，可以增加人体热量，抵御寒冷。

热 菜

山药炖羊肉

原料

山药、羊肉各500克，葱片、八角、花椒、盐、味精、胡椒粉、料酒各适量。

制作

① 将羊肉洗净切块，放入沸水锅焯烫，捞出沥干；山药去皮洗净，切块。

② 锅中放入羊肉块及适量水，旺火烧开，撇去浮沫，加入葱片、八角、花椒、料酒，改用小火炖至八成熟。

③ 放入山药块炖熟，加入盐、味精、胡椒粉调味即可。

食材绝招：不新鲜羊肉肉色深暗，外表黏手，肉质松弛无弹性，略有氨味或酸味。变质羊肉肉色暗，外表无光泽且黏手，有黏液，脂肪呈黄绿色，有异味，甚至有臭味。

烹饪绝招：煮制时放数个山楂或一些萝卜、绿豆，炒制时放些葱、姜、孜然等佐料可去膻味。

保健功效：此菜香浓滑糯。羊肉与山药搭配能增加消化酶，保护胃壁，修复胃黏膜，帮助脾胃消化，起到抗衰老的作用。

香辣羊肉丝

热菜

原料

熟羊腿500克，小饼100克，香葱末、盐、辣椒粉、五香粉、孜然粉、鸡蛋黄、淀粉、味精、花生油各适量。

制作

① 将熟羊腿肉撕成丝，加盐、淀粉、鸡蛋黄上浆；小饼放蒸笼加热，取出叠成三角形放在盘器边。

② 炒锅注油烧至八成熟，放入羊腿肉丝炸香，捞出控油。

③ 锅留底油烧热，下入香葱末、辣椒粉、五香粉、孜然粉炒香，放入羊肉，撒盐、味精调味翻匀，倒入围有小饼的盘中即可。

食材绝招：老羊肉肉色较深红，肉质略粗，不易煮熟，新鲜老羊肉气味正常。小羊肉肉色浅红，肉质坚而细，富有弹性。

烹饪绝招：羊肉中有很多膜，切丝之前应先将其剔除，否则炒熟后肉膜硬，吃起来难以下咽。

保健功效：本菜羊肉酥软，香味浓郁。羊肉营养丰富，对肺结核、气管炎、哮喘、贫血、产后气血两虚、腹部冷痛、体虚畏寒、营养不良、腰膝酸软、阳痿早泄以及一切虚寒病症均有很大裨益。

韭味羊肝

炒菜

原料

羊肝200克，韭菜150克，盐、味精、花生油各适量。

制作

① 韭菜洗净，切成段。

② 羊肝洗净切片，放沸水中焯一下，捞出沥干。

③ 炒锅注油烧热，放入羊肝炒熟，加入韭菜、盐、味精，翻炒片刻即成。

食材绝招：选购羊肝以颜色鲜明、个大、光滑、完整、没被胆汁污染的为宜。

烹饪绝招：买回的鲜羊肝不要急于烹调，应把羊肝放在自来水龙头下冲洗10分钟，然后放在水中浸泡30分钟。

保健功效：此菜富含铁、钾等营养成分。羊肝含铁丰富，铁质是产生红血球必需的元素，一旦缺乏便会感觉疲倦，面色青白，适量进食可使皮肤红润。

炒 菜

土豆咖喱鸡块

原料

土豆150克，带骨鸡块350克，洋葱末25克，咖喱粉、盐、清汤、色拉油各适量。

制作

① 将鸡块洗净焯水，土豆去皮切滚刀块。

② 锅中注油烧热，下入洋葱末炒香，加咖喱粉略炒。

③ 放入鸡块、土豆块炒匀，加入清汤、盐，煮至鸡块熟烂、汤汁浓稠即可。

食材绝招: 鲜鸡肉眼球饱满，皮肤有光泽，因品种不同可呈淡黄、淡红和灰白等颜色，肌肉切面具有光泽；具有鲜鸡肉的正常气味。

烹饪绝招: 烹调鲜鸡时只需放油、精盐、葱、姜、酱油等，味道就很鲜美。

保健功效: 此菜辛辣鲜香。鸡肉蛋白质含量较高，且易被人体吸收利用，有增强体力，强壮身体的作用。

炒 菜

川椒辣子鸡

原料

鸡脯肉300克，青尖椒、红尖椒、香菇各50克，葱、姜、蛋清、干辣椒丝、泡椒、淀粉、胡椒粉、盐、糖、味精、辣酱、料酒、花生油各适量。

制作

① 鸡脯肉切丁、青红尖椒、香菇分别切丁；鸡丁加盐、味精、胡椒粉、料酒、蛋清、淀粉上浆，下入热油锅中滑熟，捞出控油。

② 炒锅注油烧热，下入干椒丝、泡椒、辣酱、葱、姜炒香，淋入料酒，放入尖椒及香菇丁、鸡丁，调味后炒匀，勾芡，淋热油即可。

食材绝招: 新鲜鸡胸脯肉表面微干或微湿润，不黏手；指压后的凹陷能立即恢复。

烹饪绝招: 烹调鲜鸡如果放入花椒、大料等厚味的调料，反而会把鸡的鲜味驱走或掩盖。

保健功效: 本菜口感酸辣香浓，川味十足。常吃鸡肉可增强肝脏的解毒功能，提高免疫力，防止感冒和坏血病。

冬菇煲鸡爪

热汤

原料

冬瓜300克，排骨150克，鸡爪100克，芡实、香菇各25克，姜、盐各少许。

制作

① 冬瓜洗净切块；冬菇泡发后择洗净，沥干；芡实洗净。
② 排骨、鸡爪下入开水锅中焯烫，取出洗净。
③ 煲内添水煲滚，放冬瓜、芡实、姜、鸡爪、排骨慢火煲3小时，放入冬菇再煲30分钟，撒盐即可。

食材绝招： 鸡爪也称"鸡掌""凤爪""凤足"。多皮筋，胶质。常用于煮汤，也宜于卤、酱。

烹饪绝招： 排骨、鸡爪入滚水煮5分钟，取出洗净。应当先入沸水稍微焯一下，再洗去浮沫。

保健功效： 此菜健脾胃，有营养。鸡爪含有丰富的钙质及胶原蛋白，多吃不但能软化血管，同时还具有美容的功效。

凤爪白菜

热汤

原料

白菜心200克，鸡爪100克，猪瘦肉50克，姜、葱、盐、白糖、味精、高汤、色拉油各适量。

制作

① 鸡爪趾尖斩去，敲断胫骨；猪瘦肉切成粒，与鸡爪一起下入开水锅中焯烫，捞出沥干；白菜心洗净撕成块。
② 炖盅添入高汤，放入鸡爪、猪瘦肉、盐、白糖、姜片、葱段，盖盖炖1小时，氽入白菜炖20分钟即成。

食材绝招： 日常保存鸡爪，可以将其充分清洗后开水烫过，再以冷水漂洗，用密实袋分包放入冰箱冷冻保存即可。

烹饪绝招： 将鸡爪趾尖斩去，敲断胫骨。最好用专门的剪刀来操作。

保健功效： 这道菜汤汁鲜甜，凤爪滑嫩，含有芳香族氨基酸(T)、谷氨酸、赖氨酸、亮氨酸等诸多氨基酸，钙、磷、钾、钠等微量元素，大量维生素A等大量对身体有益的物质。

热菜

香辣陈皮凤爪

原料

净鸡爪6对，葱、姜、干辣椒、陈皮、花椒、盐、糖、味精、酱油、料酒、白醋、色拉油各适量。

制作

① 将鸡爪放入加有白醋、糖的开水中稍煮，捞出洗净；陈皮用温水泡软，辣椒切小节，葱、姜切片。

② 炒锅注油烧至八成热，放入鸡爪过油，炸至表皮起泡，捞出控油。

③ 锅留油烧热，下入辣椒、花椒、陈皮、葱、姜炒香，加入料酒、酱油、水、鸡爪旺火烧开，改小火炖烂，挑出辣椒、陈皮装盘即可。

食材绝招: 鸡爪如果不是煮汤用，可先卤好分包放入冰箱冷藏。

烹饪绝招: ◎ 将鸡爪放入加有醋、糖的开水中稍煮，捞出洗净血迹。这一步是关键，能除去鸡的特殊味道。
　　　　　　◎ 鸡爪过油时应慢火炸，这样烹制出的鸡爪更香，味更浓。

保健功效: 这道菜鸡爪软糯，香辣适口。鸡本身性温，味甘，所以有温中益气，填精补髓，活血调经作用。

热菜

芝麻炸鸡肝

原料

净鸡肝150克，鸡蛋1个，莴笋25克，面粉、小番茄、黑芝麻、盐、牛奶、花生油各适量。

制作

① 鸡肝放入加盐的水中浸泡，洗净略煮，加面粉、鸡蛋液、黑芝麻、牛奶上浆。

② 炒锅注油烧至七成热，下入鸡肝炸至呈金黄色，以莴笋、小番茄装饰入盘即可。

食材绝招: 土黄色的是母鸡肝，暗红色的是公鸡肝，只要色泽均匀一致，无破损，无异味，就是好鸡肝。

烹饪绝招: ◎ 鸡肝易熟，油温不易过高，炸熟即可，保持鲜嫩。
　　　　　　◎ 鸡肝可以浸入加盐的牛奶中去除腥味。

保健功效: 本菜营养丰富，鸡肝含有丰富的蛋白质、钙、磷、铁、锌、维生素A、B族维生素。肝中铁质丰富，是补血食品中最常用的食物。

翡翠鸡羹

热 汤

原料

青菜叶200克，鸡脯肉末50克，熟火腿末25克，盐、味精、绍酒、鲜汤、湿淀粉、色拉油各适量。

制作

① 青菜叶择洗净焯水，过凉搅碎，加适量水成青菜汁；鸡脯肉末加少许鲜汤调稀。

② 锅内添鲜汤烧沸，放入青菜汁、鸡脯肉末烧沸，加入盐、味精、绍酒，用湿淀粉勾芡，撒入熟火腿末，淋油即成。

食材绝招：一般来说，质量好的鸡肉白里透红，有亮度，手感光滑。

烹饪绝招：青菜可以用生菜、菠菜等营养丰富的常见菜。

保健功效：这道菜碧绿鲜美，增进食欲，健脾和胃。鸡脯肉所含对人体生长发育有重要作用的磷脂类，是膳食结构中脂肪和磷脂的重要来源之一。

葱姜鸭

凉拌菜

原料

熟鸭腿肉300克，姜、葱白、盐、味精、料酒、花生油各适量。

制作

① 姜、葱白切成小丁，浇入热油，再加入盐、料酒、味精调匀，制成味汁。

② 将鸭腿肉斩成块，放入盘内，淋上味汁即成。

食材绝招：鸭的体表光滑，呈乳白色，切开后切面呈玫瑰色，表明是优质鸭，如果鸭皮表面渗出轻微油脂，可以看到浅红或浅黄颜色，同时切面为暗红色，则表明鸭的质量较差。

烹饪绝招：倒入葱姜碗内烫香时油温不可过高，控制在五成左右即可。

保健功效：鸭肉营养丰富，尤其适合夏秋季节食用，可消除暑热带来的不适。

热汤

青萝卜煲鸭汤

原料

鸭500克，青萝卜200克，陈皮、姜、盐各适量。

制作

① 青萝卜去皮，洗净切块；陈皮用清水浸软，刮去瓤，洗净；鸭洗净。

② 煲内添水煲滚，放入青萝卜、鸭、陈皮、姜煲滚，慢火煲3小时，撒盐调味即可。

食材绝招: 变质鸭可以在体表看到许多油脂，色呈深红或深黄色，肌肉切面为灰白色、浅绿色或浅红色。

烹饪绝招: 烹调时加入少量胡椒粉，肉汤微微带有辣味，口感会更美味。

保健功效: 鸭汤清爽，营养可口。鸭肉所含B族维生素和维生素E较其他肉类多，能有效抵抗脚气病，神经炎和多种炎症，还能抗衰老。

热汤

荔枝煲鸭汤

原料

鸭500克，干贝、荔枝各25克，陈皮少许。

制作

① 荔枝去壳去核；陈皮浸软，刮去瓤洗净；干贝用清水泡发。

② 鸭切去脚、鸭尾洗净，下入开水锅中焯烫，取出洗净。

③ 煲内添水烧滚，放入陈皮、鸭、干贝、荔枝肉煲滚，慢火煲3小时，撒盐调味即可。

食材绝招: 好的鸭子香味四溢；一般质量的鸭子可以从其腹腔内闻到腥霉味；若闻到较浓的异味，则说明鸭已变质。

烹饪绝招: ◎ 一般说来，干贝用清水浸1小时即可发好，一定要浸泡彻底。

◎ 如忌肥油，可将鸭子撕去一部分鸭皮再进行焯烫，能有效去油。

保健功效: 此菜味道清鲜，营养丰富。鸭肉中含有较为丰富的烟酸，它是构成人体内两种重要辅酶的成分之一。

芹菜炒鸭丝

炒 菜

原料

芹菜200克，熟烤鸭100克，烤鸭汁、辣椒、胡椒粉、料酒、酱油、色拉油各适量。

制作

① 芹菜择洗净切小段，辣椒、去籽切丝，烤鸭去骨切丝。
② 炒锅注油烧热，下入芹菜、辣椒炒香，加入鸭丝略炒。
③ 放入烤鸭汁、料酒、酱油、胡椒粉炒匀盛出即可。

食材绝招：新鲜质优的烤鸭，形体一般为扁圆形，腿的肌肉摸上去结实，有凸起的胸肉，在腹腔内壁上可清楚地看到盐霜。

烹饪绝招：烹炒时，要加入烤鸭原汁，保持原味鲜美。

保健功效：这道菜健胃益肝，降血止眩。人们常言"鸡鸭鱼肉"四大荤，鸭肉蛋白质含量比畜肉含量高得多，脂肪含量适中且分布较均匀。鸭肉的营养价值与鸡肉相仿。

菠萝鸭片

凉拌菜

原料

烤鸭肉300克，菠萝果肉、青椒各50克，芝麻酱、盐、味精、糖、醋、香油各适量。

制作

① 将烤鸭肉、菠萝切成厚片；青椒去籽及蒂，洗净，切成同样大小的片，放入沸水锅内烫一下，捞出。
② 糖、醋、芝麻酱、盐、味精、香油、少许凉开水调匀成味汁。
③ 将烤鸭片、菠萝片、青椒片放入盘内，浇上味汁，拌匀即成。

食材绝招：若是变质的鸭，肌肉摸起来软而发黏，腹腔有大量霉斑。

烹饪绝招：将烤鸭肉、菠萝切成厚片，大约厚度在5~6毫米，青椒籽蒂要去除干净，切成同样大小的片。

保健功效：这道菜健胃消食，补脾清胃。中医看来，鸭子吃的食物多为水生物，故其肉性味甘、寒，入肺胃肾经，有滋补、养胃、补肾、消水肿、止热痢、止咳化痰等作用。

凉拌菜

香辣鸭掌

原料

新鲜鸭掌8个，葱结、姜片、蒜末、红辣椒、盐、味精、酱油、料酒、红油、香油各适量。

制作

① 将鸭掌刮净粗皮，洗净，放入沸水锅内稍烫取出，再放入肉汤内煮熟捞出，用小刀将鸭掌粗骨划破，剔去粗骨，注意保持鸭掌完整。

② 将鸭掌放入碗中，加葱、姜、红辣椒、料酒、盐，上屉蒸10分钟，取出晾凉，码入盘中。

③ 将红油、香油、蒜末、味精调成味汁，浇在鸭掌上即成。

食材绝招：在市场挑选鸭掌时不要为了看起来干净选择太白的，带有血色的鸭掌更新鲜一些。另外选择肉厚和大只一些的鸭掌，口感会更丰厚。

烹饪绝招：蒸鸭掌时，要大火烧开，小火蒸熟透。

保健功效：本菜香辣脆爽，属下酒佳肴。鸭掌含有丰富的胶原蛋白,和同等质量的熊掌的营养相当，筋多，皮厚，无肉，多含蛋白质，低糖，少有脂肪，为绝佳减肥食品。

热 汤

柠檬乳鸽汤

原料

净鸽子1只，猪排骨200克，柠檬、姜、盐各适量。

制作

① 柠檬洗净，切去核；乳鸽切去脚，洗净。

② 乳鸽、排骨同放入滚水中煮5分钟，取出洗净。

③ 煲内添水煲滚，放入乳鸽、排骨、姜煲滚，慢火煲3小时，加入柠檬再煲10分钟，撒盐调味即成。

食材绝招：优质鸽子肉肌肉有光泽，脂肪洁白。

烹饪绝招：◎ 慢火煲3小时，不可用大火。

◎ 烹制乳鸽时，应最后加盐，否则易使鸽肉变柴，口感变差。

保健功效：这道菜补虚益精，祛暑生津，开胃，营养丰富。是产后、病后的滋补佳汤之一。

香酥鸽子

热 菜

原料

鸽肉300克，生菜、大葱、姜、肉桂粉、八角、花椒、茴香籽、料酒、盐、椒盐、色拉油各适量。

制作

① 鸽子处理干净，用盐、料酒揉搓，放入大碗内，加葱、姜、肉桂粉、八角、花椒、茴香籽，上笼蒸烂；生菜叶洗净，用沸水烫一下。

② 将鸽子除去葱、姜、八角、花椒、茴香籽，沥去汁，放入热油锅内炸至表皮酥脆，切块装盘。

③ 围上生菜叶，伴椒盐碟上桌即可。

食材绝招：若是劣质鸽子肉，它的肌肉颜色稍暗，脂肪也是缺乏光泽的。

烹饪绝招：鸽子处理干净，内脏一定要彻底清理，上笼蒸烂后的葱、姜、香料要去除干净，汁要沥干。

保健功效：此菜香酥味美，肉嫩浓香。鸽肉的蛋白质含量高，鸽肉消化率也高，而脂肪含量较低，在兽禽动物中其肉最宜人类食用。

香菇蒸乳鸽

热 菜

原料

鸽子肉500克，水发香菇50克，姜丝、葱段、盐、胡椒粉、料酒、香油各适量。

制作

① 将鸽子肉斩块，放入开水锅中焯一下，捞出。

② 将鸽子肉块加香菇、姜丝、葱段、盐、料酒拌匀，装入盘中，上笼旺火蒸熟。

③ 取出，撒上胡椒粉，淋上香油即可。

食材绝招：鸽肉四季均可入馔，但以春天、夏初时最为肥美。

烹饪绝招：清蒸或煲汤能最大限度地保存鸽子的营养成分。

保健功效：此菜暖胃健脾，润肤养颜。鸽肉所含的钙、铁、铜等元素及维生素A、B族维生素、维生素E等都比鸡、鱼、牛、羊肉含量高。它还含有丰富的泛酸，对脱发、白发和未毛先衰等有很好的疗效。

热菜

枸杞炖鲫鱼

原料

小鲫鱼500克，枸杞子25克，香菜、葱、姜、盐、料酒、花生油各适量。

制作

① 将鱼去鳞、鳃、内脏洗净，在鱼身打上斜刀花，放入开水锅烫几分钟，捞出备用。

② 将枸杞子洗净；香菜洗净切段，葱、姜切丝。

③ 炒锅注油烧热，放入葱姜丝煸炒，加入清水、料酒、盐、鲫鱼、枸杞子，旺火烧开，改用小火慢烧至酥烂，加葱丝、姜丝、香菜段即成。

食材绝招：选购鲫鱼要鲜活，鱼体光滑、整洁、无病斑、无鱼鳞脱落，死的鲫鱼不要买。

烹饪绝招：将鱼去鳞剖腹洗净后，放入盆中倒一些黄酒，就能除去鱼的腥味，并能使鱼滋味鲜美。

保健功效：此菜健脑提神，行气开胃。鲫鱼所含的蛋白质质优、齐全、易于消化吸收，常食可增强抗病能力，肝炎、肾炎、高血压、心脏病，慢性支气管炎等疾病患者可经常食用。

热菜

韭菜鲫鱼羹

原料

鲫鱼400克，韭菜200克，葱、姜、面粉、盐、味精、料酒、胡椒粉、花生油各适量。

制作

① 韭菜洗净切段，鲫鱼去鳞、鳃、内脏洗净，葱、姜洗净均切末。

② 炒锅注油烧至五成热，下葱末、姜末炝锅，添入适量水，加入盐、味精、料酒、胡椒粉、鲫鱼，煮至鱼肉刚熟，捞出且片去鱼骨，将鱼肉放回锅内，下入湿面粉煮成糊状。

③ 放入韭菜烧至入味，淋油出锅即可。

食材绝招：鲫鱼四季均产，但以2~4月和8~12月产的最肥。

烹饪绝招：鲜鱼剖开洗净，在牛奶中泡一会儿既可除腥，又能增加鲜味。

保健功效：这道菜咸鲜适口。鲫鱼有健脾利湿，和中开胃，活血通络、温中下气之功效，对脾胃虚弱、水肿、溃疡、气管炎、哮喘、糖尿病有很好的滋补食疗作用。

芹酥鲫鱼

热 菜

原料

小鲫鱼500克，芹菜100克，葱末、姜末、蒜末、花椒、八角、盐、白糖、酱油、醋、花生油各适量。

制作

① 鲫鱼宰杀净，沥干。

② 炒锅注油烧六成热，放入鲫鱼炸黄，捞出沥油。

③ 锅内注油烧热，下入葱、姜、蒜、花椒、八角炝锅，添适量清水，放入芹菜垫底，码上一层鲫鱼，再放入一层芹菜，直到码完鲫鱼，加入精盐、酱油、醋、白糖，小火焖至到汁干、鱼骨酥烂时，装盘，用芹菜装饰即可。

食材绝招: 要选择个头大小均匀的小鲫鱼。

烹饪绝招: 炒锅注油烧六成热，放入鲫鱼炸黄，捞出沥油。油温控制好，不可炸的过老，油沥干。

保健功效: 这道菜酸甜可口，骨酥肉香。常食可增强抗病能力，肝炎、肾炎、高血压、心脏病，慢性支气管炎等疾病患者可经常食用。

鲫鱼炖羊肉

热 菜

原料

羊肉、鲫鱼各300克，大葱、姜、青蒜、料酒、盐、味精、胡椒粉、辣椒油、色拉油各适量。

制作

① 鲫鱼去鳞、鳃、内脏洗净，两面剞上花刀；葱切段，姜切片，青蒜切末；羊肉煮熟切成小块。

② 炒锅注油烧热，下葱段、姜片爆锅，放入鲫鱼略煎，加入熟羊肉块、煮羊肉原汤、料酒和清水烧沸，撇去浮沫，盖盖炖10分钟。待汤汁乳白，加入盐、味精、辣椒油、胡椒粉，撒上青蒜即可。

食材绝招: 如用陈皮和鲫鱼煮汤，有温中散寒、补脾开胃的功效。

烹饪绝招: ◎ 加入熟羊肉块、煮羊肉原汤、料酒和清水烧沸，浮沫一定要撇去干净。

◎ 将鲫鱼略煎，可使本菜的口感更香浓，更别具风味。

保健功效: 此菜鲜美无比，滋味浓厚。尤其适宜胃寒腹痛、食欲不振、消化不良、虚弱无力等病症的食疗。

热 菜

笋香豆腐鲫鱼

原料

鲫鱼500克，冻豆腐200克，油菜心、竹笋各50克，熟鸡肉、火腿各25克，料酒、湿淀粉、盐、味精、鸡汤、色拉油各适量。

制作

① 鲫鱼宰杀洗净；冻豆腐切丁；鸡肉、火腿切片，油菜心择洗干净，竹笋去硬壳洗净切片；炒锅注油烧热，下入鲫鱼煎黄。

② 加入料酒、鸡汤、冻豆腐丁、盐，中火煮至汤呈乳白色；放入熟鸡片、火腿片、油菜心、笋片略煮，撒味精，用湿淀粉勾芡即成。

食材绝招：冬令时节食之最佳炖菜，鲫鱼与豆腐搭配炖汤营养最佳。

烹饪绝招：可将鲫鱼入沸水焯烫一遍，去掉杂味。

保健功效：这道菜颜色美观，味道香浓，鲫鱼与豆腐搭配炖汤营养最佳，具有温中散寒、健脾利湿、和中开胃的功效。

热 菜

白果鲫鱼

原料

鲫鱼400克，白果仁、盐、味精、料酒各适量。

制作

① 鲫鱼去鳞、去内脏，洗净；白果仁洗净去心，塞入鱼腹中，用麻线扎紧。

② 将鱼放入蒸锅中蒸熟，加入盐、味精、料酒调味即可。

食材绝招：冬季的鲫鱼肥美味鲜，最适宜用来制作本菜。

烹饪绝招：鲫鱼的鳞和内脏一定要去除干净，再用清水浸泡15分钟左右，冲洗干净。

保健功效：本菜肉嫩味鲜，白果具有通畅血管、保护肝脏，搭配鲫鱼炖汤，具有滋阴养胃、敛肺定喘、补肝养目的功效。

豆腐鲤鱼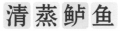

原料

鲤鱼300克，豆腐100克，葱末、姜末、蒜、盐、味精、淀粉、酱油、豆瓣辣酱、高汤、白酒、色拉油各适量。

制作

① 豆腐切条，大蒜切末，鲤鱼洗净划刀。

② 炒锅注油烧热，放入豆腐条炸至金黄色，捞出沥油，再放入鲤鱼略炸捞起沥油。

③ 锅内留油烧热，下入葱、姜、蒜、豆瓣翻炒，放入鲤鱼、豆腐、酱油、白酒、盐、味精、高汤煮熟，用湿淀粉勾芡即可。

食材绝招：鲤鱼一年四季均产，但以2～3月产的最肥。

烹饪绝招：鲤鱼鱼腹两侧各有一条同细线一样的白筋，去掉可以除腥味；在靠鲤鱼鳃部的地方切一个小口，白筋就显露出来了，用镊子夹住，轻轻用力，即可抽掉。

保健功效：这道菜鱼肉细嫩，汤味香浓。鲤鱼的蛋白质不但含量高，而且质量也佳，人体消化吸收率可达96％，并能供给人体必需的氨基酸、矿物质、维生素A和维生素D。

清蒸鲈鱼

原料

鲈鱼500克，火腿、香菇各50克，香菜、葱、姜、绍酒、盐、胡椒粉、味精、淀粉、香油、色拉油各适量。

制作

① 鲈鱼处理干净，控干，加盐、绍酒入味；火腿、水发香菇均切片；葱切长条，姜切片。

② 葱、鱼、火腿、香菇、姜片放盘中，淋油蒸熟；滗去原汁，去掉葱和姜，把鱼放在盘内，炒锅烧热油浇在鱼身上。

③ 锅内添汤烧热，加绍酒、盐、胡椒粉、味精，湿淀粉勾芡，淋香油，用香菜或葱丝围在鱼尾处即可。

食材绝招：以天津北塘产的鲈鱼品质最好，产期在3～8月间，尤其以立秋前后产的品质最好。

烹饪绝招：宰杀时应把鲈鱼的鳃夹骨斩断，倒吊放血，待污血流尽后，放在砧板上，从鱼尾部跟着脊骨逆刀上，剖断胸骨，将鲈鱼分成软、硬两边，取出内脏，洗净血污即可。

保健功效：此菜汁清肉白，嫩滑味鲜。鲈鱼富含蛋白质、维生素A、B族维生素、钙、镁、锌、硒等营养元素；具有补肝肾、益脾胃、化痰止咳之效，对肝肾不足的人有很好的补益功能。

热 菜

草鱼豆腐

原料

草鱼500克，豆腐250克，青蒜、腌雪里蕻各25克，白糖、料酒、酱油、鸡汤、花生油各适量。

制作

① 草鱼宰杀净切段；雪里蕻洗净，切成小段；豆腐切方块；青蒜洗净后切段。

② 炒锅注油烧热，放入草鱼、雪里蕻，加料酒、酱油、白糖，添入鸡汤烧煮至鱼熟。

③ 放入豆腐烧开，改文火焖烧几分钟，待豆腐浮起，下入青蒜，浇入熟花生油即可。

食材绝招：每次食用约100克，食用过多易诱发各种疮疥。

烹饪绝招：烹调时易加入适量料酒和醋，以去掉异味，提升鲜美味道。

保健功效：这道菜鱼肉、豆腐嫩，汤鲜，蛋白质含量高，益于大脑。草鱼含有丰富的不饱和脂肪酸，对血液循环有利，是心血管病人的良好食物。

热 菜

番茄鱼片

原料

草鱼150克，黄瓜、番茄酱、鸡蛋各50克，料酒、盐、味精、白糖、淀粉、色拉油各适量。

制作

① 将鱼肉洗净，切成片，用盐、味精、蛋清和淀粉调匀码味；黄瓜切片。

② 锅内注油烧热，放入鱼片滑散，至鱼片呈白色，盛出沥油。

③ 锅内留油烧热，放入番茄酱炒出红色，添入清汤烧沸，撒入盐和白糖，再放入鱼片和黄瓜片，勾芡即可。

食材绝招：活鲜鱼放在水中往往游在水底层，鳃盖起伏均匀在呼吸；稍次一点的活鲜鱼，常用嘴贴近水面，尾部下垂，游在水的上层。

烹饪绝招：草鱼要新鲜，煮时火候不能太大，以免把鱼肉煮散。

保健功效：此菜汁色明亮，鱼肉鲜嫩。草鱼含有丰富的硒元素，经常食用有抗衰老、养颜的功效，而且对肿瘤也有一定的防治作用。

滑炒鱼片

热菜

原料

鲜草鱼肉400克，葱丝、姜丝、盐、湿淀粉、料酒、清汤、香油、花生油各适量。

制作

① 将鱼肉切成片，加入盐、料酒、湿淀粉拌匀上浆。

② 炒锅注油烧热至五成热，放入鱼肉片滑散至八成熟，倒出沥油。

③ 炒锅留油烧热，下葱丝、姜丝爆香，加入料酒、鱼片、盐及少量清汤烧开，用湿淀粉勾芡，淋上香油，出锅即成。

食材绝招：将鱼洗剖干净后抹少许盐腌渍4小时，春秋季可放存一周时间，冬天则更长。

烹饪绝招：炒锅注油烧热至五成热，放入鱼肉片滑散至八成熟。火候不可太大，不可滑的太老。

保健功效：此菜益眼明目，温补健身。对于身体瘦弱、食欲不振的人来说，草鱼肉嫩而不腻，可以开胃、滋补。

煎蒸带鱼

热菜

原料

净带鱼500克，鸡蛋1个，辣椒丝、香菜段、葱丝、姜丝、盐、胡椒粉、面粉、生抽、料酒、花生油各适量。

制作

① 带鱼洗净，改成菱形段，撒盐、胡椒粉、料酒腌制；鸡蛋磕碗内打散。

② 炒锅注油烧热，带鱼拍面粉，裹匀蛋液，入锅煎至两面金黄，上笼蒸15分钟取出，倒盘内。

③ 在鱼上淋上生抽，下入葱丝、姜丝、香菜段、辣椒丝，烧热油浇在鱼上即成。

食材绝招：带鱼肉肥刺少，味道鲜美，营养丰富，鲜食、腌制、冷冻均可。

烹饪绝招：带鱼用蛋液要裹均匀，将带鱼两面煎至金黄而不可太老，上笼蒸15分钟也不可太久。

保健功效：带鱼原味鲜嫩，香鲜无比。带鱼的脂肪含量高于一般鱼类，且多为不饱和脂肪酸，这种脂肪酸的碳链较长，具有降低胆固醇的作用。

热菜

银鱼炒蛋

原料

银鱼150克，鸡蛋4个，水发木耳、韭菜段各25克，盐、料酒、香油、花生油各适量。

制作

① 银鱼去头尾洗净，沥干水分；鸡蛋打入碗中调匀。

② 炒锅注油烧热，下银鱼炒熟，倒入鸡蛋液摊成饼形煎熟。

③ 蛋饼划成块，加入木耳、盐、料酒及少许清水，用小火烧透，淋上香油，撒上韭菜段，出锅即成。

食材绝招: 正常的冰鲜银鱼或化冻后的冻银鱼，呈自然弯曲状，体表色泽呈乳白色，无明显异常。

烹饪绝招: 煎银鱼时要不时地翻动，不可用力过猛，防止破碎。

保健功效: 这道菜香嫩味鲜，营养丰富。银鱼属一种高蛋白低脂肪食品，搭配鸡蛋食用，能补虚、健胃、益肺，可治脾胃虚弱、肺虚咳嗽、虚劳诸疾等病症。

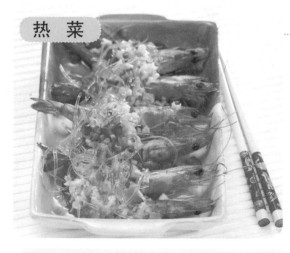

热菜

银丝顺风虾

原料

鲜虾300克，粉丝、青椒、红椒、蒜末、盐、胡椒粉、花生油各适量。

制作

① 将虾从头至尾用刀片切成尾部相连的两半；青椒、红椒切细粒；粉丝用开水泡开。

② 把虾放入碗内加上盐、胡椒粉、蒜末、粉丝一齐腌好，放入小笼蒸熟。

③ 取出蒸熟的虾，撒上青椒、红椒粒，浇上热油即可。

食材绝招: 新鲜的虾色泽正常，体表有光泽，背面为黄色，体两侧和腹面为白色，一般雌虾为青白色，雄虾为蛋黄色。

烹饪绝招: 在烹制虾之前，先把料酒、葱、姜与虾一起浸泡，能有效除腥增鲜。

保健功效: 此菜造型别致，口感清新。虾营养丰富，含蛋白质是鱼、蛋、奶的几倍到几十倍；还含有丰富的钾、碘、镁、磷等矿物质及维生素A、氨茶碱等成分。

炸凤尾虾

热菜

原料

草虾300克，面粉100克，全脂牛奶粉、盐、味精、料酒、香油、姜末、葱末、苏打粉、色拉油各适量。

制作

① 虾去头、壳（仅留尾部的壳），自背部切开（不切断），加盐、味精、料酒、香油、姜末、葱末腌渍。

② 将面粉、苏打粉、奶粉、清水搅拌成面糊，放入草虾蘸匀。

③ 锅内注油烧热，下入虾炸至金黄色，捞出控油，盛入盘中即可。

食材绝招：通常雌虾大于雄虾。优质雌虾的虾体完整，头尾紧密相连，虾壳与虾肉紧贴。

烹饪绝招：将面粉、苏打粉、奶粉、清水搅拌成面糊，面糊不可太干或太稀。

保健功效：本菜色泽金黄，酥脆浓香。虾肉质松软，易消化，对身体虚弱以及病后需要调养的人是极好的食物。

萝卜丝炖青虾

热菜

原料

青萝卜300克，青虾10只，香菜末25克，葱花、姜丝、盐、胡椒粉、鲜汤、料酒、花生油各适量。

制作

① 将萝卜洗净去皮，切成细丝；青虾去须、去腿洗净。

② 炒锅注油烧热，下入葱花爆锅，加入萝卜丝煸炒至软，盛出。

③ 炒锅注油烧热，下入葱花、姜丝烹出香味，加入青虾煎炒，放入鲜汤、料酒和萝卜丝，用慢火炖熟烂，再加入胡椒粉，撒上香菜末，淋上熟油即成。

食材绝招：如果虾体变黄并失去光泽，或虾身节间出现黑腰。头与体、壳与肉连接松懈、分离、弹性较差的为次品。

烹饪绝招：在用滚水汤煮虾仁时，在水中放一根肉桂棒，既可以去虾仁腥味，又不影响虾仁的鲜味。

保健功效：这道菜汤汁鲜浓，美味可口。虾中含有丰富的镁，镁对心脏活动具有重要的调节作用，能很好的保护心血管系统，它可减少血液中胆固醇含量，防止动脉硬化。

热菜

白灼虾

【原料】

活基围虾500克，葱段、姜片、盐、胡椒粉、生抽、料酒、香醋各适量。

【制作】

① 生抽、盐、胡椒粉调成汁，香醋盛在碟内。

② 炒锅添清水烧开，放入活基围虾，加入葱段、姜片、料酒。

③ 加盖焖至虾壳鲜红、肉质饱满，捞出沥水装盘，随调味汁蘸食。

食材绝招：虾体瘫软如泥、脱壳、体色黑紫，有异臭味的为变质虾。

烹饪绝招：◎ 加盖焖至虾壳鲜红、肉质饱满，捞出沥水装盘。不可焖过头，水要沥干。

　　　　　◎ 加入葱段、姜片、料酒煮虾，可使虾去腥增鲜，滋味更佳。

保健功效：此菜味美鲜嫩，制作简便。虾能扩张冠状动脉，常食有利于预防高血压及心肌梗死。

热菜

荷兰豆烩虾球

【原料】

荷兰豆100克，虾仁250克，鲜白果、红椒各25克，鸡蛋清1个，葱、姜、盐、湿淀粉、鸡精、色拉油各适量。

【制作】

① 虾仁加盐、蛋清和湿淀粉抓匀；荷兰豆、红椒择洗净切块；葱切段，姜拍碎；白果去壳煮熟捞出，去除薄皮。

② 锅中注油烧至五成热，放入虾仁滑开后捞出，再放入白果过油，捞出备用。

③ 锅中留油烧热，下葱、姜爆香，加盐、料酒，放入虾仁、红椒、荷兰豆、白果快速翻炒熟，加鸡精调味即可。

食材绝招：质量好的虾，虾体呈青绿色，有光泽，外壳清晰透明。头体连接得很紧密。肌肉为青白色，肉质细密。

烹饪绝招：锅中注油烧至五成热，放入虾仁滑开后捞出。油温不可太高，虾仁滑开后即停火捞出。

保健功效：此菜色美鲜香。虾的通乳作用较强，并且富含磷、钙，白果具有通畅血管、保护肝脏、改善大脑的功能，常食对小儿、孕妇尤有补益功效。

西芹虾球 🍴

热 菜

原料

净虾肉150克，西芹100克，盐、料酒、胡椒粉、香油、花生油各适量。

制作

① 将虾肉洗净，去虾线，加入少许盐稍腌。

② 西芹洗净，切成菱形块，放入沸水锅烫出，沥干水分。

③ 炒锅注油烧至四成热，下入虾肉炒熟，放入西芹，加盐、胡椒粉、料酒、香油炒匀，装盘即成。

食材绝招： 去虾线时，可以先在虾肉背面切开一刀，然后用牙签等尖锐器具将虾线剔除。

烹饪绝招： 炒锅注油烧至四成热，下入虾肉炒熟。火候不可太大，油温不可太高。

保健功效： 这道菜味美鲜香，色泽悦目。芹菜含铁量较高，能补充妇女经血的损失，搭配营养丰富的虾仁，不但易消化，更可使目光有神，头发黑亮。

虾仁雪花豆腐羹 🍴

热 菜

原料

内脂豆腐1盒，虾仁50克，青豌豆、鸡蛋清1个，胡萝卜丁、葱花、姜丝、盐、胡椒粉、湿淀粉、肉汤、香油各适量。

制作

① 虾仁加盐和淀粉拌匀，豆腐切小块。

② 锅中添水烧开，撒入少许盐，放入虾仁、青豌豆、胡萝卜丁略烫，捞出，再放入豆腐块略烫，捞出。

③ 锅内倒入肉汤烧开，下入姜丝煮片刻，加入虾仁、青豌豆、胡萝卜丁和内酯豆腐，撒入盐、胡椒粉煮2分钟，用湿淀粉勾芡，打入鸡蛋清，滴入少许香油，撒入葱花即可。

食材绝招： 虾仁应先去虾线，洗净后再加盐和淀粉拌匀。

烹饪绝招： 加入虾仁、青豌豆、胡萝卜丁和豆腐，撒入盐、胡椒粉煮2分钟。不可煮的太久以免过熟。

保健功效： 此菜羹汁味鲜，补钙健脑。虾体内的虾青素有助于消除因时差反应而产生的"时差症"，搭配富含植物雌激素的豆腐，更具有病后调养、减肥、细腻肌肤的功效。

凉拌菜

油菜拌海米

原料

油菜200克，海米50克，葱花、姜末、盐、醋、香油各适量。

制作

① 将油菜择洗净切段，下入开水锅中焯熟，放入凉水中浸凉，捞出沥干水分。

② 将海米用开水泡开，略切几刀，与油菜拌在一起。

③ 再加入盐、醋、香油、葱花、姜末拌匀，盛盘即可。

食材绝招：质量好的海米，一般是用新鲜原料在晴天晾晒的成品，色泽鲜亮，金黄中间带红，光泽好，体表洁净、大小均匀一致，体形饱满光滑并呈弯曲形状。

烹饪绝招：泡发海米前先用清水冲洗一下，然后放入温水中浸泡至软即可。

保健功效：此菜色彩翠绿，鲜香味美。海米有镇静作用，常用来治疗神经衰弱、植物神经功能紊乱诸症。

热 汤

海米白菜汤

原料

白菜心250克，海米50克，干香菇25克，高汤、火腿、盐、味精、鸡油各适量。

制作

① 将白菜心洗净切条，用开水稍烫，捞出控净；海米用温水浸泡，洗净泥沙；火腿切片；香菇洗净挤干水，每朵切成两瓣。

② 汤锅添入高汤，放火腿、香菇、海米、白菜心、盐烧开，撇去浮沫，待白菜心熟烂时，撒入味精，淋入鸡油，起锅盛汤碗内即成。

食材绝招：质量好的海米，肉质坚硬体实，干燥利索，水份含量在20%以下，盐份在10%左右。

烹饪绝招：白菜易熟，不可久烧，若白菜太烂，则影响口感。

保健功效：此菜鲜香解腻，美味适口，清热利尿。白菜含有丰富的粗纤维，能起到润肠、促进排毒的作用，搭配海米，对提高食欲和增强体质都很有好处。

干烧大虾

热 菜

原料

大虾300克，豆苗、葱末、姜末、蒜末、郫县豆瓣酱、糖、盐、酱油、醋、料酒、花生油、清汤各适量。

制作

① 大虾洗净，下入热油锅中炸熟，捞出沥油；郫县豆瓣酱斩细，豆苗洗净。

② 锅内留油烧热，下入郫县豆瓣酱、葱末、姜末、蒜末炒香，加料酒、酱油、糖、盐、大虾烧至汤将干，盛出。

③ 炒锅注油烧热，下入豆苗，翻炒片刻，滴入少许醋，撒盐略炒出锅，盛在大虾中间即可。

食材绝招：若一次吃不完，用保鲜膜密封放入冰箱冷藏保存即可。

烹饪绝招：炒锅注油烧至六成热，下入大虾慢火炸熟，注意不可用大火急炸。

保健功效：此菜不但红绿相间，口感鲜香，营养丰富，还可令人食欲大增。虾中富含维生素C，常食有助于增强身体免疫力，预防亚健康。

粉丝烧明虾

热 菜

原料

明虾300克，粉丝、葱、姜、蒜、香辣酱、盐、高汤、糖、淀粉、香油、花生油各适量。

制作

① 将明虾去壳、尾、虾线，放入热油锅内炸呈红色时捞出；粉丝用热水泡发至软。

② 炒锅注油烧热，下香辣酱、姜蒜炒香，添高汤，加入粉丝、盐、糖烧入味，捞起装盘。

③ 将炸好的虾肉放入原汁内烧透，勾芡，浇在粉丝上，淋入香油即可。

食材绝招：优质的鲜虾体形完整，光色反射新鲜，背部、头部呈暗青色，两侧呈淡青色或白色，体长约在15公分以上。

烹饪绝招：色发红、身软、掉拖的虾不新鲜尽量不吃；虾背上的虾线应挑去不吃。

保健功效：这道菜鲜美微辣，造型别致；家常味浓郁。营养丰富，且其肉质松软，易消化。

热汤

冬瓜蛤蜊汤

原料

冬瓜500克，蛤蜊250克，葱丝、姜丝、香菜末、盐、胡椒粉、色拉油各适量。

制作

① 将吐过泥沙的蛤蜊洗净，冬瓜削皮去籽，洗净切片。

② 将蛤蜊放入锅内，加姜丝、盐、清水，急火煮至开口捞出，取出蛤蜊肉。

③ 炒锅注油烧热，投入葱丝、姜丝爆锅，放入冬瓜片翻炒，加入原汁、清水，急火烧开，再放入蛤蜊肉，加盐、胡椒粉调味，最后撒入香菜末即可。

食材绝招: 可以听声选购蛤蜊，如果声音发空说明蛤蜊里边有泥，如果声音是嗒嗒的说明是新鲜的好蛤蜊。

烹饪绝招: 蛤蜊等贝类本身极富鲜味，烹制时千万不要再加味精，也不宜多放盐，以免鲜味反失。

保健功效: 此菜味道清鲜，营养丰富。蛤蜊具有高蛋白、高微量元素、高铁、高钙、少脂肪的营养特点，搭配性寒味甘冬瓜，能清热生津、辟暑除烦，在夏日食用尤为适宜。

热 汤

松花蛋淡菜汤

原料

番茄、甘薯各150克，淡菜100克，松花蛋75克，葱花、姜片、盐、色拉油各适量。

制作

① 番茄洗净切块；甘薯去皮，洗净切角形；松花蛋去壳洗净切块；淡菜加清水浸30分钟后洗净。

② 炒锅注油烧热，下入姜片、葱花爆香，放入淡菜略炒，添入浸过淡菜面的水，煮片刻捞出淡菜。

③ 原汤烧滚，放入姜片、甘薯、番茄慢火煲40分钟，加入松花蛋、淡菜煲10分钟，撒入盐调味即可。

食材绝招: 将松花蛋放在手掌中轻轻地掂一掂，品质好的松花蛋颤动大，无颤动松花蛋的品质较差。

烹饪绝招: 食用松花蛋应配以姜末和醋解毒；松花蛋最好蒸煮后食用，不宜存放冰箱。

保健功效: 此菜滋补消火，有益身体健康。松花蛋较鸭蛋含更多矿物质，脂肪和总热量却稍有下降，它能刺激消化器官，增进食欲。

香菇木耳淡菜汤

热 汤

原料

淡菜200克,干香菇50克,干木耳25克,味精、盐各适量。

制作

① 香菇、木耳均泡发洗净,去蒂;淡菜洗净。

② 锅内添入清水,放入香菇、淡菜用大火煮沸,再加入木耳煮沸。

③ 撒入盐、味精调味即可。

食材绝招: 新鲜的淡菜壳硬,拿淡菜相互碰击,如果听到有铿锵声响,则表示鲜活。

烹饪绝招: 锅内注入清水,放入香菇、淡菜用大火煮沸。将淡菜直接放入凉水中煮,无须等到水开。

保健功效: 此菜滋润凉血,补益肝肾。淡菜兼有抑制胆固醇在肝脏合成和加速排泄胆固醇的独特作用,从而使体内胆固醇下降。

冬瓜茯苓蛏肉汤

热 汤

原料

冬瓜300克,蛏子150克,茯苓、通草、陈皮、盐、味精各适量。

制作

① 冬瓜去皮、去瓤切块;茯苓、陈皮、通草、蛏肉洗净。

② 锅内添适量清水,放入蛏肉、冬瓜、茯苓、通草、陈皮用大火煮沸,转小火煲2小时。

③ 撒入盐、味精调味即可。

食材绝招: 选购冬瓜时用手指甲掐一下,皮较硬,肉质致密,种子已成熟变黄褐色的冬瓜口感好。

烹饪绝招: 冬瓜是一种解热利尿比较理想的日常食物,连皮一起煮汤,效果更明显。

保健功效: 此菜清暑热,利水湿,通乳。冬瓜含维生素C较多,且钾盐含量高,钠盐含量较低,搭配茯苓、蛏肉熬制成汤,适合高血压、肾脏病、浮肿病等患者食用,可达到消肿而不伤正气的作用。

凉拌菜

豉汁扇贝

原料

扇贝500克，香菜末、蒜泥、豆豉、湿淀粉、酱油、蚝油、香油、花生油各适量。

制作

① 扇贝洗净沥干，下入开水锅内煮至扇贝张口，捞出，去掉半片壳，摆放盘中。

② 炒锅注油烧热，下蒜泥、豆豉炒香，放入蚝油、酱油及少许清水烧开，用湿淀粉勾芡，淋上香油，撒上香菜末，均匀地浇在扇贝肉上即成。

食材绝招：选购扇贝可以通过嗅、看、触的方式。海腥味浓，色泽亮黄，肉饱满，拿在手中轻捏，肉质硬，有弹性为优质扇贝。

烹饪绝招：贝类本身极富鲜味，烹制时不要再加味精，也不宜多放盐，以免鲜味反失。

保健功效：这道菜肉质鲜嫩，香味浓郁，鲜味十足。不但营养丰富，更具有缓解疲劳、解除烦恼症状的功效。人们在食用后，常有一种清爽宜人的感觉。

炒 菜

泡椒脆螺

原料

田螺350克，泡椒节75克，泡姜片25克，小葱段、姜粒、蒜粒、盐、胡椒粉、湿淀粉、料酒、鲜汤、色拉油各适量。

制作

① 田螺洗净，敲破尾部，下入开水锅中焯烫，捞出沥干。

② 炒锅注油烧至六成热，放入田螺炒香，捞出。

③ 炒锅注油烧热，下入泡椒、泡姜、姜粒、蒜粒炒出辣香味，添入鲜汤烧沸，放入田螺、盐、胡椒粉烧沸，撇去浮沫，转小火烧至入味，用湿淀粉勾芡，待汤汁浓稠，下葱段推匀即可。

食材绝招：新鲜田螺个大、体圆、壳薄、掩盖完整收缩，螺壳呈淡青色，壳无破损，无肉溢出。

烹饪绝招：炒锅注油烧至六成热，放入田螺爆炒至肉质变曲。火候不宜过大。要迅速翻炒。

保健功效：这道菜口感鲜辣，螺肉脆爽，泡椒味浓。螺肉含有丰富的维生素A、蛋白质、铁和钙，本菜对目赤、黄疸、脚气、痔疮等疾病有食疗作用。

辣烧梭蟹

热菜

原料

梭蟹500克，青椒、红椒、葱、姜、辣椒酱、糖、淀粉、盐、番茄汁、料酒、花生油各适量。

制作

① 将梭蟹斩成块，蟹钳用刀拍碎，拍匀淀粉；青椒、红椒均切丁；葱、姜切片。

② 炒锅注油烧至四成热，下入蟹块炸熟，捞出控油。

③ 炒锅内留油烧热，下入葱片、姜片、辣椒酱翻炒片刻，烹入料酒、水、盐、糖、番茄汁，放入蟹块烧至汤将收尽，撒入青椒丁、红椒丁出锅即成。

食材绝招: 优质鲜螃蟹的颜色较鲜艳、明亮，并带有水亮的光泽感，蟹身完整、无破损。

烹饪绝招: 不能食用死蟹。因为死蟹体内含有大量细菌和分解产生的有害物质，会引起过敏性食物中毒。

保健功效: 本菜蟹肉鲜美，色泽红亮，香气浓郁。螃蟹中含有丰富的蛋白质、微量元素等营养，对身体有很好的滋补作用。

茼蒿炒鱿鱼

炒菜

原料

嫩茼蒿400克，鱿鱼300克，葱花、姜丝、盐、料酒、色拉油各适量。

制作

① 鱿鱼择洗净切丝，用开水焯烫，捞出沥干；茼蒿择洗净切段。

② 炒锅注油烧热，下入葱花、姜丝爆锅，加入茼蒿炒软。

③ 放入鱿鱼丝、盐、料酒，稍加翻炒，淋上熟油，出锅即成。

食材绝招: 良质鱿鱼体肉厚而坚实，身肉干燥、微透红色，无霉点。

烹饪绝招: 鱿鱼须煮熟透后再食，皆因鲜鱿鱼中有一种多肽成分，若未煮透就食用，会导致肠运动失调。

保健功效: 此菜洁白翠绿，咸鲜爽口。鱿鱼富含钙、磷、铁元素，茼蒿含有丰富的维生素、胡萝卜素及多种氨基酸，二者搭配食用，利于骨骼发育和造血，能有效治疗贫血。

凉拌菜

椒油鱿鱼卷

原料

鲜鱿鱼400克，红椒、西芹各50克，盐、料酒、鲜汤、花椒油、香油各适量。

制作

① 鱿鱼择洗净，剞上麦穗花刀，切片。

② 红椒去蒂、去籽，切成菱形块；西芹择洗净切段。

③ 锅内加鲜汤、料酒烧沸，放入鱿鱼、红椒、西芹煮熟，捞出沥干水分，放入碗内，加盐、香油、花椒油拌匀，装盘即成。

食材绝招: 嫩鱿鱼色泽淡黄，透明、体薄。老鱿鱼色泽紫红，体形大。

烹饪绝招: 烫鱿鱼卷时要沸水汆烫，入水时间要短，形成鱼卷即可，保持鲜嫩。

保健功效: 此菜颜色美观，嫩脆味美，补血助消化。鱿鱼除富含蛋白质和人体所需的氨基酸外，鱿鱼还含有大量的牛磺酸，缓解疲劳，恢复视力，改善肝脏功能。

炒 菜

墨鱼萝卜条

原料

墨鱼1只，青萝卜条、葱片、姜片、蒜片、盐、胡椒粉、淀粉、玫瑰露酒、花生油、香油各适量。

制作

① 墨鱼、萝卜均洗净切条，焯烫后捞出沥干。

② 炒锅注油烧至八成热，分别下入墨鱼条、萝卜条过油，捞出沥油。

③ 炒锅留油烧热，下入葱片、姜片、蒜片爆香，加入玫瑰露酒、水、盐、萝卜条、胡椒粉、墨鱼条，翻炒片刻，勾芡，淋香油即可。

食材绝招: 雄墨鱼背宽有花点，雌墨鱼肉鳍发黑，以雄墨鱼为佳。

烹饪绝招: 墨鱼体内含有许多墨汁，可先撕去表皮，拉掉灰骨，将墨鱼放在装有水的盆中，在水中拉出内脏，再在水中挖掉墨鱼的眼珠，然后多换几次清水将内外洗净即可。

保健功效: 此菜清爽脆嫩，色泽悦目。墨鱼含丰富的蛋白质，壳含碳酸钙、壳角质、黏液质及少量氯化钠、磷酸钙、镁盐等，营养丰富。

韭菜拌海肠

凉拌菜

原料

活海肠400克，韭菜150克，蒜泥、盐、料酒、醋、香油各适量。

制作

① 海肠去内脏洗净，下入开水锅中焯烫，捞出切成段；韭菜择洗净切段。

② 韭菜加盐、醋、香油拌匀，放入盘中。

③ 海肠放入盘内，加盐、醋、蒜泥、料酒、香油拌匀，放在韭菜上即成。

食材绝招: 买海肠时要观察海肠的颜色，如鲜红色为异常；用手触摸如有退色现象为异常；剖开肠体如有退色现象为异常。

烹饪绝招: 海肠必须是活的，用剪刀将海肠两头带刺的部分剪掉，把内脏和血液洗净。

保健功效: 本菜韭菜脆嫩，海肠鲜香。韭菜籽和海肠含有人体所需维生素E等多种微量元素。维生素E被称为生育维生素，这两种菜配合在一起，就成了一道特别适合男人的菜，具有温补肝肾、壮阳固精的作用。

蜇皮炒豆芽

炒菜

原料

绿豆芽300克，泡发海蜇皮丝150克，胡萝卜丝、香菜段各100克，葱花、盐、料酒、花生油各适量。

制作

① 将泡发蜇皮丝，下入开水锅中焯烫，捞出沥干；绿豆芽择洗净，胡萝卜洗净切成丝。

② 炒锅注油烧热，下入葱花爆锅，放入绿豆芽、胡萝卜丝、海蜇皮丝、香菜段翻炒软，加入盐、料酒调味炒匀出锅即可。

食材绝招: 好的海蜇呈白色、黄褐色或红琥珀色，肉质厚实，无泥沙等杂质，口感松脆。

烹饪绝招: 海蜇在食用前一定要用清水多次洗净，去掉盐、矾、血里、砂子，再用热水焯一下。

保健功效: 此菜爽口脆嫩，海蜇含有人体需要的多种营养成分，尤其含有人们饮食中所缺的碘，是一种重要的营养食品。

炒 菜

韭菜炒鸡蛋

原料

韭菜250克，鸡蛋3个，木耳、盐、花生油各适量。

制作

① 韭菜择洗净切段，鸡蛋打散。
② 木耳用温水泡发洗净，撕成小块。
③ 炒锅注油烧热，放入鸡蛋液略炒，再加入适量水、韭菜、木耳、盐炒匀即可。

食材绝招：挑选鸡蛋时，可以通过眼睛观察。优质鲜蛋，蛋壳清洁、完整、无光泽，壳上有一层白霜，色泽鲜明。

烹饪绝招：鸡蛋一定要充分打散，翻炒鸡蛋时可加入适量白糖。

保健功效：这道菜滋味鲜香，有温中养血、温暖腰膝的功效。鸡蛋含有丰富的脂肪，包括中性脂肪、卵磷脂、胆固醇等；也含有丰富的钙、磷、铁等矿物质。

炒 菜

肉末鸡蛋芙蓉

原料

猪瘦肉末100克，鸡蛋4个，熟青豆、盐、白胡椒粉、花生油各适量。

制作

① 鸡蛋取蛋清加盐、少许清水打匀。
② 炒锅注油烧热，下入蛋清慢火炒至凝结嫩白，盛出。
③ 炒锅注油烧热，放入肉末炒熟，撒入盐、白胡椒粉调味，再加入青豆推匀，盛出浇在蛋白上即成。

食材绝招：挑选鸡蛋时，有条件的可将鸡蛋放入凉水中，下沉的是鲜蛋，上浮的是陈蛋。

烹饪绝招：把蛋壳打成两瓣，下面放一容器，把蛋黄在两瓣蛋壳里互相倒几次，蛋清、蛋黄即可分开。

保健功效：本菜色泽悦目，营养丰富。猪瘦肉含有丰富的蛋白质、脂肪及大量的钙、磷。搭配营养丰富的鸡蛋，具有安神、补血、滋阴润燥的功效。

魔蛋沙律

凉拌菜

原料

鸡蛋3个，番茄2个，苹果、熟土豆各1个，胡萝卜、黄瓜各1根，生菜、熟玉米粒、炼乳、沙律酱各适量。

制作

① 生菜洗净铺盘底，鸡蛋煮熟切半，铺在生菜上；番茄洗净切圆圈，黄瓜洗净切圆片；苹果、熟土豆、胡萝卜切小块。

② 将番茄、黄瓜、苹果、熟土豆、胡萝卜加玉米粒、炼乳、沙律酱拌制成沙律底料，浇在鸡蛋上即成。

食材绝招： 挑选鸡蛋时，可以用手摸索蛋的表面是否粗糙、掂量蛋的轻重进行判断，良质鲜蛋蛋壳粗糙，重量适当。

烹饪绝招： 这道菜可以根据不同的季节添加不同的水果，如夏季可以加入西瓜，秋季可以加入葡萄等。

保健功效： 此菜属于时鲜菜、季节菜，营养价值高，且色泽悦目，风味独特。鸡蛋为本菜提供了丰富的蛋白质，各种蔬菜、水果提供了丰富的维生素。

水果奶蛋羹

热菜

原料

鸡蛋黄1个，苹果、橘子各25克，牛奶25毫升，糖、玉米粉各适量。

制作

① 苹果洗净捣成苹果泥，橘子瓣捣烂。

② 锅中放入玉米粉、糖、蛋黄搅匀，将温牛奶慢慢倒入锅中，边倒边搅拌，用小火熬煮至黏稠状。

③ 奶羹放上苹果泥、橘子瓣即可。

食材绝招： 蛋拿在手上，轻轻抖动使蛋与蛋相互碰击，细听其声；或是手握摇动，听其声音。良质鲜蛋，蛋与蛋相互碰击声音清脆，手握蛋摇动无声。

烹饪绝招： 烹煮奶羹时，注意使用小火，避免大火烧煳。

保健功效： 这道菜味道鲜爽，营养丰富，尤其适宜喂食婴幼儿。糖应依据个人口味酌量添加。

热 菜

香菜鸡蛋羹

原料

鸡蛋2个，香菜50克，葱末、姜末、盐、香油各适量。

制作

① 鸡蛋去壳搅匀，香菜择洗净切末。
② 碗中放入鸡蛋、香菜、适量水，入蒸锅蒸成形。
③ 将碗取出，撒入葱末、姜末、盐，淋入香油，再蒸2分钟即可。

食材绝招：用嘴向蛋壳上轻轻哈一口热气，然后用鼻子嗅其气味，良质鲜蛋有轻微的生石灰味。
烹饪绝招：鸡蛋液中可以加入适量牛奶，这样蒸出的鸡蛋羹具有奶香味，且不易出现蜂窝状。
保健功效：此菜蛋滑味香，色彩悦目。香菜具有芳香健胃、驱风解毒之功效，搭配富含蛋白质的鸡蛋，易消化、营养丰富，尤其适宜喂食婴幼儿。

热 菜

猪肉蛋羹

原料

瘦猪肉25克，鸡蛋2个，大葱、盐、酱油、香油各适量。

制作

① 猪瘦肉剁成肉末；葱洗净切成末。
② 鸡蛋打散，加盐、酱油、葱末、猪肉末、清水搅匀。
③ 将鸡蛋液入蒸锅小火蒸12分钟，取出，淋上香油即成。

食材绝招：劣质蛋，蛋壳表面的粉霜脱落；壳色油亮，呈乌灰色或暗黑色，有油样浸出；有较多或较大的霉斑。
烹饪绝招：蒸时应控制时间，时间过长易导致蛋羹呈蜂窝状，时间短会产生蛋羹不熟的情况。
保健功效：本菜咸香软嫩，爽滑可口，营养丰富。猪肉能润肠胃、生津液、补肾气、解热毒，搭配富含卵磷脂的鸡蛋，更具有预防智力衰退，增强记忆力的特殊功效。

鱼肉煎蛋

热菜

原料

草鱼200克，鸡蛋2个，葱末、盐、胡椒粉、香油、花生油各适量。

制作

① 鸡蛋打入碗里加盐搅匀。

② 草鱼取鱼肉，加入蛋液，下葱末、胡椒粉、香油搅拌成糊状。

③ 炒锅注油烧热，倒入鱼肉蛋糊小火煎成饼状，盛盘即可。

食材绝招：挑选鸡蛋时应注意，若蛋壳颜色不均匀或者蛋壳比较粗糙，有可能是不健康的鸡下的蛋。

烹饪绝招：搅拌鱼肉时，应沿着同一个方向搅匀，这样制作出的鱼肉煎蛋口感更好，有韧劲。

保健功效：本菜肉香浓郁，引人食欲，不腥，营养丰富。鸡蛋搭配鱼肉，富含DHA和B族维生素、卵黄素，对神经系统和身体发育有利，能健脑益智，改善记忆力。

西瓜蒸蛋

热菜

原料

西瓜瓤200克，鸡蛋2个，葱花、盐、花生油各适量。

制作

① 西瓜瓤切碎取汁。

② 鸡蛋打散，加入葱花、盐、花生油、西瓜瓤汁搅匀。

③ 将盛有西瓜鸡蛋的碗放入蒸笼内，蒸至蛋液凝固即成。

食材绝招：次质蛋，蛋壳有裂纹、硌窝或破损，手摸有光滑感；更次一些的鸡蛋蛋壳破碎、蛋白流出。

烹饪绝招：◎ 盐和花生油都只需少许即可，以免影响口感。

　　　　　◎ 不可蒸太久，控制在8分钟左右即可。

保健功效：此菜营养丰富，具有清咽利喉的功效，其中富含的卵磷脂可促进肝细胞再生，提高人体血浆蛋白的含量，促进机体的新陈代谢，增强免疫力。

热 菜

木耳蒸鸭蛋

原料

黑木耳100克，生鸭蛋2个，冰糖适量。

制作

① 黑木耳泡发后，洗净切碎。

② 将鸭蛋打匀。

③ 鸭蛋液中加入黑木耳、冰糖，添少许水，搅拌均匀后，隔水蒸熟即可。

食材绝招：鸭蛋中的蛋白质含量和鸡蛋相当，而矿物质总量远胜鸡蛋，尤其是铁、钙含量极为丰富，能预防贫血，促进骨骼发育。

烹饪绝招：黑木耳宜用冷水泡发，虽耗时久，但泡发率高且口感好。

保健功效：这道菜有止咳祛痰，润阴养肺的功效，富含蛋白质、磷脂、维生素A、维生素B_2、维生素B_1、维生素D、钙、钾、铁、磷等营养物质。

热 菜

腐皮鹌鹑蛋

原料

鹌鹑蛋200克，豆腐皮75克，金华火腿、香菇各25克，大葱、姜、盐、味精、料酒、花生油各适量。

制作

① 豆腐皮撕成碎片泡软；鹌鹑蛋打匀；香菇泡发洗净，切细丝；葱切花；姜切末。

② 炒锅注油烧至八成热，下葱花、姜末炝锅，加入蛋液炒至凝结，添水煮开，放入豆腐皮片、香菇丝，加盐、料酒，用中火焖烧5分钟，撒味精、火腿末即可。

食材绝招：鹌鹑蛋外壳为灰白色，并杂有红褐色和紫褐色的斑纹。优质蛋的色泽鲜艳，壳硬，蛋黄呈深黄色，蛋白黏稠。

烹饪绝招：若没有金华火腿，也可用其他火腿作替代。

保健功效：此菜汤鲜蛋香，腐皮柔韧。营养价值高，含有丰富的蛋白质、维生素、铁、磷、钙等营养物质，可补气益血，强筋壮骨。

摊鸡蛋

热 菜

原料

鸡蛋150克，葱、盐、色拉油各适量。

制作

① 鸡蛋打入碗中，加入盐调匀。
② 葱切花，放入鸡蛋液中搅匀。
③ 锅内注油烧热，倒入鸡蛋液，摊成圆形，用微火煎至七成熟，翻过来略煎至两面焦黄，即可出锅。

食材绝招： 劣质鲜蛋的挑选看其蛋与蛋相互碰击发出嘎嘎声(孵化蛋)、空空声(水花蛋)，手握蛋摇动时内容物是晃荡声。

烹饪绝招： 在煎鸡蛋时，撒入适量白糖，可以使鸡蛋更香，形也更完整。

保健功效： 此菜鲜嫩味美，制作简便，是经典家常菜之一。鸡蛋清性微寒而气清，能易经补气，润肺利咽，清热解毒，补充优质蛋白质、护肤、美容，有助于延缓衰老。

蛋奶菜心

热 菜

原料

白菜心350克，鸡蛋2个，鲜奶50毫升，盐、鸡精、湿淀粉、料酒、鲜汤、香油各适量。

制作

① 白菜心焯水，捞出沥干。
② 炒锅注油烧热，加入料酒、鲜汤，放入菜心略烧，撒盐，用湿淀粉勾芡，取出摆放盘中。
③ 锅内添少量鲜汤，撒盐、鸡精调味，加入鲜奶烧开，用湿粉淀勾芡，再加入鸡蛋推匀，淋上香油，盛出浇在白菜心上即成。

食材绝招： 巴氏消毒奶是目前较为流行的牛奶消毒法，能最大程度的保留牛奶中的营养成分。

烹饪绝招： 煮牛奶时不要加糖，须待煮熟离火后再加；加热时不要煮沸，也不要久煮，否则会破坏营养素，影响人体吸收。

保健功效： 这道菜营养丰富，粗细搭配均衡，香而不腻，富含维生素A，有防止皮肤干燥及暗沉，使皮肤白皙、光泽的功效。

凉拌菜

香奶西米露

原料

香蕉1根，椰奶200毫升，牛奶100毫升，西米50克，白糖适量。

制作

① 香蕉去皮切丁；牛奶加入椰奶调匀；白糖加开水制成糖水。

② 将香蕉丁倒入椰牛奶中，加入适量糖水调匀，放入冰箱冷藏。

③ 将西米放入热开水中煮至透明，捞出沥干，倒入香蕉椰牛奶，搅拌均匀即成。

食材绝招：不少牛奶生产厂家为了满足上班族的需要，生产出保存时间较长的百利包。保存时间较长的百利包牛奶在加工过程中已经全面灭菌，对人体有益的菌种也基本被"一网打尽"了，牛奶的营养成分因而也被破坏掉了。

烹饪绝招：椰牛奶中也可以加入其他水果，如草莓、葡萄、芒果等，口味会更加多样。

保健功效：这道菜营养爽滑，可作为消暑佳品，营养丰富，又可补充体能。

热 菜

牛奶煮蛋

原料

鸡蛋3个，糖、牛奶各适量。

制作

① 将鸡蛋的蛋白与蛋黄分开，把蛋白打发出泡。

② 锅内加入牛奶、蛋黄、糖用微火稍煮，再用勺子一勺一勺把调好的蛋白放入牛奶蛋黄锅内稍煮即成。

食材绝招：用冰箱保存牛奶，一定要将牛奶放在冷藏室中，在温度0～5℃之间保存，一般保质期在7天，千万不要把牛奶放在冷冻室中冷冻。

烹饪绝招：熬煮时注意使用微火、慢火，避免火过大杀死牛奶中的有益菌，影响菜肴的营养价值。

保健功效：此菜蓬松柔软，是可作为婴幼儿的午后食品，含有丰富的蛋白质、钙、磷、铁及维生素A、维生素B$_2$等，能促进婴儿身体的发育。

牛奶香蕉糊

热 菜

原料

牛奶200毫升，香蕉100克，玉米面25克，糖适量。

制作

① 将香蕉洗净去皮，然后用勺子碾碎。
② 牛奶倒入锅内，加入玉米面、糖，边煮边搅匀煮开。
③ 将煮好后的牛奶糊，加入香蕉泥中调匀即可。

食材绝招：牛奶最容易吸收异味，因此，储存时不要和鱼、虾、葱、蒜、韭菜等有腥味和强烈刺激性气味的食物放在一起。

烹饪绝招：将香蕉洗净去皮，然后用勺子碾碎，也可用捣蒜的工具来操作。

保健功效：这道菜是粗粮细做，富含多种维生素，不仅营养丰富，更能美肤养颜，实现皮肤的光滑润泽。

锦绣炒鲜奶

热 菜

原料

鸡蛋清250克，牛奶150毫升，金华火腿、香菇片、冬笋片、青椒片、粉丝、香菜、盐、味精、料酒、鸡汤各适量。

制作

① 金华火腿2/3切菱形片，1/3切丝；粉丝用热油炸松。
② 炒锅注油烧热，下入奶蛋混合液体摇热成全熟奶片。
③ 锅内注油烧热，放入香菇片、笋片、青椒片、火腿片煸炒，加盐、味精、料酒、鸡汤烧开，放奶片、粉丝、细火腿丝和香菜叶煮开盛汤盘，用香菜叶装饰即可。

食材绝招：新挤出的牛奶中含有溶菌酶等抗菌活性物质，能够在4℃下保存24～36小时。这种牛奶无需加热，不仅营养丰富，还保留了牛奶中的一些微量生理活性成分，对儿童的生长很有好处。

烹饪绝招：若没有金华火腿，也可用其他火腿作替代。

保健功效：此菜补血生肌，消食开胃，营养丰富。常食有助于苗条身型，充沛体力，降低高血压的患病率，减少脑血管病的发生率。

热 菜

奶油卷心菜

原料

卷心菜300克，番茄2个，牛奶、盐、味精、湿淀粉各适量。

制作

① 卷心菜择洗净切成块，下入开水锅中焯烫，捞出沥干；番茄切片。

② 炒锅注油烧热，下入菜心炒熟，盛盘，用番茄围边。

③ 锅内加牛奶、盐、味精、适量水调匀烧开，用湿淀粉勾芡，浇在卷心菜上即可。

食材绝招：从营养学角度来看，各种牛奶的营养价值排位是：鲜奶是金，酸奶是银，奶粉是铜，常温奶是铁。

烹饪绝招：锅内加牛奶、盐、味精、适量水调匀烧开；盐、味精适量即可，一定不可过多。

保健功效：此菜为西式风味，奶香浓郁，菜肴中钙含量丰富，且易被吸收，而且磷、钾、镁等多种矿物质的搭配也十分合理。

凉拌菜

魔力笋萝沙拉

原料

芦笋200克，菠萝150克，小番茄8个，猕猴桃1个，沙拉酱、盐各适量。

制作

① 芦笋洗净切段，下入加盐的开水锅中焯烫，捞出过凉沥干。

② 猕猴桃去皮切片；菠萝去皮切小片；小番茄洗净切半。

③ 把全部材料拌匀，盛于盘中，淋上沙拉酱即可。

食材绝招：色浓绿、穗尖紧密、切口不变色、粗大柔软的芦笋是好芦笋。

烹饪绝招：芦笋不宜生吃，也不宜存放过长时间，而且应低温避光存放。

保健功效：二者搭配，可消除疲劳，促进肠胃蠕动，并可润泽肌肤。芦笋所含蛋白质、多种维生素和微量元素可帮助消化，增进食欲，提高机体免疫力。

酸奶脆丝沙拉

凉拌菜

原料

卷心菜丝250克，葱头丝、胡萝卜丝、苹果丝各50克，姜末、糖、芥末酱、沙拉酱、酸奶、白醋各适量。

制作

① 将卷心菜丝、葱头丝、胡萝卜丝、苹果丝放入盘中混合。
② 取酸奶、沙拉酱、糖、白醋、姜末、芥末酱放入碗中拌匀，制成酸奶沙拉酱。
③ 把酸奶沙拉酱浇在混合原料上拌匀，放在冰箱冷藏2小时后，取出即可食用。

食材绝招：如果按包装来评价牛奶的营养价值，则屋型纸盒鲜奶100分，玻璃瓶和塑料袋装鲜奶90分，用原奶发酵的酸奶80分，强化型奶粉60分，用奶粉发酵的酸奶50分，常温奶40分。
烹饪绝招：饮用酸奶不能加热，夏季饮用宜现买现喝。
保健功效：这道菜色泽悦目，营养丰富，搭配均衡合理，尤其适合儿童食用，能促进儿童的生长。

鲜桃冰淇淋

凉拌菜

原料

新鲜桃子150克，白糖75克，牛奶150毫升，奶油75毫升，柠檬汁适量。

制作

① 桃子洗净去皮、去核，放入果汁机打成糊状。
② 牛奶中加入白糖，烧开溶解凉透待用。
③ 桃汁加入牛奶、柠檬汁混合，再加入奶油调匀，放入冰箱内冻结成型即可。

食材绝招：桃子以果个大，形状端正，色泽新鲜漂亮为好，有硬斑、破皮、虫蛀者较次。
烹饪绝招：食用前要将桃毛洗净，以免刺入皮肤，引起皮疹；或吸入呼吸道，引起咳嗽、咽喉刺痒等症。
保健功效：桃子性味平和、肉质鲜美、营养价值高。本菜营养丰富，有补益气血，养阴生津的作用，是夏季解暑的佳品。

凉拌菜

爽口花生仁

原料

花生仁150克，红椒50克，盐、味精、香油各适量。

制作

① 将花生仁洗净，放入沸水锅中煮软，过凉，撕去表皮。

② 红椒去蒂、去籽，洗净切成小块，放入沸水锅中焯至断生，捞出待用。

③ 将花生仁和红椒块放入盆内，加入盐、味精、香油拌匀，装盘即可。

食材绝招：挑选花生时，可以看花生的颜色。新花生的外观发亮，将仁外衣呈白浅红色。陈花生颜色暗淡呈灰色。

烹饪绝招：将花生连红衣一起食用，既可补虚，又能止血，最宜用于身体虚弱的出血病人。

保健功效：这道菜嫩脆爽口，咸鲜清香，增强记忆，滋润皮肤。花生中的不饱和脂肪酸有降低胆固醇的作用，用助于防治动脉硬化、高血压和冠心病。

面食

花生糯米糕

原料

糯米粉400克，籼米粉50克，澄面25克，葱油、椰浆、白糖、花生酱、椰蓉各适量。

制作

① 糯米粉、籼米粉、澄面加水、白糖、椰浆、葱油拌成面团；将花生酱、白糖拌匀制成馅。

② 将面团分成如荔枝般大小的剂子，捏成窝形，包入适量馅料，搓成圆球，放入碟内，隔水蒸3分钟，取出，裹匀椰蓉即成；

食材绝招：优质花生的外观饱满、形态完整、大小均匀，子叶肥厚而有光泽，无杂质。

烹饪绝招：◎ 将面团搓成软滑粉团时手上一定要蘸油，这样可以避免黏手。

　　　　　◎ 蒸碟上也可涂上一层油，以免黏碟。

保健功效：此菜黏糯浓香，造型别致，香甜可口，尤其适宜过年过节于宴会上食用。

核桃蔬果沙拉

凉拌菜

原料

菠萝200克，碎核桃仁、西芹、梨50克，猕猴桃1个，葡萄、莴苣叶、沙拉酱、酸奶、柠檬汁、蜂蜜各适量。

制作

① 菠萝切丁；猕猴桃去皮切丁；葡萄切两半去子；梨去核切丁；西芹择切段。

② 将酸奶、沙拉酱、柠檬汁、蜂蜜拌匀制成酸奶沙拉酱。

③ 把水果丁、西芹段、核桃仁加酸奶沙拉酱拌匀，置于冰箱中冷藏2小时，取出放在莴苣叶上即可。

食材绝招: 核桃以个大圆整，壳薄白净，出仁率高，干燥，桃仁片张大，色泽白净，含油量高者为佳。

烹饪绝招: 菠萝、猕猴桃和梨切丁要均匀，大小一致，拌匀成酸奶沙拉酱时不可太干或太稀。

保健功效: 本菜钙质丰富，能有效补钙，营养丰富。具有补充大脑营养，增强记忆力的功效。

核桃仁烩香菇

炒 菜

原料

水发香菇150克，核桃仁100克，葱花、姜丝、盐、味精、湿淀粉、料酒、鲜汤、色拉油各适量。

制作

① 将香菇洗净切片；核桃仁用水浸泡，捞出待用。

② 炒锅注油烧热，下入葱花、姜丝爆锅，放入香菇片、核桃仁煸炒。

③ 加入盐、料酒、适量鲜汤煸炒至熟，撒味精调味，用湿淀粉勾芡，淋上熟油，出锅即成。

食材绝招: 核桃仁的挑选方法应以取仁观察为主。果仁丰满为上，干瘪为次；仁衣色泽以黄白为上，暗黄为次；褐黄更次，带深褐斑纹的"虎皮核桃"质量也不好。

烹饪绝招: 放入香菇片、核桃仁煸炒时要迅速翻动，不可炒的过头。

保健功效: 本菜钙质丰富。菠萝可用于消化不良、肠炎腹泻、伤暑、身热烦渴等症，核桃能补充大脑营养、增强记忆力，搭配其他果蔬能有效补充身体所需钙质和维生素，是夏季消暑佳肴。

炒 菜

素炒腰果 🍽

原料

西芹250克，胡萝卜100克，腰果50克，盐、白糖、鸡精、湿淀粉、花生油各适量。

制作

① 西芹洗净，切菱形小块；胡萝卜切小片，放入沸水焯烫。
② 炒锅注油烧五成热，放入腰果炸透炸香，捞出沥油。
③ 锅留少许油烧热，放入西芹、胡萝卜快炒，撒盐、鸡精、白糖，用湿淀粉勾芡，放入腰果炒匀，装盘即可。

食材绝招：挑选外观呈完整月牙形，饱满的，而且成熟的腰果会散发出阵阵清香。
烹饪绝招：腰果入热油锅应炸透炸香。火候要温，油温不可过高，也不可炸的过老。
保健功效：这道菜口味清鲜，富含营养。腰果中的某些维生素和微量元素成分有很好的软化血管的作用，对保护血管、防治心血管疾病大有益处。

凉拌菜

蜜汁三鲜 🍽

原料

香蕉2根，雪梨、苹果各1个，西瓜、黄瓜、蜂蜜、白糖、桂花酱各适量。

制作

① 将雪梨、苹果洗净去皮、核切片；香蕉去皮切片；西瓜切块；黄瓜切薄片。
② 炒锅加少量水及白糖熬制成黏汁，加蜂蜜、桂花酱、雪梨片、苹果片、香蕉片、西瓜块搅匀，盛入盘中，周围摆一圈黄瓜片即成。

食材绝招：选购香蕉需注意，皮色鲜黄光亮，两端带青的为成熟适度果；果皮全青的为过生果；果皮变黑的为过熟果。
烹饪绝招：香蕉、雪梨和苹果切成5毫米~6毫米的片，黄瓜则要切成厚度3毫米~4毫米的薄片。
保健功效：此菜香甜可口，且营养丰富。菜肴中含有大量的糖类物质，可有效补充营养及能量，还能清肠热、润肠通便，更能治疗热病烦渴等症。

冰糖荔枝

热 菜

原 料

荔枝500克，鸡蛋1个，冰糖、白糖、桂花酱各适量。

制 作

① 鲜荔枝剥去壳、核，稍烫，捞出沥水。

② 鸡蛋取蛋清打散。

③ 锅内添适量清水，加入冰糖和白糖煮至溶化，放入桂花酱、蛋清液，撇去浮沫，盛入荔枝肉的碗里，晾凉即可。

食材绝招: 新鲜荔枝应该色泽鲜艳，个头匀称，皮薄肉厚，质嫩多汁，味甜，富有香气。挑选时可以先在手里轻捏，好荔枝的手感应该富有弹性。

烹饪绝招: 荔枝入沸水稍烫不可过头，水要沥干，第二步中的白糖不可放入过多。

保健功效: 本菜汤清味甜，荔枝香鲜，具有补充能量、增加营养的作用。更对大脑组织有补养作用，能明显改善失眠、健忘、精神疲劳等症。

奇异果黑雨捞

凉拌菜

原 料

黄金奇异果（猕猴桃）2个，黑糯米50克，白糖、鲜牛奶各适量。

制 作

① 奇异果洗净去皮切小粒；黑糯米洗净，加清水煮熟，加入白糖溶化，调匀放凉。

② 将凉好的黑糯米倒入杯子中，加入鲜牛奶，放上黄金奇异果粒即可。

食材绝招: 在挑选猕猴桃时，以选择那些无虫蛀、无破裂、无霉烂、无皱缩、无挤压痕迹的猕猴桃为好。

烹饪绝招: 使用的奇异果应挑选成熟的猕猴桃，这种口感略软，酸甜可口，营养丰富。如购买的猕猴桃生硬艰涩，可置于温暖处静置1星期左右，以使其成熟。

保健功效: 本菜清凉爽口，尤其适宜夏季食用。猕猴桃能够清热生津、健脾止泻、解热除烦，糯米能温暖脾胃、补益中气。搭配营养丰富的鲜牛奶，能止渴利尿、低胆固醇、促进心脏健康、防止便秘、帮助消化。

热 菜

红枣泥

原料

枣100克，白糖25克。

制作

① 将红枣洗净，放入锅内，加入清水煮至烂熟。
② 去掉红枣皮、核，捣成泥，添少许水熬煮片刻。
③ 加入白糖搅匀即可。

食材绝招：好的红枣皮色紫红，如果红枣蒂端有穿孔或粘有咖啡色或深褐色粉末，说明已被虫蛀。

烹饪绝招：枣皮中含有丰富的营养素，炖汤时应连皮一起烹调。

保健功效：本菜软黏香甜，补血营养。红枣能促进白细胞的生成，降低血清胆固醇，提高血清白蛋白，保护肝脏。搭配白糖，对防治骨质疏松、贫血有重要作用。

热 菜

活力菠萝鸭片

原料

咸水鸭肉400克，嫩姜、菠萝片各100克，糖、鸡精、淀粉、胡椒粉、鲜汤、醋、香油、色拉油各适量。

制作

① 咸水鸭肉切成片；嫩姜切成圆片。
② 把糖、醋、鸡精、胡椒粉，加少许鲜汤，放在碗内，调匀成味汁。
③ 炒锅注油烧热，下姜片爆香，放入鸭片、菠萝片略炒，再倒入味汁炒匀，用湿淀粉勾薄芡，淋香油，出锅装盘即成。

食材绝招：果实青绿、坚硬、没有香气的菠萝不够成熟，色泽已经由黄转褐，果身边软，溢出浓香的便是果实成熟了。

烹饪绝招：先把菠萝去皮切成片，放在淡盐水里浸泡30分钟，再用凉水浸洗，去掉咸味再食用。

保健功效：鸭肉具有滋阴养血、益胃生津、利水消肿、清热止咳等功效。菠萝能分解蛋白质，溶解阻塞于组织中的纤维蛋白和血凝块。二者搭配，能有效改善局部的血液循环，消除炎症和水肿。

菠萝炒鸡球

炒菜

原料

鸡胸肉300克，鲜菠萝100克，葱、姜、盐、鸡精、湿淀粉、料酒、色拉油各适量。

制作

① 将鸡肉拍平，切成方块，加盐、鸡精、湿淀粉腌制；锅内添水烧开，放入鸡块煮至成球状捞出。

② 将菠萝去皮，洗净切成丁；葱、姜洗净，葱切成段，姜切成片。

③ 炒锅注油烧热，下姜片、葱段爆香，放入鸡球、料酒、菠萝炒匀，勾薄芡，淋入明油出锅即可。

食材绝招：捏一捏菠萝果实，如果有汁液溢出就说明果实已经变质，不可以再食用了。

烹饪绝招：放入鸡块煮至鸡块成球状捞出，不可煮的过老。放入鸡球、料酒、菠萝炒匀，要迅速翻动。

保健功效：此菜清热解暑，生津止渴。菠萝中所含的糖、盐类和酶有利尿作用，适当食用对肾炎、高血压病患者有益。

奇异菠萝肉

炒菜

原料

猪瘦肉250克，圣女果4粒，菠萝2块，奇异果、鸡蛋各1个，番茄汁、糖、醋、姜末、生抽、胡椒粉、干淀粉、色拉油各适量。

制作

① 圣女果、奇异果均切片；菠萝切块；鸡蛋打散；猪肉切片，加生抽、胡椒粉略腌，蘸匀鸡蛋液，裹匀淀粉，下入热油锅炸至呈金黄色，捞出沥油。

② 炒锅注油烧热，下姜末爆香，加入番茄汁、糖、醋、清水煮匀，勾芡，再放入肉片和鲜果，快速炒匀即可。

食材绝招：挑选菠萝时，可用手轻轻的按压，如果发现菠萝坚硬而无弹性的是生菠萝。而挺实且微软的菠萝是成熟度好的优质菠萝。

烹饪绝招：猪肉片下入热油锅应用慢火炸，避免焦煳。

保健功效：本此菜营养丰富，口味独特，富含维生素C，具有健胃消食、补脾止泻、清胃解渴等功效。

热汤

瘦肉苹果润肤汤

原料

猪瘦肉500克，苹果2个，蜜枣10粒，水发银耳、胡萝卜、姜片、盐各适量。

制作

① 将猪瘦肉洗净切丝，下入沸水锅焯烫，捞出沥干。

② 苹果洗净，去核切片；胡萝卜洗净切片。

③ 锅中放入瘦肉、苹果、蜜枣、胡萝卜、姜片、清水，大火煮开，转中小火炖约30分钟，加入银耳煮20分钟，撒盐调味即可。

食材绝招：选购苹果时，应挑选个大适中、果皮光洁、颜色艳丽、软硬适中、果皮无虫眼和损伤、肉质细密、酸甜适度、气味芳香者。

烹饪绝招：苹果和胡萝卜切成2毫米~3毫米的薄片，第三步一定要转成中小火炖约30分钟。

保健功效：这道菜鲜香酸甜，降脂降压，美容嫩肤。苹果中含有大量的镁、硫、铁，铜、碘、锰、锌等微量元素，搭配营养丰富的猪肉、蜜枣、银耳、胡萝卜等，可使皮肤腻、润滑、红润有光泽。

热菜

清蒸苹果鸡

原料

鸡胸肉150克，苹果2个，蛋清1个，葱末、姜末、盐、鸡精各适量。

制作

① 将苹果洗净去皮，一个切成两瓣，去核待用，另一个去核切成块，放入榨汁机榨汁。

② 将鸡胸肉剁成泥，加入蛋清、盐、鸡精、葱末、姜末及少许清水，拌匀制成馅。

③ 把馅分别填入苹果中，摆放入盘，上蒸笼蒸15分钟，取出浇上苹果汁即可。

食材绝招：新鲜的苹果表面发黏，并且能看到一层白霜，这并不是因为打过蜡，而是一层天然的腊性物质，能够保护苹果。

烹饪绝招：将鸡胸肉剁成泥，将苹果挖掉部分填满抹平即可。

保健功效：此菜鸡肉细嫩，苹果熟烂、造型独特。菜肴中含有的多酚及黄酮类天然化学抗氧化物质，可以减少肺癌的危险，预防铅中毒。

苹果粥

热粥

原料

大米250克，苹果1个，葡萄干25克，蜂蜜适量。

制作

① 将大米淘洗净；苹果洗净去核，切片。

② 锅中添水，放入大米和苹果片煮开，改中小火熬煮40分钟。

③ 蜂蜜、葡萄干放入碗中，倒入粥，拌匀即可食用。

食材绝招： 苹果放在荫凉处可以保持7~10天的新鲜，如果装入塑料袋放进冰箱里，能够保存更长时间。

烹饪绝招： ◎ 苹果切后或剥皮后可以用淡盐水浸泡，或者撒上柠檬汁防止变色。

◎ 葡萄干应用温水浸泡，洗净杂质再使用。

保健功效： 这道菜排毒通便，美容养颜。苹果中富含粗纤维，蜂蜜对肠胃有很好的润滑作用，可有效促进肠胃蠕动，协助人体顺利排出毒素，减少有害物质对皮肤的危害。

香拌瓜皮丝

凉拌菜

原料

西瓜皮300克，红甜椒1个，盐、糖、味精、醋、香油各适量。

制作

① 将西瓜皮去外皮、瓤，洗净，切成粗丝，加入少许盐拌匀，腌渍入味。

② 红甜椒去蒂、籽，洗净，切成粗条，放沸水锅内焯至断生，捞出沥干水分。

③ 将西瓜皮丝、红椒丝放入碗中，加盐、糖、味精、醋、香油拌匀，装盘即成。

食材绝招： 优质西瓜的瓜形端正，瓜皮坚硬饱满、花纹清晰、表皮稍有凹凸不平的波浪纹，瓜蒂、瓜脐收得紧密，略为缩入，靠地面的瓜皮颜色变黄。

烹饪绝招： 西瓜皮的外皮和瓤一定要去除干净，而且不可切的太细。

保健功效： 此菜脆爽可口，咸鲜味美，具有清暑解热，除烦止渴的功效。

炒菜

山药西瓜炒百合

原料

鲜百合、山药、西瓜各150克，葱末、姜末、盐、味精、湿淀粉、色拉油各适量。

制作

① 鲜百合掰成瓣洗净；山药去皮洗净切丁；西瓜取瓤、去籽切丁。

② 将鲜百合、山药分别下入开水锅中焯过，捞出沥干。

③ 炒锅注油烧热，下入葱末、姜末爆香，放山药丁、百合略炒，加盐、味精调味，放入西瓜丁急火快炒，用湿淀粉勾芡，淋熟油即成。

食材绝招：手捧西瓜，一手以指轻弹，凡声音刚而脆，如击木板的"冬冬"或"得得"声，是为未熟的西瓜；声音疲而浊，近似打鼓的"卜卜"声且有震动的传音，才是够熟的西瓜。

烹饪绝招：西瓜水分含量大，锅中放入西瓜丁后，应急火快炒。

保健功效：此菜红白相间，清脆爽口，咸鲜回甜，能有效减少胆色素的含量，可使大便通畅，对治疗黄疸有一定作用。

饮品

西瓜汁

原料

西瓜100克，糖适量。

制作

① 将西瓜瓤放入碗内，用匙捣烂。

② 用纱布将西瓜汁过滤。

③ 西瓜汁内撒入糖，调匀即成。

食材绝招：脾胃虚寒、消化不良及有胃肠道疾患的人吃西瓜一次不宜吃得太多，糖尿病人要慎食。

烹饪绝招：若是有榨汁机的话，可直接将瓜瓤置于榨汁机中榨汁，去汁加入白糖即可。

保健功效：口味清甜，清火降热，适宜夏季饮用，婴幼儿也可食用。还可用于暑热烦渴、小便短少、水肿、口舌生疮等症的辅助食疗。

西芹雪梨沙拉 🍴

凉拌菜

原料

雪梨1个，西芹100克，盐、糖、沙拉酱、香油各适量。

制作

① 雪梨去皮、去核切成条状，放入淡盐水中略泡。
② 西芹择洗净切段，下入开水中烫出，捞出沥干。
③ 将雪梨加糖、香油拌匀，西芹加盐、香油拌匀，排放盘中，浇入沙拉酱拌匀即成。

食材绝招：优质鲜梨，梨皮细薄，没有虫蛀、破皮、疤斑和变色等，果型饱满，大小适中，没有畸形和损伤。

烹饪绝招：脾胃虚弱的人不宜吃生梨，可把梨切块煮水食用。

保健功效：雪梨含有大量的钙、镁、果糖、纤维素等，能止咳生津。芹菜性甘、温，入肺、胃、肾，可固肾止血，健脾养胃，二者搭配能保护心脏，减轻疲劳，增强心肌活力，降低血压。

鲜梨牛奶麦片粥 🍴

热 粥

原料

牛奶400克，燕麦片100克，梨2个，鸡蛋1个，丁香、白糖各适量。

制作

① 梨去皮、去核切成滚刀块，加少许白糖略腌。
② 锅添水，放入丁香、梨块煮5分钟，倒出备用。
③ 燕麦片加适量水、牛奶烧开，淋入鸡蛋液，加白糖煮沸，盛出，放入梨块即成。

食材绝招：优质梨的肉质细嫩、脆，果核较小，香味浓郁，入口不涩。如口感粗硬，水份少，嚼如木渣的质量较差。

烹饪绝招：将梨用少许白糖略腌，可使梨的甜味更足，更有滋味。

保健功效：本菜梨软奶香，甜润软糯，更有较多易被人体吸收的糖类物质和多种维生素，能增进食欲，对肝脏具有保护作用。

鸭血鲫鱼粥

原料

鲫鱼250克，粳米、鸭血100克，大葱、姜、盐、味精、香油各适量。

制作

① 葱白切段；姜切末；粳米淘洗干净。

② 鲫鱼洗净、切小块，和葱、姜、盐一同放入锅中，添水适量，旺火煮沸，小火将鱼煮至烂熟。

③ 用汤筛滤出鲫鱼汤，加入鸭血、粳米及适量水，煮成粥，再淋入香油，撒味精即可。

食材绝招：优质的粳米有很清香的米味，尝起来易嚼，吃起来有淀粉味。

烹饪绝招：过滤可以有效剔除鲫鱼的鱼骨、鱼头等，使煮成的粥更适口滑润。

保健功效：本菜清香爽口，营养丰富，软糯易嚼。更有提高人体免疫功能，促进血液循环，降低高血压的功效。

补气润肤鲜鱼粥

原料

大米200克，鲑鱼片100克，葱花、盐、黑胡椒、螃蟹高汤各适量。

制作

① 大米淘洗净，加清水浸泡30分钟。

② 锅中添入螃蟹高汤煮开，放入大米煮沸，改中小火熬煮40分钟，撒盐调味。

③ 鲑鱼片放入碗中，倒入粥，撒入葱花、黑胡椒拌匀即可。

食材绝招：优质大米的米粒大小均匀，坚实丰满。

烹饪绝招：◎煮前最好一次性把高汤放足，掌握好水、米的比例，不要中途添加。

◎螃蟹高汤制作方法，将螃蟹洗净切块放于水中，慢火熬煮至汤汁浓厚即可。

保健功效：中医认为大米性味甘平，搭配鲑鱼片，本粥具有养胃补气，滋润肌肤的功效，更可补中益气、健脾养胃、益精强志、和五脏、通血脉、聪耳明目、止烦、止渴、止泻。

鲍鱼滑鸡粥

原料

粳米250克，鸡块200克，鲍鱼1个，香菜末、葱花、盐、糖、酱油、色拉油各适量。

制作

① 鲍鱼切丝；鸡洗净剁成小块，加盐、酱油、糖、色拉油拌匀腌渍。

② 锅内注清水烧开，放淘洗净的粳米旺火煮开。

③ 待粥熬至将熟时，放入鸡块焖至肉熟烂，加入鲍鱼丝拌匀，撒入香菜末、葱花即成。

食材绝招： 把米放在手里抓一下，如手上留有一层白色的物质，这样的大米质量好。

烹饪绝招： 鸡洗净剁成小块，用盐、酱油、糖、色拉油拌匀腌渍15~25分钟即可。

保健功效： 本粥滋味鲜美，软糯可口，富含蛋白质、脂肪、维生素，能降低胆固醇，减少心脏病发作和中风的概率。

鲜骨鱼片粥

原料

猪骨200克，优质粳米150克，草鱼肉100克，腐竹25克，葱花、姜丝、香菜末、盐、鸡精、浅色酱油、胡椒粉、香油各适量。

制作

① 猪骨洗净敲碎，腐竹泡发切块，粳米淘洗净；草鱼肉洗净切厚片，加入浅色酱油、盐、姜丝拌匀略腌。

② 锅中添入适量清水，加入猪骨、腐竹、粳米烧沸，改用小火熬煮1小时左右，捞去猪骨，加入盐、鸡精调味。

③ 加草鱼片、葱花、香菜末、胡椒粉煮熟，淋香油即成。

食材绝招： 优质大米放到水里冲洗时没有杂质，而且浮面上没有油。

烹饪绝招： 将猪骨、腐竹、粳米、适量清水放入锅中烧沸，改用小火熬煮1小时左右，不可一直用大火，避免烟锅。

保健功效： 本粥口感绵糯，鱼片鲜香，营养丰富，含有丰富的粗纤维分子，有助胃肠蠕动，对胃病、便秘、痔疮等有很好的疗效。

鲤鱼阿胶粥 🍴

原料

鲤鱼200克，粳米100克，阿胶、葱末、姜丝、桂皮、盐各适量。

制作

① 糯米淘洗干净，加冷水浸泡3小时，捞出沥干。

② 鲤鱼去杂质洗净切块，放入锅中，加适量冷水煎汤。

③ 锅内注适量冷水，放入糯米用旺火烧沸，加入阿胶、鱼汤汁和桂皮，小火慢煮至米熟烂、汤浓稠，撒入葱末、姜丝、盐调味即可。

食材绝招：粳米需防晒、防潮、低温、避光处保存，夏季可放在冰箱保鲜格保存。

烹饪绝招：清洗鲤鱼时注意去掉鲤鱼的腥线，鱼腹两侧各有一条白筋，去掉它们可以有效除去鲤鱼的腥味。

保健功效：本菜鲜香味浓，营养丰富，含有丰富的不饱和脂肪酸，能有效的降低胆固醇，可以防治动脉硬化、冠心病。

木瓜粥 🍴

原料

木瓜200克，粳米100克，白糖50克。

制作

① 木瓜洗净，上笼蒸熟，趁热切成小块；粳米淘洗干净，用冷水浸泡30分钟，捞出沥干。

② 锅中添入适量冷水，放入粳米旺火煮沸，改用小火煮30分钟。

③ 放入木瓜块，撒入白糖调味，煮至粳米软烂即可。

食材绝招：熟木瓜要挑手感很轻的，这样的木瓜果肉表较甘甜。手感沉的木瓜一般还未完全成熟，口感有些苦。

烹饪绝招：浸泡粳米可使米充分吸收水分，这样煮成的粥口感润滑，香气浓郁。

保健功效：本粥甜美营养，润滑绵香，有健脾消食的功效。木瓜中含有一种酵素，能消化蛋白质，有利于人体对食物进行消化和吸收，搭配粳米熬粥，更有降脂减肥的作用，尤其适宜营养缺乏、消化不良、肥胖和产生缺乳的人常食。

大枣银耳粥

原料

大米300克，大枣、冰糖各50克，银耳25克，莲子、枸杞各适量。

制作

① 大米洗净，加水浸泡20分钟。

② 大枣、莲子、枸杞均用温水洗净；银耳泡发择洗净。

③ 锅中添入适量水，放入大米、莲子煮至八成熟，再加入银耳、大枣、枸杞煮至黏稠，撒入冰糖调匀即可。

食材绝招：东北大米是国产大米中质量最优的品种，粥香味浓，营养丰富。

烹饪绝招：莲子应去掉莲子心后再洗净，以防熬煮成的粥发苦。

保健功效：本粥甜香软烂，富含蛋白质、钙、磷、铁、钾、镁、钠、胡萝卜素、烟酸、维生素C、B族维生素、皂角甙等多种成分，是经典家常滋补粥。

银耳绿豆粥

原料

绿豆、西瓜各100克，银耳、蜜桃、冰糖各适量。

制作

① 绿豆淘洗干净，加冷水浸泡3小时；银耳用冷水浸泡回软，择洗净；西瓜去皮、去籽切块；蜜桃去核，切瓣。

② 锅内注水，放入绿豆旺火烧沸，转小火煮熟，放入银耳、冰糖搅匀煮开。

③ 加入西瓜块和蜜桃瓣煮开，冷却，用保鲜膜密封，放入冰箱，冷冻20分钟即可。

食材绝招：优质绿豆的颗粒饱满均匀，颜色一致，表面有新鲜感，无杂质。绿豆有白点意味着已经生虫了，一定要注意。

烹饪绝招：绿豆不宜煮得过烂，以免使有机酸和维生素遭遇到破坏，降低清热解毒的功效。

保健功效：本粥口感清凉，解暑益气。绿豆中所含蛋白质、磷脂均有兴奋神经、增进食欲的功能，搭配西瓜、银耳、蜜桃，是夏季解暑降温的佳品，更能为机体重要脏器增加所必需的营养。

女士美容粥

原料

鸡汤1200毫升，大米100克，川芎、当归、黄芪、红花各适量。

制作

① 将米淘洗干净，用水浸泡。

② 当归、川芎、黄芪切成薄片，与红花一起装入小布袋中。

③ 将米及药袋一起放入锅内，加鸡汤、适量水大火煮开，小火煮稠，捞出布袋即成。

食材绝招： 大米可以通过品尝的方式进行挑选，取几粒大米放入口中细嚼，正常大米微甜，无异味。

烹饪绝招： 当归、川芎、黄芪、红花中药店有售。

保健功效： 此乃食疗滋补佳品，口感柔腻。大米能补中益气、健脾养胃，川芎能活血行气、祛风止痛，当归能补血、活血、调经止痛、润肠通便，黄芪能补气升阳、固表止汗、行水消肿。三者搭配能活血养颜，美丽肌肤。

八宝粥

原料

粳米150克，芡实米、薏米、白扁豆、莲子、红枣、桂圆、百合、山药各适量。

制作

① 山药去皮洗净，桂圆去皮、去核洗净，莲子去心洗净，芡实米、薏米淘洗净，白扁豆、红枣、百合淘洗净。

② 锅中添入适量水，放入芡实米、薏米、白扁豆、莲子、红枣、桂圆、百合、山药、粳米大火煮开，转慢火煮40分钟即可。

食材绝招： 籼米粒形狭长，煮出的米饭较硬；粳米粒形短园，米饭软黏适口性好。

烹饪绝招： 粳米做成粥更易于消化吸收，但制作米粥时千万不要放碱，这样会破坏大米中的维生素B，更可能引发脚气病。

保健功效： 此粥食材丰富，健脾胃，补气益肾，养血安神，富含红细胞，可有效预防过敏性疾病。

鸡肝粟米粥

原料

糯粟米100克，鸡肝2个，盐适量。

制作

① 鸡肝洗净切碎，糯粟米淘洗干净。
② 锅中加水，放入鸡肝碎、糯粟米煮成熟，加盐调匀即可。

食材绝招：将少量粟米加水润湿，观察水的颜色变化，如有轻微的黄色，说明掺有黄色素。

烹饪绝招：粟米粥不宜太稀薄。
　　　　　淘米时不要用手搓，忌长时间浸泡或用热水淘米。

保健功效：本粥益肝明目，滋阴养血，具有防止反胃、呕吐的功效，还具有滋阴养血的功能。

五谷糙米粥

原料

糙米50克，黑豆、赤小豆、绿豆、青豆、大豆各25克，白糖适量。

制作

① 将糙米、黑豆、赤小豆、大豆、绿豆、青豆均淘洗干净，分别用冷水浸泡2个小时，捞出沥干水分。
② 锅中添入冷水，下入糙米、黑豆、赤小豆、大豆、绿豆、青豆旺火烧沸，转小火煮45分钟，边煮边搅拌。
③ 待粥软烂后，加白糖溶化，继续焖煮5分钟即可。

食材绝招：糙米口感较粗，质地紧密，煮起来也比较费时，但营养丰富。

烹饪绝招：煮前可以将它淘洗后用冷水浸泡过夜，这样熬煮出的糙米粥味道更香浓。

保健功效：本粥味道香甜，颇具营养，对肥胖和胃肠功能障碍的患者有很好的疗效，更能有效的调节体内的新陈代谢，内分泌异常等。

地瓜粥

原料

大米100克，地瓜200克。

制作

① 先将地瓜去皮，洗净，切成细丝；大米淘洗干净。

② 将大米、地瓜丝放入锅中，加适量清水，先用旺火烧开，再转用文火熬煮成稀粥。

食材绝招: 地瓜要选择形体完整，平滑，表面无凹凸不平者为佳，勿选发芽的。

烹饪绝招: 如想体会地瓜口口香浓的感受，可以使用地瓜块。

保健功效: 此粥生津止渴。红薯营养十分丰富，含有大量的糖、蛋白质和各种维生素及矿物质，熬粥食用，能防治营养不良、补中益气、解酒毒，更具有降血压的功效。

黑芝麻糙米粥

原料

糙米250克，黑芝麻25克，白糖适量。

制作

① 糙米洗净沥干水分。

② 锅中添入适量水煮开，放入糙米煮滚，改中小火熬煮45分钟。

③ 放入黑芝麻、白糖略煮即成。

食材绝招: 糙米保存时可以按120：1的比例取花椒，将其包入纱布中，混放在米缸内，加盖密封。

烹饪绝招: 糙米熬煮前在淘洗后，加冷水浸泡过夜，这样熬煮成的糙米粥更浓稠、更可口。

保健功效: 此粥可帮助排除宿便，轻盈体态又不失营养。黑芝麻作为食疗品，有益肝、补肾、养血、润燥、乌发、美容作用，是极佳的保健美容食品。

牛肉什锦粥

【原料】

牛肉150克，大米100克，冷冻什锦蔬菜、玉米粒各50克，葱末、盐、淀粉、酱油、香油各适量。

【制作】

① 牛肉切丝，加入酱油和淀粉拌匀。

② 大米洗净，加水煮成粥。

③ 再入玉米粒、冷冻什锦蔬菜略煮，再加入牛肉丝、盐、香油、酱油、葱末烫熟即可。

食材绝招：保存大米时可将其装入透气性较小的无毒塑料口袋内，扎紧袋口，置于阴凉干燥处，这样大米可以保存较长时间。

烹饪绝招：牛肉逆纹切丝，牛肉不可顺着纹路切，逆纹切丝易咀嚼和消化吸收。

保健功效：此粥滋味美妙，营养丰富，尤其富含B族维生素，有补中益气，滋养脾胃，强健筋骨，化痰息风，止渴止涎之功效。

火腿玉米粥

【原料】

米200克，火腿150克，玉米粒100克，芹菜1根，香菜末、盐、胡椒粉、鸡粉、高汤、香油各适量。

【制作】

① 大米淘洗净，加水浸泡约30分钟；火腿切丁；芹菜切末。

② 锅中添入适量高汤，放入大米熬煮成粥，加入火腿丁、玉米粒煮10分钟，撒入盐、鸡粉调味。

③ 食用时加胡椒粉、香油、芹菜末、香菜末即可。

食材绝招：选购火腿要注意以皮色黄亮，脂肪切面白色或微红色，肌肉切面是桃红色或深玫瑰红色的为佳。

烹饪绝招：◎ 高汤可以用慢火熬制，也可使用高汤粉进行调制。

◎ 火腿最好采用金华火腿，这种口感香，营养更丰富。

保健功效：此粥乃风味独特的养生佳品，内含丰富的蛋白质和适度的脂肪，十多种氨基酸、多种维生素和矿物质等，营养丰富。

山药鸡蓉粥

原料

大米250克，鸡胸肉100克，山药75克，鸡蛋清、黑芝麻、芹菜末、盐、淀粉、红枣各适量。

制作

① 山药去皮切丁；芹菜洗净切细粒备用，大米淘洗净。

② 鸡胸肉剁碎，加盐、鸡蛋清、淀粉搅匀制成鸡肉泥。

③ 锅中添入适量水烧开，放入大米熬煮至八成熟，加入红枣、山药煮熟，撒入盐，最后加入鸡肉泥、黑芝麻、芹菜末略煮即可。

食材绝招： 山药分为干山药和鲜山药，干山药可入药，也可食用。优质干山药含淀粉很多，用手摸时，感觉比较细腻，会有较多的淀粉黏在手上。

烹饪绝招： 由于是煮粥所用，山药和芹菜都要切的细碎些。

保健功效： 此粥营养味美，有益五脏，补虚损，补虚健胃、强筋壮骨、活血通络、调月经、止白带等作用。

白果冬瓜粥

原料

稀粥1碗，冬瓜150克，白果仁25克，姜末、盐、胡椒粉、高汤各适量。

制作

① 将白果仁洗净，浸泡回软，焯水，捞出沥干。

② 冬瓜洗净，去皮、去瓤切厚片。

③ 锅中放入高汤、姜末煮沸，加入稀粥、白果仁、盐、胡椒粉烧开，下入冬瓜片，搅拌均匀，煮熟出锅即可。

食材绝招： 选购白果时以外壳光滑、洁白、新鲜，大小均匀，果仁饱满、坚实、无霉斑为好。

烹饪绝招： 白果忌过量食用，否则会中毒，严重者可因呼吸衰竭而死亡。

保健功效： 粥的口感咸鲜微苦。白果具有保护肝脏、改善大脑功能的功效，搭配清热生津、辟暑除烦的冬瓜熬煮成粥，更具有疏通血管，护肝润肤，抗衰老的功效。

清汤鲈鱼粥

原料

莼菜200克，鲈鱼肉150克，鸡肉25克，稀粥1碗，火腿、陈皮、葱段、胡椒粉、姜汁水、清汤、盐、味精、湿淀粉、鸡蛋清、料酒、色拉油各适量。

制作

① 鲈鱼肉洗净切丝，加入蛋清、盐、料酒、味精、湿淀粉上浆，下入热油锅中滑散，捞出沥油；莼菜焯水，沥干。
② 锅中添入清汤，放入葱段、盐煮沸，拣出葱段，加味精、姜汁水，用湿淀粉勾芡；放入鲈鱼丝、莼菜、火腿丝、鸡丝、葱丝、稀饭、陈皮丝、胡椒粉煮开即可。

食材绝招： 鲈鱼又称花鲈、寨花、鲈板、四肋鱼等，俗称鲈鲛，与长江鲥鱼、太湖银鱼、黄河鲤鱼并称为"四大名鱼"。鲈鱼肉质白嫩、清香，没有腥味，肉为蒜瓣形，最宜清蒸、红烧或炖汤。

烹饪绝招： 将鱼去鳞剖腹洗净后，放入盆中倒一些黄酒，就能除区鱼的腥味，并能使鱼滋味鲜美。

保健功效： 粥清鲜味美，滋补和胃，还可治胎动不安、产生少乳等症。准妈妈和产妇吃鲈鱼是一种既补身、又不会造成营养过剩而导致肥胖的营养美食。

酸辣橙子饭

原料

米饭250克，黄瓜50克，橙子3个，白糖、酱油、葱花、辣椒碎、色拉油各适量。

制作

① 黄瓜洗净切成丁；1个橙子去皮去籽，切成丁；另2个橙子去皮夫籽，榨成汁备用。
② 锅中注油烧热，下入葱花、辣椒碎爆香，加入酱油略炒，放入橙子丁、橙汁、白糖大火煮沸。
③ 煮至汤汁收浓，倒入米饭黄瓜丁拌炒均匀即可。

食材绝招： 买橙子特别是脐橙要选正常成色，看表皮的皮孔，好橙子表皮皮孔较多，摸起来比较粗糙，而质量不好的橙表皮皮孔较少，摸起来相对光滑。

烹饪绝招： 橙子去皮去籽，榨成汁备用，最好用榨汁机来操作，另外，酱油不可加太多。

保健功效： 此饭酸甜微辣，十分开胃。橙子含有大量维生素C和胡萝卜素，可以抑制致癌物质的形成，还能软化和保护血管，促进血液循环，降低胆固醇和血脂。

鸡丝蛋炒饭

原料

米饭250克，鸡蛋100克，虾仁、鸡肉各50克，大葱、精盐、味精、糖、淀粉、料酒、花生油各适量。

制作

① 鸡蛋摊成蛋皮，切丝；鸡肉洗净切细丝，用淀粉、精盐、糖拌匀；葱洗净切葱花。

② 锅内注花生油烧热，放鸡肉丝、虾仁和料酒炒熟；加入米饭、葱花、味精、精盐，不断翻炒。

③ 撒入蛋丝炒透，即可装盘。

食材绝招：如使用熟鸡肉则不易入味，口感不如生鸡肉进行腌渍后再烹炒。

烹饪绝招：加入米饭后要慢火炒透，炒不透的米饭食用时口感较硬。

保健功效：此饭干香松软，爽滑柔嫩。蛋黄中含有丰富的卵磷脂、固醇类、蛋黄素以及钙、磷、铁、维生素A、维生素D及B族维生素。

扬州炒饭

原料

米饭200克，火腿30克，鸡蛋1个，青豆、黄瓜、虾、味精、葱、盐、色拉油各适量。

制作

① 将鸡蛋打散；葱洗净切成葱花；火腿、黄瓜、虾切成小丁。

② 炒锅注色拉油烧热，倒鸡蛋液炒散成鸡蛋块。

③ 炒锅加油烧热，放入葱花、火腿、青豆、虾炒匀，加入米饭、鸡蛋、黄瓜、味精、盐翻炒均匀即成。

食材绝招：在洗好的米中加一小撮盐和色拉油，可以让煮出来的米饭亮晶晶。

烹饪绝招：整只火腿用刀切开很不容易，若以锯代刀，便可获得理想效果。

保健功效：火腿深红，蛋花金黄，色香俱备，引人食欲，且具有养胃生津、益肾壮阳、固骨髓、健足力、愈创口等作用。

虾仁炒饭

原料

米饭200克，大虾50克，鸡蛋1个，黄瓜、色拉油、味精、葱、精盐、胡椒粉各适量。

制作

① 将鸡蛋打散；葱洗净切成葱花；黄瓜切丁；大虾洗净去肠线。

② 炒锅加色拉油烧热，倒入鸡蛋液炒散成凝固的鸡蛋块。

③ 炒锅加油烧热，下葱花爆香，放入米饭、鸡蛋、黄瓜、大虾、精盐、胡椒粉、味精翻炒均匀即成。

食材绝招：如果米饭有串烟味，可倒一碗白开水，将碗坐在饭锅中间，盖上锅盖焖一会儿，烟味就会消失。

烹饪绝招：虾背上的虾线应挑去不吃。

保健功效：本饭大虾清鲜，炒饭香郁，极富营养。虾中含有丰富的镁，镁对心脏活动具有重要的调节作用，能很好的保护心血管系统。

什锦炒饭

原料

熟米饭250克，方火腿50克，虾仁50克，鸡蛋1个，香葱末、青豆仁、玉米粒、精盐、鸡粉、花生油各适量。

制作

① 将方火腿切丁，鸡蛋打散，虾仁改刀切段，焯水。

② 锅中加入花生油烧热，倒入鸡蛋液炒熟取出。

③ 另起锅加入花生油烧热，下入香葱末爆锅，放入熟米饭、火腿丁、虾仁段炒香，最后放入青豆仁、玉米粒、精盐、鸡粉调味，装盘即可。

食材绝招：若米饭全部夹生，可用筷子在饭内扎些直通锅底的小孔，适当加些温水重新焖；若局部夹生，就在夹生处扎些孔；若表层夹生，可将表层翻到中间再焖。

烹饪绝招：最后放入青豆仁、玉米粒、精盐、鸡粉调味，不可放的太早。

保健功效：此饭色泽鲜艳，让人食欲倍增，且营养丰富。虾仁肉质松软，易消化，此饭对身体虚弱以及病后需要调养的人是极好的食物。

萝卜干炒饭

原料

米饭250克，萝卜干、猪里脊肉各50克，大葱、大蒜、料酒、白糖、酱油、胡椒粉、花生油各适量。

制作

① 萝卜干切碎；蒜去皮切末；葱切丁；猪里脊肉切末。

② 炒锅注油烧热，放蒜末炒香，放入肉末，淋料酒，炒至肉色发白，加萝卜干炒香盛出。

③ 葱入油锅炒香，再放入米饭炒散，将盛出的萝卜干等配料倒入锅内同炒，并加入所有调料，炒匀即成。

食材绝招：若米饭夹生了，还可在饭中加2～3勺米酒，拌匀再煮，即可消除夹生。

烹饪绝招：萝卜干、蒜、葱和猪里脊肉要切成大小均匀的细碎末。

保健功效：此饭色泽艳丽，美味可口。萝卜干含有一定数量的糖分、蛋白质、胡萝卜素、抗坏血酸等营养成分，以及钙、磷等人体不可缺少的矿物质。

鲜爽香米饭

原料

米饭250克，鸡腿肉100克，鸡蛋1个，菠菜、高汤、鸡粉、咖喱酱、色拉油、白胡椒粉各适量。

制作

① 鸡腿肉切丝；菠菜洗净切末，鸡蛋打散。

② 锅中加油烧热，下入鸡肉丝炒熟；在米饭中拌入鸡蛋液、菠菜末。

③ 锅内注油烧热，炒香咖喱酱，加高汤、米饭、鸡粉、胡椒粉炒浓，加鸡肉丝炒匀。

食材绝招：先将陈米用水淘洗干净后，盖上盖，静置30分钟，然后倒少许植物油，待米饭煮开后，用筷子稍加搅拌，再焖。

烹饪绝招：担心肥胖的人们，只要把鸡腿的皮剥掉再食用，即可减少热量的摄取。

保健功效：此饭色泽碧绿，口味清爽微辣，营养均衡。鸡腿肉蛋白质的含量比例较高，种类多，而且消化率高，很容易被人体吸收利用，有增强体力、强壮身体的作用。

盖浇饭

原料

大米500克，猪肉、小白菜各100克，冬笋50克，大葱、精盐、味精、酱油、淀粉、肉汤、花生油各适量。

制作

① 猪肉洗净切片；小白菜洗净沥水，切段；冬笋煮熟切片；葱洗净切段；大米淘洗干净，做成米饭。

② 炒锅注花生油烧热，爆香葱段，放猪肉片、熟冬笋片、小白菜、酱油、精盐、味精翻炒，倒入适量肉汤烧沸，勾芡即可。

③ 盛起米饭，浇上汁即可。

食材绝招： 如使用剩米饭时，可在热饭时加少量食盐，能有效除去饭中的异味。

烹饪绝招： 炒菜时应大火快炒，这样菜、肉易入味。

保健功效： 本菜色泽悦目，汁醇饭软。猪肉可提供优质蛋白质和必需的脂肪酸，小白菜则富含维生素，大米有补中益气、健脾养胃、止烦、止渴、止泻的功效，搭配其他菜，营养丰富，是推荐上班的族便当餐。

鸡汁浇饭

原料

米饭、鸡肉各500克，油炒面粉、胡萝卜、洋葱、芹菜各50克，盐适量。

制作

① 胡萝卜洗净去皮，切片；洋葱洗净切块；芹菜洗净切段；面粉用油略炒。

② 锅内添水，加鸡肉煮沸，放胡萝卜片、洋葱块和芹菜段煮熟，鸡肉冲洗后剁块，放回鸡汤内焖。

③ 将油炒面粉放入锅内，煮至微沸，放盐，食用时，盘内一边配米饭，一边放上煮鸡块，浇上原汁即可。

食材绝招： 煮饭时，加少量食盐、少许猪油，饭会又软又松。

烹饪绝招： 饭切记不要放味精，放了味精就没有鸡肉的鲜味了。

保健功效： 肉嫩饭香，鲜香可口。鸡肉蛋白质含量较高，且易被人体吸收入利用，有增强体力，强壮身体的作用。

辣椒醋油饭

原料 >

糯米、鲜香菇、猪肉各100克，精盐、植物油、醋各适量。

制作 >

① 糯米用水泡好；香菇、猪肉洗净切丝，下油锅炒熟。

② 糯米加醋、精盐、植物油拌匀，放入锅中加水，用微波炉加热、搅匀，再加热至熟。

③ 盖上炒熟的香菇丝、猪肉丝即可食用。

食材绝招：在挑选香菇时，首先应先鉴别其香味如何，可用手指压住菇伞，然后闻一闻，以香味纯正的为上品。

烹饪绝招：糯米加少许盐、色拉油、醋煮，可以让煮出来的色泽明亮，口感香。

保健功效：此饭配菜丰富，鲜辣味美。香菇既可降血压、降胆固醇、降血脂，又可预防动脉硬化、肝硬化等疾病。

黑椒牛肉盖饭

原料 >

米饭250克，牛里脊肉200克，洋葱20克，青椒30克，淀粉、精盐、黑胡椒、色拉油各适量。

制作 >

① 将洋葱、青椒洗净，切略粗的丝；牛里脊肉切条，加淀粉拌匀；炒锅注油烧热，下牛肉爆炒。

② 待牛肉变色后，加洋葱、青椒，再放两杯水烧开，然后加精盐、黑胡椒，翻炒均匀后出锅，浇入米饭即可。

食材绝招：选购牛里脊肉要闻味道，看颜色。味道越淡越好，颜色越鲜艳越好。

烹饪绝招：洋葱和青椒切成3厘米左右粗的丝为佳，牛里脊肉切条切成4～5毫米粗的条即可。

保健功效：洋葱能预防血栓形成，对高血压、高血脂和心脑血管病人都有保健作用。牛肉有补中益气，滋养脾胃，强健筋骨的功效，搭配制成的盖饭，口感微辣、营养丰富，是冬季上班族的补益佳品。

腰果肉饭

原料

米饭300克，猪肉100克，腰果50克，精盐、味精、白糖、生抽、淀粉、花生油各适量。

制作

① 猪瘦肉洗净切粒，加精盐、白糖、淀粉拌匀。
② 炒锅注油烧热，放腰果炸至金黄色，捞出沥油。
③ 炒锅注花生油烧热，放肉粒爆香，加清水、味精、精盐、白糖、生抽烧沸，用淀粉勾芡，浇入米饭中即可。

食材绝招：腰果表面无蛀虫、无斑点者为佳；而有黏手或受潮现象者，表示鲜度不够。

烹饪绝招：若米饭夹生了，可在饭中加2~3勺米酒，拌匀再煮，即可消除夹生。

保健功效：本菜香酥嫩脆，营养丰富。腰果含有丰富的油脂，可以润肠通便，润肤美容，延缓衰老，猪肉含有丰富的优质蛋白质，并提供血红素和促进铁吸收的半胱氨酸，能改善缺铁性贫血，搭配制成盖饭，风味独特。

茄汁肉丁盖浇饭

原料

米饭300克，瘦猪肉200克，胡萝卜50克，番茄酱、猪油、料酒、葱、姜、味精、精盐各适量。

制作

① 瘦猪肉洗净拍松，切小丁；胡萝卜洗净切小丁；葱、姜洗净，葱切葱花，姜切姜末。
② 炒锅注熟猪油烧热，放葱花、姜末、胡萝卜丁、猪肉丁炒散变色，再放料酒、精盐、番茄酱、味精炒匀，浇米饭上即可。

食材绝招：胡萝卜以质细味甜，脆嫩多汁，表皮光滑，形状整齐，心柱小，肉厚，不糠，无裂口和病虫伤害的为佳。

烹饪绝招：煮米饭时有了焦味，不要搅动，可将饭锅置于潮湿处或一盆冷水中，10分钟后，烟味就没有了。

保健功效：此饭色泽美观，鲜嫩味香。胡萝卜素转变成维生素A，有助于增强机体的免疫功能，在预防上皮细胞癌变的过程中具有重要作用。

生炒糯米饭

原料

糯米300克，白糖100克，猪油50克，赤小豆、红枣、桂圆各25克。

制作

① 糯米淘净滤干水。

② 炒锅注猪油烧至四成热时，倒入糯米翻炒，加入赤小豆、红枣、桂圆肉、白糖、适量水煮沸，翻炒至水干。

③ 用筷子在饭上戳几个洞，小火焖熟即可。

食材绝招： 糯米在选购时，以米粒较大，颗粒均匀，颜色白皙，有米香，无杂质的为好。

烹饪绝招： 若米饭全部夹生，可用筷子在饭内扎些直通锅底的小孔，适当加些温水重新焖；若局部夹生，就在夹生处扎些孔；若表层夹生，可将表层翻到中间再焖。

保健功效： 此饭制作简单，口味丰富。糯米含有蛋白质、脂肪、糖类、钙、磷、铁、维生素B_1、维生素B_2、烟酸及淀粉等，营养丰富。

香菇薏米饭

原料

大米300克，薏米、鲜香菇各50克，油豆腐30克和青豆适量。

制作

① 薏米洗净浸透心；香菇洗净捞出沥干，泡香菇的水留下备用；香菇、油豆腐切成小块。

② 将白米、薏米、香菇、油豆腐加水搅拌均匀，加入油、精盐调味料，再撒上青豆上笼蒸熟即成。

食材绝招： 挑选薏米以灰白色的为好。

烹饪绝招： 薏米较难熟透，在煮之前需以温水浸泡2～3小时，让它充分吸收水分。

保健功效： 此饭清香腴软，口感柔美。薏米中含有一定的维生素E，是一种美容食品，常食可以保持人体皮肤光泽细腻。

香菇素包 🍴

原料 ❂

面粉500克，香菇、油菜各200克，干木耳100克，油面筋60克，酵母、盐、味精、白糖、植物油、香油各适量。

制作 ❂

① 面粉加酵母、温水和成面团，饧发；香菇、木耳泡发、洗净切碎；油面筋洗净切碎；油菜洗净焯熟，切碎沥干。
② 锅内注油烧热，放香菇、黑木耳、油面筋、白糖、盐炒匀，起锅时加入油菜、味精拌匀，淋上香油制成包子馅。
③ 将发好的面团分小块，再擀成面皮，包入馅，捏好，蒸熟即可。

食材绝招：新鲜香菇可用透气膜包装后，置于冰箱冷藏，可保鲜一星期左右，或直接冷冻保存。

烹饪绝招：和面时需要用温水和，将酵母用少量温水化开，均匀倒进面粉中，再加入适量温白糖水、牛奶，打入1个鸡蛋，这样的包子皮有奶香、甜味，比较好吃。

保健功效：包子外酥内软，鲜香可口。香菇中含有某些核酸物质，能起到降血压、降胆固醇、降血脂的作用，又可预防动脉硬化、肝硬化等疾病。

三鲜汤包 🍴

原料 ❂

面粉700克，猪肋条肉、冬笋各200克，鸡肉100克，海参、虾仁各60克，大葱、姜、精盐、味精、酱油、香油、花生油、食用碱、酵母各适量。

制作 ❂

① 葱姜切末备用；猪肉剁茸；虾仁剁碎；冬笋、鸡肉、海参均切丁备用；将所有材料、调料拌成馅。
② 面粉加酵母、温水揉成面团，加食用碱揉匀，擀成包子皮，包入馅料，收边捏紧，制成包子生坯，摆入屉中，用旺火沸水蒸熟即可。

食材绝招：冬笋愈新鲜其味愈美，一般才挖出土的冬笋色泽湿翠，光泽淡亮，包壳紧密，削掉底部有细小水珠渗出，手感湿润。

烹饪绝招：揉成光滑的面团后盖盖发酵。1～2小时后，待面团体积至少膨胀一倍，用手指戳开看，里面都是蜂窝状的大孔，面已经发好了。

保健功效：此汤包滋味鲜美，汁多不腻。冬笋有助于消化，能预防便秘和结肠癌的发生。

火腿虾肉包

原料

面粉500克，火腿肠200克，虾仁200克，姜、精盐、味精、胡椒粉、料酒、食用碱、香油、酵母各适量。

制作

① 姜切末备用；虾仁洗净沥水；熟火腿切末备用。

② 虾仁加精盐、味精、姜末、胡椒粉、料酒、香油拌匀，腌渍5分钟，加入熟火腿末、鸡汤拌匀，即为馅料。

③ 面粉加酵母、温水和好，揉匀，擀成圆皮，将馅料放入圆皮的中间，收边捏紧，制成包子生坯。

④ 将包子生坯摆入屉中，用旺火沸水蒸熟，即可食用。

食材绝招：使用金华火腿可使包子的味道更加鲜香，也可使用常见火腿肠。

烹饪绝招：将少许苏打粉撒进发好的面里，把面团揉紧，边揉边加干面粉，直到揉成光滑面团，不沾手，放在案板上，盆或锅扣起来，醒10分钟，就可以分成若干剂子擀皮了。

保健功效：膨松柔软，鲜咸味浓。火腿肠含有供给人体需要的蛋白质、脂肪、碳水化合物、各种矿物质和维生素等营养，还具有吸收率高、适口性好、饱腹性强等优点。

麦穗包

原料

面粉300克，鲜香菇、木耳菜、葱姜末、香油、植物油、花椒水、酱油、盐、味精、酵母各适量。

制作

① 面粉加酵母、温水揉成面团发酵；香菇切碎；木耳菜洗净切碎，加少许精盐腌，挤去水分。

② 将木耳菜、香菇丁加花椒水、酱油、植物油、精盐、味精、葱姜末、香油搅拌均匀，制成馅料。

③ 面团制成面剂，包入馅料做成麦穗样，蒸熟即可。

食材绝招：选购木耳菜以叶嫩、茎叶柔滑肥壮、多汁、纤维少、无枯黄叶的为佳。

烹饪绝招：把菜切碎放入盆中，倒入少许食用油，轻轻拌一下，再把调好的其他材料拌进去即可，包之前再调入盐。因为菜被一层油包裹，遇盐就不容易出水了。

保健功效：口味清淡，易于消化。木耳菜的营养素含量极其丰富，尤其钙、铁等元素含量甚高，除蛋白质含量比苋菜稍少之外，其他项目与苋菜不相上下。

烤馒头

原料

馒头500克，麦芽糖50克。

制作

① 将麦芽糖用水化开，备用。
② 馒头表面涂抹一层糖水，涂抹均匀。
③ 将涂抹糖水的馒头摆入烤盘，放入炉温为150～180度的烤炉，烤5～8分钟，至馒头皮脆上色，即可食用。

食材绝招：将淀粉与水共热成糊，冷至60度，加麦芽，保持此温度约1小时，再热沸即成麦芽糖。
烹饪绝招：烤馒头要达到既香又酥的最佳效果，可在面粉中掺一些啤酒，烤制出来的又脆又香。
保健功效：色泽金黄，外脆内嫩，香浓透甜。麦芽糖润肺，生津，去燥，可用于治疗气虚倦怠、虚寒腹痛、肺虚、久咳久喘等症。

桂花馒头

原料

面粉500克，鸡蛋250克，糖桂花、杏脯各30克，白糖、香油、红绿丝各适量。

制作

① 鸡蛋加白糖搅至起泡发白时，再加入面粉和糖桂花，用筷子轻轻拌匀。
② 在小容器里面抹上一层香油，放进一点红绿丝、杏脯再将搅好的面糊倒入，大半碗即可，上笼用大火蒸熟，取出扣在盘内即可。

食材绝招：脆制过的桂花和白糖拌和在一起，即成了市场上常见的糖桂花。
烹饪绝招：蒸制时在容器内抹入香油或色拉油，可以防止馒头黏容器。
保健功效：此馒头绵软香甜。桂花中所含的芳香物质，能够稀释痰液，促进呼吸道痰液的排出，具有化痰、止咳、平喘的作用。

椰蓉窝头 🍽

原料

玉米面250克，黄豆粉200克，糯米粉100克，小苏打、蜂蜜、椰茸、食用油各适量。

制作

① 将玉米面、黄豆粉、糯米粉及小苏打合在一起，用细罗筛过，加温水抓揉成面团。

② 把面团揉成长条状，切成重15克的面胚，再揉制成圆形窝头，并将表面抹光滑。

③ 将制好的窝窝头放入刷油的笼屉中，上火蒸15分钟，熟后取出，趁热刷上蜂蜜，再滚沾上椰茸即成。

食材绝招： 抓一小把玉米面放在手中反复捻搓几下，轻轻地将玉米面滑落，待玉米面都落光后，双手心若沾满细粉面状或浅黄或深黄的东西，即是掺兑的颜料。

烹饪绝招： 将玉米面、黄豆粉、糯米粉及小苏打拌合加温水抓揉成面团，不可用凉水和热水。

保健功效： 色泽美观，香甜暄糯。玉米面含有微量元素硒，能加速人体内氧化物分解，抑制恶性肿瘤。

炸酱面 🍴

原料

手擀面250克，猪五花肉150克，黄酱、黄瓜、葱末、料酒、香油、色拉油、白糖、味精各适量。

制作

① 黄瓜洗净切丝；猪五花肉切丁。

② 炒锅注油烧热，放葱末、猪肉丁煸炒，加黄酱、水、料酒、白糖炒熟，加味精、香油调匀。

③ 锅中添水烧开，下面条煮熟，捞入大汤碗内，放上黄瓜丝，再浇入炸酱卤即可。

食材绝招： 手擀面若一次吃不完的话，拍上足够的面粉以后，用食品袋扎紧后放进冰箱里冷藏。

烹饪绝招： 待水大开时下面，然后用筷子向上挑几下，以防面条粘连。用旺火煮开，每开锅一次点一次水，点两次水，就可以出锅。

保健功效： 本菜酱香浓郁，面条爽滑，含有丰富的碳水化合物、纤维素及维生素E。

韩式冷面

原料

熟荞麦面条300克，辣白菜100克，熟牛肉50克，胡萝卜、黄瓜各1根，蒜泥1碗，辣椒粉、生抽、芝麻、红油、白糖、醋各适量。

制作

① 将辣白菜切成丝与辣椒粉、生抽、芝麻、红油一起拌匀；熟牛肉切片。

② 将胡萝卜和黄瓜洗净切成长条，用冰水浸泡。

③ 将熟荞麦面条放入盘中，调入醋、蒜泥、白糖，依次摆上胡萝卜条、黄瓜条、牛肉片及辣白菜即可。

食材绝招：做辣白菜的容器一定要无油。

烹饪绝招：吃冷面时，加入面条卤，再倒上1小匙甜酒，会使味道格外鲜美可口。

保健功效：此乃韩国夏季家常主食，色香味美。辣白菜含有丰富的粗纤维，不但能起到润肠、促进排毒的作用，还可刺激肠胃蠕动，促进大便排泄，帮助消化。

肉丝荞麦面

原料

荞麦面条250克，黄瓜丝100克，猪肉丝、木耳丝各50克，葱丝、盐、味精、酱油、香油、色拉油、鲜汤各适量。

制作

① 面条煮熟，过凉，盛于碗内。

② 炒锅注油烧热，放葱丝、猪肉丝翻炒，加黄瓜丝、木耳丝、盐、味精、酱油炒熟。

③ 炒锅添鲜汤烧滚，与黄瓜肉丝浇面条上，放入香油即可。

食材绝招：黄瓜适宜的贮藏温度为12～13℃，空气相对湿度为95%左右，储藏多用塑料膜包装。

烹饪绝招：浇面的汤头要清淡，原料搭配要既营养，又美观。

保健功效：此面鲜香软滑，营养美味。黄瓜中的纤维素对促进人体肠道内腐败物质的排除以及降低胆固醇有一定作用，能强身健体。

四川冷面

原料

挂面200克，火腿、黄瓜、水发木耳、胡萝卜各50克，葱油、辣椒油、精盐、鸡粉、辣椒各适量。

制作

① 挂面煮熟，捞出过凉水，拌入少许葱油。

② 将辣椒、火腿、黄瓜、木耳分别切丝；胡萝卜切丝，焯水。

③ 将辣椒丝、火腿丝、黄瓜丝、木耳丝、胡萝卜丝摆在面条上，将精盐、鸡粉、辣椒油搅匀，洒在表面上即可。

食材绝招：优质挂面应色泽均匀一致，洁白，稍带微黄，无酸味、霉味及其他异味。

烹饪绝招：煮挂面注意用慢火，使热量随着水分由外到里，逐层进去，这样才能把挂面煮熟、煮透，面汤清，口感好。

保健功效：此面口感微辣，具有浓郁四川风味特色。挂面易于消化吸收，有改善贫血、增强免疫力、平衡营养吸收等功效。

韩式冷汤面

原料

面条150克，熟牛肉200克，圆白菜100克，乳黄瓜50克，鸡蛋1个，泡菜、白芝麻、奶油、葱末、姜末、辣椒酱、白糖、醋、牛肉汤、盐各适量。

制作

① 乳黄瓜切圆片；冷面煮熟，捞出过凉沥干；熟牛肉切片。

② 冷面浇入牛肉汤，加入盐、葱末、姜末、白糖、醋、香油拌匀。

③ 摆上牛肉片、黄瓜片、水煮鸡蛋、泡菜、辣椒酱，撒入白芝麻即可。

食材绝招：老牛肉肉色深红、肉质较粗。嫩牛肉肉色浅红，肉质坚而细，富有弹性。

烹饪绝招：煮牛肉时放一个山楂，一块橘皮或一点茶叶，牛肉易烂。

保健功效：此面凉润鲜香，滋味丰富，并且牛肉有补中益气，滋养脾胃，强健筋骨，化痰息风，止渴止涎之功效。

清炖牛腩面

原料

面条200克，牛腩250克，白萝卜、胡萝卜各100克，香菜、姜丝各适量。

制作

① 胡萝卜、白萝卜均洗净，切滚刀块；牛腩切块，用滚水焯烫。

② 将牛腩、萝卜块、清炖汤底一起放入锅中，炖煮约40分钟。

③ 锅内注水烧沸，放入面条煮熟，捞出，倒入炖好的材料，加适量香菜和姜丝即可。

食材绝招：牛腩即牛腹部及靠近牛肋处的松软肌肉，以新鲜黄牛的牛腩为好。

烹饪绝招：煮面条时，在开水锅内放一小匙食用油，面条就不易粘连，而且面汤锅里的泡沫也不会容易外溢。

保健功效：色泽美观，口味鲜美。牛腩含有牛肉所含的各种营养成分，有补脾胃、益气血、强筋骨、消水肿的滋补养生功效，制成牛腩面，香而不腻，营养丰富。

三鲜面

原料

面条200克，鲜虾100克，韭菜、火腿丁、盐、鸡粉、胡椒粉、生抽、香油、色拉油各适量。

制作

① 面条煮熟，捞出过凉，沥干水分盛入碗中。

② 韭菜洗净切末；鲜虾洗净，去虾脚、虾线。

③ 锅内注油烧热，加盐、鸡粉、胡椒粉、生抽、香油调味，放鲜虾稍煮，撒韭菜末、火腿丁制成汤卤，浇在面条上即可。

食材绝招：色发红、身软、掉拖的虾不新鲜，尽量不吃，腐败变质虾不可食。

烹饪绝招：◎ 汤卤要现吃现做，不可提前做好存放使用。

◎ 煮挂面时要多加些水，因为挂面还有个"涨发"过程，要吸收一些水分。

保健功效：色泽艳丽，鲜香爽滑，营养丰富。虾肉质松软，易消化，对身体虚弱以及病后需要调养的人是极好的食物。

芸豆打卤面 🍴

原料

挂面300克，芸豆250克，猪肉100克，水发木耳25克，鸡蛋1个，香葱末、盐、鸡粉、生抽、蚝油、香油、色拉油各适量。

制作

① 芸豆洗净切丝；猪肉、木耳切丁；鸡蛋打散；挂面煮熟，捞出过凉。

② 锅中注油烧热，放香葱末、猪肉丁、芸豆丝煸炒，添开水，加盐、鸡粉、生抽、蚝油调味，开锅后，倒入鸡蛋液，淋入香油即可。

食材绝招：因芸豆籽粒中含有一种在高温下才能破坏的毒蛋白，必须熟透才能食用。

烹饪绝招：◎ 芸豆洗净切丝，若不便于操作的话，切成2厘米左右的小段也可。

　　　　　◎ 煮面的时候在锅底里有小气泡往上冒时下面条，然后搅动几下，盖好盖，等锅内水开了再适量添些凉水，等水沸了即熟。

保健功效：色泽碧绿，口味鲜美，制法简单。常食芸豆，可加速肌肤新陈代谢，缓解皮肤、头发的干燥。

杂菜拌荞麦面 🍴

原料

荞麦面条200克，鲜香菇50克，嫩青菜心50克，胡萝卜50克，精盐、味精、老抽、香油、花生油各适量。

制作

① 将鲜香菇去蒂洗净切片，青菜心洗净，胡萝卜洗净去皮，切粗丝，分别用沸水焯熟；面条煮熟，捞出过凉，沥去水分备用。

② 炒锅注油烧热，下香菇片、青菜心、胡萝卜煸炒，加盐、味精、老抽调味，放入面条，淋上香油拌均即可。

食材绝招：◎ 好的青菜，叶瓣完整，呈墨绿、青绿色，无虫害、无农药味，菜梗饱满。反之，其质量就差。

　　　　　◎ 上好的荞麦面，用手捏着一根面条的两端，轻轻弯曲，其弯度达到5厘米以上。

烹饪绝招：用青菜制作菜肴，炒、熬时间不宜过长，以免损失营养。

保健功效：此面香鲜，清爽，适口。青菜中含有大量胡萝卜素，并且还有丰富的维生素C，可促进皮肤细胞代谢，防止皮肤粗糙及色素沉着，使皮肤亮洁，延缓衰老。

翡翠凉面

原料

面条500克，金华火腿、黄瓜、虾米、鸡肉、榨菜各50克，盐、味精、香油、植物油、酱油、辣椒油、腐乳汁、醋、姜、芝麻酱、蒜各适量。

制作

① 面条煮熟，捞出沥干水分，加盐、味精、香油、植物油拌匀，冷藏；鸡肉煮熟切末；虾米、榨菜切末；火腿、黄瓜切丝；姜切末；蒜切泥。

② 将所有材料（包括辣椒油、芝麻酱）搅匀盛碟，和面拌匀食用。

食材绝招: 面条剩了不妨用凉水过一下，然后放上一些香油拌一下，放在冰箱里就不会黏在一起。

烹饪绝招: 买来的切面有时碱味很重，在面条快煮好的时候，加入几滴醋，可以使面条碱味全消，面条的颜色也会由黄变白。

保健功效: 此面色泽翠绿，在凉中透着清香，最宜夏天食用。面条易于消化吸收，有改善贫血、增强免疫力、平衡营养吸收等功效。

鸡汤面条

原料

鸡肉500克，面条250克，盐25克。

制作

① 鸡肉洗净切块，煮熟，肉捞出，汤撇清留用。

② 锅内注水烧滚，放入面条煮熟，捞出。

③ 将清汤、适量盐调匀，放入面条，在面条上放置鸡肉即可。

食材绝招: 新鲜的生鸡肉装在原始包装里，可以在冰箱冷藏室里最冷的地方保存长达两天。

烹饪绝招: ◎ 如果放入花椒、大料等厚味的调料，反而会把鸡的鲜味驱走或掩盖。

　　　　　◎ 煮面条时，水烧开后加少量盐，再下面条，面条不会烂掉还有嚼劲，开锅加冷水，水开3次后，面基本就熟了。

保健功效: 此面简单易做，味道清鲜。面条易于消化吸收，鸡肉蛋白质含量较高，营养丰富。

疙瘩汤 🍴

原料

方瓜250克，面粉100克，海蛎子、香葱末、精盐、鸡粉、生抽、色拉油各适量。

制作

① 将面粉内加入少许水，调成面疙瘩；方瓜处理干净，切成丁；海蛎子放入水中煮至开口，取肉切块。

② 锅内加少许底油烧热，爆香香葱末，放入切好的方瓜丁煸炒，放入精盐、鸡粉、生抽，倒入适量沸水。

③ 待水开后，倒入面疙瘩、海蛎子肉，再次煮沸后，出锅即可。

食材绝招：方瓜切开后再保存，容易从心部变质，所以最好用汤匙把内部掏空再用保鲜膜包好，这样放入冰箱冷藏可以存放5～6天。

烹饪绝招：将面粉内加入少许水，调成面疙瘩。要一边加水一边搅和，面疙瘩要小一点。

保健功效：此汤色泽黄白相间，口感滑爽，鲜香怡人。方瓜中含有丰富的锌，参与人体内核酸、蛋白质的合成，为人体生长发育的重要物质。

酸辣汤 🍲

原料

豆腐100克，冬菇、火腿各50克，猪瘦肉、鸡蛋、葱、淀粉、盐、味精、胡椒粉、醋、酱油、鸡汤、色拉油各适量。

制作

① 将豆腐、冬菇分别切成细丝；葱洗净切成葱花。

② 猪瘦肉切成细丝氽熟，与豆腐丝、冬菇丝一起放入锅内，添鸡汤，撒盐、味精，淋酱油烧沸，打去浮沫，勾芡，加打散的鸡蛋液制成汤。

③ 将胡椒粉、醋、色拉油、葱花放入汤碗内，将加工好的汤冲入碗内即成。

食材绝招：保存豆腐可将食盐化水煮沸，冷却后，便可将豆腐浸入，以全部浸没为准。

烹饪绝招：若没有冬菇的话，也可用平菇或猴头菇等来代替。

保健功效：此汤醒酒去腻，助消化。豆腐中所含丰富的大豆卵磷脂有益于神经、血管、大脑的发育生长，搭配富含营养的猪肉和冬菇，有补肝肾、健脾胃、益智安神、美容养颜之功效，更能有效预防感冒。

海鲜汤

原料

虾仁、海参、鱿鱼板、蟹肉、豆腐各50克，香菜末、葱粒、盐、湿淀粉、鸡蛋清、白胡椒粉、高汤、白醋、香油各适量。

制作

① 将虾仁、海参、鱿鱼板、蟹肉、豆腐分别切粒。

② 将切好的原料下锅焯水捞出。

③ 锅中添高汤，放入原料，加盐、胡椒粉、白醋调好味，用湿淀粉勾芡，淋入鸡蛋清，滴上香油出锅，撒上葱粒、香菜末即可。

食材绝招: 优质虾仁挑选摸起来有弹性，无腥臭味。

烹饪绝招: 香油可用也可不用，使用时注意控制香油的用量，香油味浓就会冲淡掩盖海鲜的美味。

保健功效: 本菜口味咸鲜，酸辣可口，营养丰富且开胃醒酒，更有补肾壮阳、通乳抗毒、养血固精、化瘀解毒、益气滋阳、通络止痛、开胃化痰等功效。

时蔬浓汤

原料

卷心菜、生菜各200克，红甜椒、鸡肉各150克，盐、味精、湿淀粉各适量。

制作

① 将卷心菜、生菜、红甜椒洗净切短丝，鸡肉切丝。

② 炒锅内加适量清水烧开，倒入卷心菜、生菜、红椒丝，边划散边烧开，再将鸡肉丝放入锅中，煮至熟软，加盐、味精调味，用湿淀粉勾芡即可。

食材绝招: 在同类型卷心菜中，应选菜球紧实的，用手摸去越硬实越好。同重量时体积小者为佳。

烹饪绝招: 将卷心菜、生菜、红甜椒、鸡肉切丝，都控制在2厘米左右长即可。

保健功效: 此汤营养丰富，易于消化吸收，特别适宜儿童食用。卷心菜的防衰老、抗氧化的效果与芦笋、菜花同样处在较高的水平。

萝卜排骨汤

原料

白萝卜300克，排骨250克，洋葱3个，鸡蛋1个，老姜、香菜段、盐、料酒各适量。

制作

① 将排骨洗净切均匀小段，下沸水锅汆烫后备用；白萝卜洗净切大块，洋葱洗净切块，鸡蛋打成蛋液备用。

② 将排骨放入锅中，加适量水，大火煮沸后撇去浮沫，加老姜、料酒，转小火煮30分钟，再下萝卜块、洋葱块，煮约90分钟。

③ 转大火，加入蛋液、盐调味，撒上香菜段即可。

食材绝招：白萝卜要选择那种通体都是白的，而根部发青、带有点辣味的萝卜，不算是真正的白萝卜。

烹饪绝招：小火慢煮，可将排骨、萝卜的营养成分溶解在汤中。

保健功效：此汤鲜美不腻。萝卜含有能诱导人体自身产生干扰素的多种微量元素，可增强机体免疫力，并能抑制癌细胞的生长。

海米萝卜汤

原料

白萝卜100克，海米、葱末、清汤、盐、料酒、花生油各少许。

制作

① 将白萝卜洗净去皮，切成细丝；海米洗净。

② 炒锅注油烧热，下入葱末炝锅，随即加入料酒、萝卜丝、海米略炒。

③ 注入清汤烧开，加入盐调味，撇去浮沫即成。

食材绝招：萝卜皮细嫩光滑，用手指背弹碰其腰部，声音沉重、结实者不糠心，如声音混浊则多为糠心。

烹饪绝招：要先将海米的香味炒出来，再下入萝卜炒软。

保健功效：此汤味道鲜美，营养丰富。常吃萝卜可降低血脂、软化血管、稳定血压，预防冠心病、动脉硬化、胆石症等疾病。

菠菜豆腐汤 🍴

原料 ▶

菠菜100克，豆腐1块，姜、盐、鲜汤、香油、色拉油各适量。

制作 ▶

① 将豆腐洗净切成1.5厘米见方的小块，姜切丝。
② 菠菜择洗净，切成段，放入沸水锅中迅速焯烫，捞出沥干。
③ 炒锅注油烧热，下入姜丝爆香，放入豆腐、菠菜炒香，加入鲜汤、水、盐烧至入味，淋入香油，起锅装盘即可。

食材绝招: 选购菠菜不管什么品种，都是叶柄短、根小色红、叶色深绿的好。但在冬季，叶色泛红，表示经受霜冻锻炼，吃入口更为软糯香甜。

烹饪绝招: 菠菜放入沸水锅中迅速焯烫捞出，可以有效去掉菠菜的涩味。

保健功效: 此汤鲜香色艳。菠菜含有大量的植物粗纤维，具有促进肠道蠕动的作用，利于排便，且能促进胰腺分泌，帮助消化。

虾皮萝卜汤 🍽

原料 ▶

白萝卜250克，水发木耳50克，虾皮10克，盐5克，白糖少许。

制作 ▶

① 白萝卜去皮，洗净，切成薄片；木耳去蒂，撕成小朵。
② 锅置火上，倒入适量水煮开。
③ 下入白萝卜片、木耳，煮至白萝卜软烂，加盐、白糖调味，放入虾皮煮开即可。

食材绝招: 新鲜白萝卜掂起来比较重，捏起来表面比较硬实，反之，则表明白萝卜不新鲜。

烹饪绝招: ◎ 白萝卜切成薄片，要尽可能的薄，木耳去蒂，撕成小朵也要尽可能的小。
　　　　　 ◎ 制汤以陈年瓦罐煨的效果最佳。

保健功效: 汤味清鲜。萝卜中的淀粉酶能分解食物中的淀粉、脂肪、使之得到充分的吸收。

虾皮菠菜粉丝汤 🍽

原料 ▶

菠菜150克，粉丝25克，虾皮15克，盐、胡椒粉各适量。

制作 ▶

① 将菠菜择洗净切段。

② 粉丝用温水泡软。

③ 锅中注入适量水，把虾皮、粉丝、菠菜一同放入锅中煮沸，加盐、胡椒粉即可。

食材绝招：选购的菠菜，叶子宜厚，伸张得很好，叶宽，而叶柄则要短。如外部有变色现象，要予以剔除。

烹饪绝招：投放食材的顺序是，先放虾皮，再放粉丝，最后加入菠菜；煮沸后随即捞出，避免过熟。

保健功效：此汤鲜美不腻。菠菜含有能诱导人体自身产生干扰素的多种微量元素，可增强机体免疫力，并能抑制癌细胞的生长。

双菇辣汤鸡 🍽

原料 ▶

净小公鸡1只，草菇、滑子菇各100克，葱、姜、尖椒、干椒丝、八角、甜面酱、盐、糖、鸡粉、鸡鲜汤、料酒、老抽、花生油各适量。

制作 ▶

① 将小公鸡洗净剁成小块；草菇切两半；尖椒切条。

② 锅中添水烧开，倒鸡块煮沸，去除血分，倒出冲凉。

③ 炒锅注油烧热，下入八角、葱、姜、干椒丝、甜面酱，放入鸡块炒香，加入料酒、鸡鲜汤、盐、老抽，倒入高压锅煮约12分钟，加鸡粉调味，放入尖椒烧开即可。

食材绝招：鸡的毛色油亮、精神饱满、体格健硕、昂首挺胸、具有攻击性，这样的鸡买回来吃的时候肉质紧凑，口感鲜而不腻。

烹饪绝招：锅中添水烧开，倒鸡块煮沸，不可煮的时间过长。

保健功效：色泽红亮，汤辣味浓。公鸡温补作用较强，比较适合阳虚气弱患者食用，对于肾阳不足所致的小便频密、耳聋、精少精冷等症有很好的辅助疗效。

雪菜黄鱼汤 🍴

原料

黄鱼1条，雪菜100克，葱段、盐、料酒、色拉油各适量。

制作

① 将黄鱼剖开洗净，分别在鱼身两侧剞上波浪花刀；雪菜切成末。

② 炒锅注油烧热，投入黄鱼，煎至两面金黄，烹入料酒，加盖略焖。

③ 再加入清水，用旺火烧沸，加盖用文火焖10分钟，至汤呈乳白色时加入雪菜、盐和葱段，再用旺火烧沸，起锅装入大汤碗中即可。

食材绝招： 新鲜的黄鱼嘴比较干净，次品鱼嘴里会比较脏，选购时可捏开嘴看一下。

烹饪绝招： 油量需多一些，以免将黄鱼肉煎散，同时煎的时间也不宜过长，以免将鱼肉煎老。

保健功效： 此汤鲜香适口。黄鱼含有丰富的微量元素硒，能清除人体代谢产生的自由基，能延缓衰老，并对各种癌症有防治功效。

黄豆芽排骨豆腐汤 🍴

原料

小排骨300克，嫩豆腐1盒，黄豆芽200克，青葱段、姜片、盐、胡椒粉、高汤各适量。

制作

① 将黄豆芽择洗净，嫩豆腐切成小方块。

② 小排骨洗净切小块，放入开水锅中烫片刻，捞出备用。

③ 汤锅入高汤煮开，先放入小排骨、黄豆芽与姜片，烧开后，转小火煮30分钟，最后加入豆腐块煮10分钟，加盐、胡椒粉调味，撒上葱段即可。

食材绝招： 排骨烹调前莫用热水清洗，若用热水浸泡就会散失很多营养，同时口味也欠佳。

烹饪绝招： ◎ 此汤要清炖，不可放入酱油。

◎ 熬汤时不宜先放盐。

保健功效： 此汤鲜辣适口。小排骨提供丰富的钙质可维护骨骼健康。

蔬菜大酱汤

原料

土豆300克，黄豆芽、青椒、红椒各50克，大酱150克，辣椒酱、蜂蜜、香油各适量。

制作

① 将土豆去皮洗净切成丁，黄豆芽洗净，青红椒洗净去籽切片。

② 大酱加入水、辣椒酱、蜂蜜拌匀。

③ 炒锅烧热注入香油，下土豆丁、黄豆芽炒香，放入拌好的大酱烧煮。

④ 煮至汤汁浓时，放入青红椒片即可。

食材绝招: 土豆的适宜储藏温度为3～5℃，相对湿度90%左右，此时块茎不易发芽或发芽很少，也不易皱缩。

烹饪绝招: 煨汤的要诀是: 旺火烧沸，小火慢煨。这样才能使原料内的蛋白质浸出物等鲜香物质尽可能地溶解出来，以便达到鲜醇味美的目的。只有文火才能使浸出物溶解得更多，使汤味浓醇。

保健功效: 汤味香浓，鲜辣爽口。土豆含有丰富的维生素及钙、钾等微量元素，且易于消化吸收，营养丰富。

萝卜蛋花汤

原料

白萝卜250克，鸡蛋2个，大蒜、盐、香油、清汤、色拉油各适量。

制作

① 将鸡蛋打入碗内搅匀，大蒜切末；白萝卜去头尾洗净，切细丝。

② 炒锅加油烧热，下入蒜末爆香，加入白萝卜丝翻炒，添入适量清汤烧开。

③ 淋入鸡蛋液煮开，淋上香油，加盐调味即成。

食材绝招: 萝卜最好能带泥储放，若室内气温不是太高，置于阴凉通风处即可。

烹饪绝招: 调味料的量可根据个人的口味来定，要保持清淡味鲜。

保健功效: 此汤健脾消食，男女老幼皆宜。鸡蛋富含DHA和卵磷脂、B族维生素、卵黄素，对神经系统和身体发育有利，能健脑益智，改善记忆力，并促进肝细胞再生。

小鸡炖蘑菇

原料

仔鸡1只，蘑菇100克，葱片、姜片、大料、干红辣椒、盐、糖、酱油、料酒、色拉油各适量。

制作

① 将仔鸡洗净，剁成小块。
② 将蘑菇用温水泡30分钟，洗净切成片。
③ 炒锅注油烧热，下入鸡块翻炒至变色，加入葱片、姜片、大料、干红辣椒、盐、糖、酱油、料酒炒匀，添入适量水炖10分钟，放入蘑菇，中火炖40分钟即成。

食材绝招: 仔鸡即体重约1磅重的宴席上用的小鸡，肉嫩味美。

烹饪绝招: 使用新鲜的仔鸡可以使汤的味道更鲜香，新鲜并不是历来所讲究的"肉吃鲜杀鱼吃跳"的"时鲜"。 现代所讲的鲜，是指鱼、畜禽杀死后3～5小时，此时鱼或禽肉的各种酶使蛋白质、脂肪等分解为氨基酸、脂肪酸等人体易于吸收的物质，此时不但营养最丰富，味道也最好。

保健功效: 此汤营养丰富，温中益气，活血祛寒，强健筋骨。

栗香鸡煲

原料

鸡块300克，栗子仁150克，水发冬笋、水发冬菇各25克，葱段、姜片、盐、糖、料酒、酱油、香油、高汤、色拉油各适量。

制作

① 鸡块焯烫后，捞出洗净；冬菇、冬笋切成丝。
② 锅中注油烧热，放入鸡块、栗子仁炒变色，加葱段、姜片、料酒、酱油、糖翻炒。
③ 添高汤烧沸，撇去浮沫，转小火焖40分钟，加冬菇丝、冬笋丝焖2分钟，撒盐调味，淋入香油即可。

食材绝招: 选购栗子要先看颜色，外壳鲜红、带褐、紫、褚等色、颗粒光泽的，品质一般较好。

烹饪绝招: 用刀将板栗切成两瓣，去掉外壳后放入盆里，加上开水浸泡一会儿后用筷子搅拌，板栗皮就会脱去。

保健功效: 此煲补胃健脾，强筋骨，增强体力。栗子还含有丰富的维生素C，能够维持牙齿、骨骼、血管肌肉的正常功用。

枸杞炖乳鸽

原料

净乳鸽1只，枸杞子25克，姜片、盐、料酒各适量。

制作

① 将乳鸽洗净，放入沸水锅汆一下，捞出切块。

② 将乳鸽放入炖锅，加入清水、枸杞子，旺火烧开。

③ 撇去浮沫，加料酒、姜片、盐，用小火炖至熟烂即可。

食材绝招： 选购乳鸽时以皮肤无红色充血痕迹，肌肉有弹性，经指压后凹陷部位立即恢复原位，表皮和肌肉切面有光泽，无异味者为佳。

烹饪绝招： 第三步撇去浮沫加入调料后，一定要用小火炖至熟烂。只有文火才能使浸出物溶解得更多，使汤味浓醇。

保健功效： 本菜补益气血，强身健体。鸽肉味咸、性平、无毒；具有滋补肝肾之作用，还可以补气血。

草鱼苹果瘦肉汤

原料

苹果2个，猪瘦肉150克，草鱼100克，红枣、生姜、盐、胡椒粉、料酒、清汤、色拉油各适量。

制作

① 将苹果去核、去皮，切成瓣，放入清水中略泡；草鱼宰杀，去内脏，洗净，切成块；猪瘦肉切成大片，红枣泡洗干净，生姜去皮切片。

② 炒锅注油烧热，下入姜片、鱼块，用小火煎至两面稍黄，加入料酒、瘦肉片、红枣，添入清汤，用中火炖煮。待汤稍白，加入苹果瓣，撒入盐、胡椒粉，炖20分钟即可。

食材绝招： 将草鱼洗剖干净后抹少许盐腌渍4小时，春秋天可放存一周时间，冬天则更长。

烹饪绝招： 制作过程第二步里加入料酒、瘦肉片、红枣，添入清汤，用中火炖煮，火候不能太大，以免把鱼肉煮散。

保健功效： 此汤清鲜，补心养气，补肾益肝。经常食用有抗衰老、养颜的功效，而且对肿瘤也有一定的防治作用。

莲子安神汤

原料

红豆、莲子各50克，干百合、陈皮、冰糖各适量。

制作

① 将红豆、莲子、百合、陈皮洗净，用清水浸泡2小时，放入清水锅中大火煮开。

② 改小火煮2小时，再用大火煮30分钟，待红豆起沙，加入冰糖，煮10分钟即可。

食材绝招：选购莲子要挑颗粒饱满圆润的，颜色是米黄色，使用时注意除去了莲子心。

烹饪绝招：若将莲子先洗一下，然后放入开水中，加入适量老碱，搅拌均匀后稍闷片刻，用力揉搓，即可很快去除莲子皮。

保健功效：此汤补脾益肾，养心安神，补血，利尿，消肿。莲子心所含生物碱具有显著的强心作用，莲心碱则有较强抗钙及抗心律不齐的作用。

南瓜莲子汤

原料

小南瓜1个，莲子50克，巴戟天25克，老姜3片，冰糖、盐各适量。

制作

① 将南瓜洗净，去皮、去瓤，切成块。

② 莲子洗净泡软。

③ 开水锅中放入南瓜、莲子、巴戟天、老姜，小火煮约2小时后，加入冰糖，大火煮10分钟，加盐调味即可。

食材绝招：南瓜要挑选外形完整，表面有损伤、虫害或斑点的不宜选购，并且最好是瓜梗蒂连着瓜身，这样的南瓜说明新鲜，可长时间保存。

烹饪绝招：莲子一定要泡软再煮，而且要用凉水，不可用温水或热水。

保健功效：南瓜所含成分能促进胆汁分泌，加强胃肠蠕动，帮助食物消化。此汤益气生津，健脾补肾，健脑益智。

海米冬瓜汤

原料

冬瓜400克，海米25克，葱花、盐、味精、鲜汤、香油、色拉油各适量。

制作

① 将冬瓜洗净去皮、去瓤，切成片；海米洗净，用温水浸发。

② 锅中放入鲜汤、色拉油烧开，加入冬瓜片、海米、盐，煮至冬瓜熟。

③ 加入葱花、味精拌匀，淋入香油，盛入汤碗即可。

食材绝招：选购冬瓜时，种子已成熟变黄褐色的冬瓜口感好；种子白色幼嫩的，肉质松散，煮熟后变成"1包水"，则口感差。

烹饪绝招：海米洗净，用温水浸发，最好不要用凉水或热水来替代。

保健功效：此汤清淡鲜香，清暑热，在夏日饮用尤为适宜。冬瓜不含脂肪，热量不高，对于防止人体发胖具有重要意义，还可以有助于体形健美。

冬瓜瘦肉汤

原料

冬瓜300克，猪瘦肉100克，瑶柱、老姜片、香菜段、盐各适量。

制作

① 将冬瓜洗净去皮、去瓤，切块。

② 猪瘦肉洗净切丁，放入沸水锅中焯过；瑶柱浸泡备用。

③ 将冬瓜、瘦肉、瑶柱、姜片放入开水锅中，小火煲约1小时，加盐调味，撒上香菜段即可。

食材绝招：选购时以黑皮冬瓜为佳。这种冬瓜果形如炮弹，选瓜条匀称、无日光的伤斑。

烹饪绝招：冬瓜切成3厘米左右的块，第三步一定是要用小火慢煲，不可急火快攻。

保健功效：此汤清香味鲜，健脾胃，祛暑生津。猪肉有补中益气的功效，冬瓜能防止身体发胖，有清热利尿、消肿轻身的作用，二者搭配，能清热排毒、美容养颜。

冬瓜枸杞汤

原料

冬瓜300克，枸杞10克，盐、鸡精、味精、糖各适量。

制作

① 将冬瓜洗净去皮、去瓤，挖成球。
② 枸杞泡软。
③ 锅中放入清水、冬瓜烧开，加入枸杞，煮3分钟，调入盐、鸡精、味精、糖即可。

食材绝招: 凡个体较大、肉厚湿润、表皮有一层粉末、体重、肉质结实、质地细嫩的冬瓜均为质量好的冬瓜，反之，其质量就差。

烹饪绝招: 将冬瓜挖成球应该有专门的工具，枸杞一定要泡软。

保健功效: 此汤醇和微甜，活血养颜。冬瓜和枸杞都为补品，所煮之汤自是上品。冬瓜是一种解热利尿比较理想的日常食物，连皮一起煮汤，效果更明显。

消暑苦瓜汤

原料

苦瓜500克，水发香菇100克，冬笋100克，鲜汤、盐各适量。

制作

① 将苦瓜去蒂、瓤、切成厚片，冬笋切薄片，香菇去蒂切薄片。
② 锅中加清水烧开，下入苦瓜片焯烫，沥干水分。
③ 锅中注油烧至七成热，下入苦瓜片略炒，倒入鲜汤烧开，放入冬笋片、香菇片煮至熟软，加盐调味即可。

食材绝招: 将切好的苦瓜片撒上盐腌渍一会儿，然后将水滤掉，可减轻苦味。或把苦瓜切开，用盐稍腌片刻，然后炒食，即可减轻苦味，而且苦瓜的风味犹存。

烹饪绝招: 将苦瓜剖开、去籽，切成丝条，然后再用凉水漂洗，边洗边用手轻轻捏，洗一会儿后换水再洗，如此反复漂洗三四次，苦汁就随水流失，苦味也就去除了。

保健功效: 此汤鲜咸适口，利尿活血，退热消暑，降血糖。

金针菇鸡丝汤

原料

鲜金针菇200克，熟鸡丝50克，盐、味精、高汤、色拉油各适量。

制作

① 将鲜金针菇洗净，切成长段，放入沸水锅中烫片刻，捞出过凉。

② 锅中放入色拉油、高汤、鲜金针菇、熟鸡丝烧沸，加盐、味精调味，起锅倒入汤碗中即可。

食材绝招：把新鲜的金针菇放在一张干净的白纸上卷紧挤出里面的空气，然后用保鲜膜包紧放入冷藏柜可存放一周不变色。

烹饪绝招：将鲜金针菇切成长段，只需在金针菇上切上两刀分为三段即可，放入沸水锅中烫片刻，不可过久。

保健功效：金针菇能有效地增强机体的生物活性，搭配鸡丝能促进体内新陈代谢，有利于食物中各种营养素的吸收和利用，对生长发育也大有益处。此汤鲜香细嫩，减脂瘦身。

萝卜粉丝汤

原料

白萝卜150克，粉丝、盐、味精、胡椒粉、猪油各适量。

制作

① 将白萝卜洗净，切成丝。

② 粉丝放入温水中泡软，切成段。

③ 锅中加适量水烧开，放入白萝卜丝、粉丝、猪油烧开，加入盐、味精、胡椒粉调味即可。

食材绝招：优质粉丝，色泽洁白，带有光泽。较差粉丝，色泽稍暗或微泛淡褐色，微有光泽。劣质粉丝，泽灰暗，无光泽。

烹饪绝招：使用动物性油脂——猪油与粉丝搭配时，可获得其他调料难以达到的美味。

保健功效：此汤清香淡雅，鲜咸微辣，能开胃顺气，增强抵抗力。

银耳红枣汤

原料

红枣100克，银耳50克，糖、糖桂花各适量。

制作

① 将银耳用温水泡软，去蒂、去杂质，撕成小朵。
② 红枣用冷水泡软。
③ 锅中放入银耳、红枣、清水，大火烧沸，转小火焖至银耳酥烂，加入糖、少量糖桂花略煮，起锅倒入碗中即成。

食材绝招：好的大枣皮色紫红，颗粒大而均匀、果形短壮圆整，皱纹少，痕迹浅；皮薄核小，肉质厚而细实；如果皱纹多，痕迹深，果形凹瘪，则肉质差和未成熟。

烹饪绝招：枣皮中含有丰富的营养素，炖汤时应连皮一起烹调。

保健功效：此汤口感滑润，香甜醇美，健脑补肾，补血养颜。

苦瓜鲫鱼汤

原料

净鲫鱼肉400克，苦瓜250克，糖、盐、醋各适量。

制作

① 将净鲫鱼肉用餐巾纸吸干水分，切成片。
② 苦瓜洗净，一切两半，去瓤、去籽，用开水烫一下，捞出切片。
③ 汤锅添清水用旺火烧开，放入鱼片及苦瓜片，加醋、糖、盐调味，用文火煮5分钟即可起锅。

食材绝招：如活鱼行动迟缓，不能立背游动，身上有伤残、缺鳞或外形不正常的均为次品。

烹饪绝招：鲫鱼剖开洗净，在牛奶中泡一会儿既可除腥，又能增加鲜味。

保健功效：苦瓜蛋白质成分及大量维生素C能提高机体的免疫功能，鲫鱼所含的蛋白质质优、齐全、易于消化吸收，二者搭配，不但汤味鲜咸适口，更具有健脾利湿，消热解毒的养生功效。

肉丝豆苗汤

原料

豌豆苗150克，猪瘦肉100克，草菇10朵，姜丝、盐、料酒、色拉油各少许。

制作

① 将草菇浸软挤水，豌豆苗洗净。

② 瘦肉切丝，加盐、料酒腌10分钟。

③ 炒锅注油烧热，下姜丝爆香，加入适量水、草菇煮滚，放入肉丝、豆苗煮熟，撒盐调味即成。

食材绝招: 选购豌豆苗，以茎精叶大、新鲜肥嫩的为最优。

烹饪绝招: ◎草菇一定要浸软并且水要挤干净。

◎豌豆苗应择洗净，去除根和附带的泥沙。

保健功效: 汤鲜清香，有清肠作用。豆苗和猪肉同食，对预防糖尿病有较好的作用。

番茄肉丝汤

原料

番茄150克，猪肉100克，葱末、姜丝、清汤、盐、味精、香油、花生油各适量。

制作

① 将猪肉洗净，切成肉丝。

② 番茄洗净去皮，切成小块。

③ 炒锅注油烧至四成热，下葱末和姜丝炝锅，放入清汤和肉丝旺火烧开，加入番茄块烧开，撒味精调味，淋入香油即成。

食材绝招: 品质良好的番茄果形周整，无裂口、虫咬，成熟适度，甜酸适口，果肉厚，心室小。

烹饪绝招: ◎ 烧煮时稍加些醋，就能破坏其中的有害物质番茄碱。

◎ 用刀背刮拭番茄表面，或用开水烫番茄，均能轻松去掉番茄皮。

保健功效: 不但肉嫩汤鲜，而且还有生津止渴，健胃消食，凉血平肝，清热解毒，降低血压的功效。

西芹茄子瘦肉汤

原料

茄子200克，猪瘦肉、西芹各150克，红枣4个，姜片、盐各适量。

制作

① 将西芹洗净切段，茄子洗净切块，红枣去核洗净，瘦肉洗净切片。

② 瓦煲内添适量开水，倒入西芹、茄子、红枣、瘦肉片、姜片烧沸，中火煮约1小时，加盐调味即成。

食材绝招：嫩茄子颜色乌黑，皮薄肉松，重量小，籽嫩味甜，籽肉不易分离，花萼下面有一片绿白色的皮。

烹饪绝招：茄子切成块或片后，由于氧化作用会很快由白变褐。如果将切成块的茄子立即放入水中浸泡起来，待做菜时再捞起滤干，就可避免茄子变色。

保健功效：此汤悦色养颜，预防高血压，并有防止出血和抗衰老功能。

排骨南瓜汤

原料

老南瓜500克，猪排骨(大排)300克，赤小豆50克，蜜枣、陈皮、盐各适量。

制作

① 将猪排骨洗净，斩段，南瓜洗净切大片，赤小豆、蜜枣洗净，陈皮浸软洗净。

② 将所有原料放入汤锅，添入适量清水，大火烧开，改用小火煮至熟烂汤浓，加盐调味即可。

食材绝招：南瓜的皮含有丰富的胡萝卜素和维生素，所以最好连皮一起食用，如果皮较硬，就连刀将硬的部分削去再食用。

烹饪绝招：选料得当是制好这道鲜汤的关键，应使用鲜味足、血污少的猪排骨。

保健功效：汤鲜味美，含有丰富的蛋白质、琥珀酸、氨基酸、核苷酸等。此汤能有效防治高血压、滋养肝脏，尤其适宜肥胖者、糖尿病患者和中老年人食用。

腰花核桃仁汤

原料

猪腰500克，核桃仁300克，栗子、猪瘦肉、姜片、盐各适量。

制作

① 将栗子去壳、去皮；猪腰剖开，去腰臊，打上花刀切块，汆水，捞出。

② 猪瘦肉切成大块，汆水，捞出洗去血水。

③ 锅中注水烧沸，放入猪腰块、瘦肉块、栗子、核桃仁、姜片煮沸，转小火煮约3小时，加盐调味即可。

食材绝招：新鲜的猪腰子呈浅红色，表面有一层薄膜，有光泽、柔润，具有弹性。

烹饪绝招：猪腰子切片后，为去臊味，用葱姜汁泡约2小时，换两次清水，泡至腰片发白膨胀即成。

保健功效：猪腰具有补肾气、通膀胱、消积滞、止消渴之功效；核桃有补肾强腰，固精缩尿、定喘润肠、黑须发的功效。二者搭配熬成此汤，可健脾肾，固精缩尿，益气强心，能治神经衰弱、头昏、失眠、健忘、心悸、食欲不振、腰膝酸软、须发早白等症。

香菇凤爪汤

原料

嫩鸡爪10只，水发香菇片50克，花生仁25克，鸡清汤、葱段、姜片、火腿片、料酒、盐、味精各适量。

制作

① 将花生仁用水略泡，去皮。

② 将鸡爪剔去小骨，放入沸水锅焯水洗净。

③ 沙锅中放入鸡爪、鸡清汤煮沸，加入香菇片、火腿片、花生仁、盐、葱段、姜片煮至鸡爪熟烂，拣去葱姜，撒入味精即可。

食材绝招：鲜香菇应在低温下透气存放，保存最好不超过3天。干香菇则要密封，放于避风阴凉处，注意防潮。

烹饪绝招：火腿片可适当地放的晚些，因为它不如香菇片那么经得起煮。

保健功效：汤质鲜香，鸡爪酥烂，活血养颜，强筋壮骨。

萝卜鸭肫汤

原 料

鸭肫200克，白萝卜1根，老姜、香菜段、盐各适量。

制 作

① 将新鲜鸭肫剖开洗净，切均匀块。

② 将大白萝卜洗净切块。

③ 将鸭肫、白萝卜块放入锅内，大火煮开，加入老姜，用小火煮约2小时，撒香菜段、盐调味即可。

食材绝招：鲜鸭肫清洗时要剥去内壁黄皮。

烹饪绝招：小火慢煮是制作此汤的关键，这样才能使原料内的蛋白质浸出物等鲜香物质尽可能地溶解出来。

保健功效：此汤开胃消食，润燥化气，清热解毒。鸭肫含有丰富的蛋白质，其脂肪富含不饱和脂肪酸，是老年人、心血管疾病者良好的高蛋白食品。再配以有补五脏、益气血的萝卜，效果更佳。

莲藕乳鸽汤

原 料

净乳鸽1只，莲藕50克，红枣6粒，老姜、陈皮、盐各适量。

制 作

① 将乳鸽用沸水烫过，切成块；红枣洗净去核。

② 莲藕洗净切成片，陈皮洗净。

③ 锅中注水烧开，放入全部原料，慢火煲3小时左右，加盐调味即可。

食材绝招：鸽子肉味鲜美，营养丰富，对老年人、体虚病弱者、手术病人、孕妇及儿童非常适合。

烹饪绝招：煮藕时忌用铁器，以免致使食物发黑。没切过的莲藕可在室温中放置一周的时间，但因莲藕容易变黑，切面孔的部分容易腐烂，所以切过的莲藕要在切口处覆以保鲜膜，冷藏保鲜一个星期左右。

保健功效：此汤养血健脾，开胃行气。乳鸽含有较多的支链氨基酸和精氨酸可促进体内蛋白质的合成，加快创伤愈合，对身体恢复很有益处。

花生猪蹄汤

原料

猪蹄500克，花生仁50克，盐适量。

制作

① 将猪蹄刮洗干净，花生仁洗净。

② 锅内注水烧沸，放入猪蹄和花生仁，大火煮沸，改小火煎煮至猪蹄熟烂。

③ 加盐调味即可。

食材绝招：在盛花生米的容器或塑料袋中，放上一两支香烟，把口封紧，别漏气，即可保存好花生。

烹饪绝招：猪蹄含有胶质，要及时转动，防止糊锅底。

保健功效：此汤美容养颜，催奶滋补。花生中的不饱和脂肪酸有降低胆固醇的作用，有助于防治动脉硬化、高血压和冠心病。

黄花木耳猪蹄汤

原料

猪蹄500克，黄花菜、木耳各25克，姜片、盐、味精、胡椒粉各适量。

制作

① 猪蹄刮洗干净，入冷水锅煮沸，去除浮沫，捞出洗净；黄花菜、木耳洗干净。

② 汤锅内添适量清水，下入姜片，放猪蹄煮沸，改用小火煨至肉熟骨脱。

③ 加入黄花菜、木耳，大火烧沸，再煨约10分钟，撒盐、味精、胡椒粉调味即可。

食材绝招：黄花菜颜色亮黄，条长而粗壮，粗细均匀者为优质；颜色深黄并略显微红，条形短瘦，不甚均匀者质量次之。

烹饪绝招：黄花菜吃之前先用开水焯一下，再用凉水浸泡2小时以上，食用时火力要大，彻底加热。

保健功效：此汤醇厚香浓，营养丰富，黄花菜有较好的健脑、抗衰老滋补的功效。

番茄土豆牛尾汤

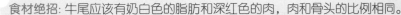

原料

净牛尾300克，胡萝卜、土豆、番茄各100克，洋葱25克，姜、盐、白糖、酱油各适量。

制作

① 牛尾洗净斩块，土豆、胡萝卜去皮，切件；番茄、洋葱洗净，切开。

② 锅内添适量清水烧滚，放入牛尾煲2小时，加入胡萝卜、姜煲30分钟，放入土豆煲熟。

③ 放入番茄、洋葱慢慢煲滚，加盐、白糖、酱油调味即可。

食材绝招: 牛尾应该有奶白色的脂肪和深红色的肉，肉和骨头的比例相同。

烹饪绝招: 应选购加工好的净牛尾，可先入开水焯烫一下，再入锅煮，以去掉杂质。

保健功效: 牛尾具有补气、养血、强筋骨的功效；土豆具有和胃调中、益气健脾、强身益肾、消炎、活血消肿等功效；胡萝卜具有下气补中、降压、强心、降糖作用；番茄有助于胃液对脂肪及蛋白质的消化；搭配熬煮成汤，滋味浓厚，颇具营养。

萝卜牛腱汤

原料

牛腱子肉250克，黄瓜、胡萝卜各200克，章鱼50克，枣25克，冰糖、盐各适量。

制作

① 胡萝卜去皮洗净切块；黄瓜洗净切块；红枣去核洗净；章鱼用水浸透，洗净；牛腱子肉放入开水锅中煮片刻，取出用凉水冲净。

② 锅内添适量清水烧沸，放入黄瓜块、胡萝卜块、红枣、章鱼、牛腱子肉，用小火煲3小时。

③ 汤将煲好时加冰糖，煲好后加盐调味。

食材绝招: 牛腱子肉受风吹后易变黑，进而变质，因此要注意保管。

烹饪绝招: 用啤酒来炖煮牛腱子肉，可使肉质变得柔嫩，同时啤酒花的苦味也可消除肉类的腥味。

保健功效: 萝卜性凉，味辛甘，可消积滞、化痰清热、下气宽中、解毒；牛肉有补中益气，滋养脾胃，强健筋骨的功效。搭配熬煮成汤，口感软嫩鲜美，滋味浓厚，营养丰富。

荞麦白果竹丝鸡汤 🍴

原料

竹丝鸡（乌骨鸡）300克，荞麦100克，白果、芡实、车前子各25克，生姜、红枣、盐各适量。

制作

① 荞麦、芡实淘洗净；车前子洗净用布包好，生姜洗净，红枣去核洗净，白果去壳取肉，竹丝鸡洗净剁块。

② 锅内添适量清水，放入竹丝鸡、荞麦、白果、芡实、车前子、生姜、红枣用大火煮沸，转小火煲至熟烂。

③ 加盐调味即可。

食材绝招：选择体型较大、骨色深重的乌鸡，注意乌鸡的羽毛是白色的。

烹饪绝招：煲汤的加盐调味要放在将离火出锅时，不可提前，如果提前会影响口味质量。

保健功效：竹丝鸡肉中含氨基酸高于普通鸡，而且含铁元素也比普通鸡高很多，是营养价值极高的滋补品。此汤清热祛湿，健脾止带。

鲫鱼赤小豆汤 🍴

原料

鲫鱼250克，赤小豆100克，料酒25克，大葱、姜、盐各适量。

制作

① 鲫鱼留鳞去内脏，撕下颌下硬皮，洗净，加入料酒渍片刻；姜切片，葱切成段。

② 锅内添适量清水，放入赤小豆用小火慢煮至六七成熟，放入鲫鱼、姜片、葱段煮成汤。

③ 加少许盐调味即可。

食材绝招：皮薄的赤小豆是品质较好的，皮越薄其含铁量越高，营养也越丰富。

烹饪绝招：这道汤以瓦罐煨的效果最佳。瓦罐能使汤更鲜香，滋味更鲜醇，质地更酥烂。

保健功效：此汤鲜浓味美，小豆软烂。赤小豆有较多的膳食纤维，具有良好的润肠通便、降血压、降血脂、调节血糖、解毒抗癌、预防结石、健美减肥的作用。

萝卜丝鲫鱼汤

原料

鲫鱼500克，白萝卜200克，大葱、姜、味精、盐、料酒、色拉油各适量。

制作

① 鲫鱼去鳞、鳃及内脏，洗净，鱼身两面划花刀；白萝卜去皮，切成细丝；葱切长段，姜切细丝。

② 炒锅注油烧热，放入鲫鱼煎至两面金黄，加入清水、葱段、姜丝、萝卜丝、味精、盐、料酒，用小火煮10分钟。

③ 拣出葱段，盛于汤碗中即可。

食材绝招：用手指按压鱼体，有硬度及弹性，手抬起后，肌肉迅速复原的为新鲜鱼。凹陷深而缺乏弹性的则不新鲜。

烹饪绝招：鱼身两面划花刀，不可划的过深或过密，鲫鱼煎至两面呈黄色时即加入清水，而不可错过时机。

保健功效：此汤营养丰富，滋味美妙。鲫鱼汤不但味香汤鲜，而且具有较强的滋补作用。

竹笋西瓜皮鲤鱼汤

原料

鲤鱼500克，竹笋、西瓜皮各300克，眉豆50克，红枣、生姜、盐、味精各适量。

制作

① 竹笋去壳、去皮切片，水浸1天；鲤鱼去鳃、内脏，留鳞洗净；眉豆洗净，西瓜皮洗净切块，生姜洗净切片，红枣去核洗净。

② 把鲤鱼、竹笋、西瓜皮、眉豆、生姜、红枣放入开水锅内，大火煮沸，小火煲2小时。

③ 加盐、味精调味即可。

食材绝招：春笋是春季出芽长出地面的笋，应挑选粗短，紫皮带茸，肉为白色，形如鞭子的为好。

烹饪绝招：靠近笋尖部的地方宜顺切，下部宜横切，这样烹制时不但易熟烂，而且更易入味。

保健功效：竹笋具有滋阴凉血、清热化痰、解渴除烦、养肝明目的功效；西瓜皮性凉味甘，有清暑解热、止渴、利小便功效；鲤鱼有补脾健胃、利水消肿、通乳、清热解毒、止嗽下气的功效。三者熬煮成汤，养生功效显著，尤其适宜夏季食用。

葱姜猪蹄豆腐汤

原料

豆腐400克，猪蹄200克，姜、大葱、盐、鸡精、湿淀粉、汤汁、色拉油各适量。

制作

① 将猪蹄煮熟，剔去骨头，肉切片，留下汤汁备用；豆腐用开水煮透盛起；葱切段；姜切入片。

② 炒锅注油烧热，爆香姜、葱，放入猪蹄片炒透，加入豆腐、汤汁、盐略煮，用湿淀粉勾芡，加鸡精调味，炒匀装盘即可。

食材绝招： 看猪蹄颜色，应尽量买接近肉色的，过白、发黑的及颜色不正的不要买，还要用鼻子闻一下，新鲜的猪蹄有肉的味道。

烹饪绝招： 清水煮猪蹄时不要加调味料，煮熟烂即可，以免影响后续菜肴的质量。

保健功效： 此汤软烂浓香，营养丰富。猪蹄中的胶原蛋白质能结合许多水，防止皮肤过早褶皱，延缓皮肤衰老。

猪血豆腐汤

原料

猪血200克，豆腐150克，大葱、姜、大蒜、盐、味精、料酒、色拉油各适量。

制作

① 猪血和豆腐均切小块，姜、葱切末。

② 锅内注油烧热，爆香葱、姜、蒜，放入猪血，烹料酒，添水烧沸，放豆腐块煮熟。

③ 加入盐、味精调味即可。

食材绝招： 猪血以色正新鲜、无夹杂猪毛和杂质、质地柔软、非病猪之血为优。

烹饪绝招： 烹调猪血时最好要用辣椒、葱、姜等佐料，用以压味，另外也不宜只用猪血单独烹饪。

保健功效： 此汤颜色美观，汤汁鲜美。猪血中含有的钴是防止人体内恶性肿瘤生长的重要微量元素，这在其他食品中是难以获得的。

海带排骨汤

原料

海带、排骨各200克，黄豆25克，蜜枣2个，姜片、盐、鸡粉、香油各适量。

制作

① 排骨洗净，斩成长段，放入开水锅中煮1分钟，捞出；海带洗净，切成丝。

② 锅内添适量清水，放入海带、排骨、黄豆、蜜枣、姜片用大火煲半小时，转小火煲2小时。

③ 加入盐、鸡粉、香油调味即可。

食材绝招：海带的正常颜色是褐绿色和深褐绿色，海带经盐制或晒干后，具有自然灰绿色，颜色鲜艳，翠绿色的海带购买时要慎重。

烹饪绝招：食用海带前，应当先洗净之后，再浸泡，然后将浸泡的水和海带一起下锅做汤食用。

保健功效：此汤营养丰富。海带中的优质蛋白质和不饱和脂肪酸，对心脏病、糖尿病、高血压有一定的防治作用。

黄豆猪蹄汤

原料

猪蹄250克，黄豆200克，黄酒、大葱、姜、盐各适量。

制作

① 猪蹄用沸水泡烫，拔净毛，刮去浮皮；黄豆加水浸泡1小时；姜洗净切片，大葱切段。

② 锅内添清水，放入猪蹄、姜片煮沸，撇沫，加黄酒、葱段、黄豆用小火焖煮至五成熟，撒盐，再煮1小时。

③ 撒入味精调味即可。

食材绝招：黄豆的营养价值很高，被称为"豆中之王"、"田中之肉"、"绿色的牛乳"等，是数百种天然食物中最受营养学家推崇食用的。

烹饪绝招：食用黄豆时宜高温煮烂，不宜食用过多，以碍消化而致腹胀。

保健功效：此汤不但味道鲜美，还具有补脾益胃，养血通乳的功效。

猪肚黄芪汤 🍴

原料

猪肚500克，萝卜250克，芹菜50克，黄芪、葱、姜、蒜、花椒、八角、盐、香油各适量。

制作

① 猪肚洗擦干净，用开水烫过，切成小块；萝卜洗净切块，芹菜和葱切段，生姜和大蒜捣碎。

② 锅内添适量水，下猪肚煮开，去除浮油和泡沫。

③ 放入萝卜、芹菜、葱段、姜末、蒜末、黄芪、花椒和八角，煮至猪肚变软，加入盐、香油调味即可。

食材绝招：新鲜猪肚的颜色是乳白色或淡黄褐色，黏膜清晰，有较强的韧性。

烹饪绝招：在起锅之前放盐，注意不能先放盐，否则猪肚就会紧缩。

保健功效：猪肚含有蛋白质、脂肪、碳水化合物、维生素及钙、磷、铁等，此汤健脾胃，益元气。

黄芪莲子鸡汤 🍴

原料

净鸡300克，莲子50克，黄芪25克，姜、盐、味精、酒、色拉油各适量。

制作

① 鸡切块，下油锅加姜爆香，淋少许酒。

② 黄芪、莲子洗净，与鸡块一起放入汤锅内，添适量清水，大火煮沸，改小火煲2小时。

③ 加入盐、味精调味即可。

食材绝招：选购黄芪以条粗长、皱纹少、质坚而绵、断面色黄白、粉性足、味甜者为佳。

烹饪绝招：鸡切块，下油锅加姜爆香，淋入料酒味道最佳，白酒、黄酒也可。

保健功效：猪肚含有蛋白质、脂肪、碳水化合物、维生素及钙、磷、铁等，黄芪具有补气升阳，固表止汗，行水消肿，托毒生肌的功效。搭配熬汤，具有健脾胃、益元气的养生功效。

墨鱼炖鸡

原料

鸡500克，墨鱼150克，葱末、姜片、盐、味精、清汤、胡椒粉、黄酒、色拉油各适量。

制作

① 将鸡宰杀洗净剁块；墨鱼洗净，去筋、去皮切成块。

② 炒锅注油烧热，放入鸡块，加黄酒、姜片、葱末一起翻炒，再加入清汤、墨鱼，用文火炖约2小时。

③ 撒入盐、味精和胡椒粉调味即成。

食材绝招：背面全白或骨上皮稍有紫色的，为质量上乘的墨鱼；背面全部深紫色或稍有红色的，为质量差的墨鱼。

烹饪绝招：墨鱼仔分切小块，更宜入味，建议切成2厘米左右的小块。

保健功效：本菜汤汁醇厚，风味独特，而且墨鱼含丰富的蛋白质，壳含碳酸钙、壳角质、黏液质及少量氯化钠、磷酸钙、镁盐等。

银耳鹌鹑汤

原料

鹌鹑肉250克，水发银耳150克，蘑菇、番茄片各50克，鹌鹑蛋、黄酒、葱段、姜片、味精、盐各适量。

制作

① 鹌鹑洗净，抹黄酒、盐腌渍20分钟，加水用大火煮沸，撇去浮沫，加黄酒、姜片、葱段用小火煮25分钟。

② 留汤去鹌鹑肉（另外烹调），放银耳、蘑菇、煮熟去壳的鹌鹑蛋，加盐，用大火煮沸5分钟，最后加入味精、番茄片即可。

食材绝招：优质鹌鹑具有浅黄色羽干纹，下体灰白色，颊和喉部赤褐色，嘴沿灰色，谢淡黄色。

烹饪绝招：若想在汤中加油菜等蔬菜应最后放入，以减少维生素C的破坏。

保健功效：银耳具有补脾开胃、益气清肠、安眠健胃、益肾补脑、养阴清热、润燥之功效；鹌鹑所含的磷脂是高级神经活动不可缺少的营养物质，具有很好的健脑作用。搭配熬煮成汤，香醇丰厚营养丰富。

口蘑豆腐汤

原料

豆腐300克，口蘑50克，冬笋、油菜各25克，盐、味精、高汤、熟鸡油各适量。

制作

① 豆腐切小片，焯水捞出过凉，控干；口蘑洗净，去蒂，下入开水锅烫后捞出。

② 炒锅注高汤烧热，放入豆腐、口蘑烧沸，撇去浮沫，放入盐、油菜叶、冬笋片烧开。

③ 味精烧入味，淋入熟鸡油，盛入大汤碗即成。

食材绝招：口蘑宜配肉菜食用；制作菜肴不用放味精或鸡精。

烹饪绝招：最好吃鲜蘑，市场上有泡在液体中的袋装口蘑，食用前一定要多漂洗几遍，以去掉某些化学物质。

保健功效：汤清味鲜，豆腐鲜嫩。口蘑所含的大量植物纤维，具有防止便秘，促进排毒、预防糖尿病及大肠癌、降低胆固醇含量的作用，而且它又属于低热量食品，可以防止发胖。

什锦豆腐汤

原料

油菜200克，豆腐150克，金华火腿50克，香菇、冬笋各25克，盐、高汤、猪油各适量。

制作

① 豆腐切片，香菇、油菜、冬笋、火腿均切丝。

② 锅内加高汤和熟猪油烧沸，放入香菇丝、冬笋丝、油菜丝、火腿丝、盐煮熟，捞出盛入汤碗内；将汤再烧开，放入豆腐片煮浮起，倒入汤碗即可。

食材绝招：此汤不可久煮，保持清淡是关键。

烹饪绝招：豆腐切成长宽为4厘米~5厘米，厚度为1厘米左右的片，香菇、油菜、冬笋、火腿均切细丝。

保健功效：油菜中含有大量的植物纤维素，能促进肠道蠕动，预防肠道肿瘤；豆腐能降低血脂，保护血管细胞，预防心血管疾病。搭配熬制成汤，清淡可口且营养丰富，对病后调养、减肥、细腻肌肤很有好处。

黄豆芽蘑菇汤

原料

黄豆芽、蘑菇各100克，盐、味精、香油各适量。

制作

① 黄豆芽去根洗净，下锅加适量水煮20分钟；蘑菇去蒂，洗净切成片。

② 将蘑菇放入锅内，和黄豆芽一起煮5分钟，加盐、味精、香油调味即可。

食材绝招：在选购黄豆芽时，要先抓一把闻闻有没有氨味，再看看有没有须根，如果发现有氨味和无须根的，就不要购买和食用。

烹饪绝招：加热豆芽时一定要注意掌握好时间，八成熟即可，保持豆芽爽脆鲜嫩。

保健功效：汤浓味美，味道清香。春天是维生素B_2缺乏症的多发季节，春天多吃些黄豆芽可以有效地防治维生素B_2缺乏症。

芥菜鱼头汤

原料

鲢鱼头500克，芥菜300克，蜜枣、盐、味精各适量。

制作

① 鲢鱼头、蜜枣洗净，芥菜洗净切段。

② 将鲢鱼头、蜜枣放入沙锅里，添适量清水，大火煮沸片刻，再放入芥菜，改用小火煲1小时。

③ 加盐、味精调味即可。

食材绝招：市场选购芥菜以单棵生长的为好，此外，红叶的不要嫌弃，红叶的香味更浓，风味更好。

烹饪绝招：放入大芥菜后改用小火煲1小时，不可用更大的火候，起锅之前才能放盐调味。

保健功效：此汤滋肾降火，健胃生津。芥菜含有丰富的胡萝卜素，因胡萝卜素有维生素A，所以是治疗干眼病、夜盲症的良好食物。

羊蹄萝卜汤

原料

萝卜250克，净羊蹄筋200克，山药干、枸杞子、桂圆肉、姜、盐、植物油各适量。

制作

① 羊蹄筋洗净切块，放入锅中煮1小时捞出；萝卜去皮切块，姜洗净切片，山药、枸杞子、桂圆肉洗净。

② 炒锅注油烧热，加入姜片炒香，加入萝卜、盐翻炒，注入适量清水，放入羊蹄筋、山药、枸杞子、桂圆肉，慢火煲3小时。

③ 加盐调味即可。

食材绝招： 羊蹄筋又称羊筋，分前筋、后筋。羊筋是胶质组织，与海参、鱼翅相比价廉味美，是烹制筵席佳肴的重要原料。

烹饪绝招： 羊蹄取筋处理方法为将羊蹄筋头挑出，用刀割断蹄瓣上的筋，再用钳子抽出，然后把筋上的精肉膜刮净，用清水洗净。

保健功效： 此汤益气补肾，羊蹄筋味甘、性平、无毒，具有补肾益精的作用，有治肾虚劳损的功效。

葱豉豆腐鱼头汤

原料

鲢鱼头500克，豆腐300克，香菜、淡豆豉、葱白、盐、味精、植物油各适量。

制作

① 鲢鱼头去鳃，洗净切开两边；香菜、淡豆豉、葱白分别用清水洗净，香菜、葱白分别切碎；豆腐略洗，沥干水。

② 将豆腐、鲢鱼头分下热油锅煎香，与淡豆豉一起放入锅内，添适量清水，大火煮沸，改用小火煲半小时，放入香菜、葱白煮片刻，加盐、味精调味即可。

食材绝招： 选购鱼头时，以头型圆浑者为佳，最好用黑鲢鱼头。

烹饪绝招： 加工鱼头时，一定要将鱼鳃摘净，用清水冲洗干净，否则影响汤的质量。

保健功效： 本菜清香适口，健脾和胃。豆腐和鱼相配，具有营养互补的作用。豆腐具有长肌肤、益容颜、填骨髓、增力气、补体虚等多方面的功能。鱼类体内的蛋氨酸含量非常丰富，两者搭配，可取长补短、相辅相成，提高营养价值。

鲢鱼丝瓜汤

原料

鲢鱼500克，丝瓜200克，料酒、葱段、姜片、盐、白糖、胡椒粉、猪油各适量。

制作

① 丝瓜去皮洗净，切成条；鲢鱼去鳞、鳃、内脏，洗净，斩成几段。

② 将鲢鱼段放入锅中，加入料酒、盐、葱段、姜片、白糖、猪油，添入适量清水，煮至鱼熟。

③ 放入丝瓜条煮熟，拣去葱段、姜片，撒胡椒粉调味即可。

食材绝招：购买鲢鱼要注意，第一要鲜活，第二要鱼体光滑、整洁、无病斑、无鱼鳞脱落。

烹饪绝招：清洗鲢鱼的时候，要将鱼肝清除掉，因为其中含有毒质。

保健功效：汤鲜味浓，营养丰富。鲢鱼对皮肤粗糙、脱屑、头发干脆易脱落等症均有疗效，是女性美容不可忽视的佳肴。

菜心鱼片汤

原料

大黄鱼400克，油菜心、芥菜各200克，姜片、淀粉、盐、植物油、白糖各适量。

制作

① 鱼取肉切片，改刀成蝴蝶形，用淀粉、盐、白糖、油拌匀；鱼头和鱼骨用盐略腌，油菜心和芥菜洗净切段。

② 炒锅注油烧热，放入鱼骨稍煎，添适量清水，加姜片煮20分钟，下入芥菜煮5分钟，制成鱼骨汤。

③ 炒锅注油烧热，下入盐、油菜心、姜片翻炒，添水，旺火煮3分钟，放入鱼片煮熟，制成鱼片汤。

食材绝招：大黄鱼头部、眼睛较大，尾巴较长，嘴略尖，眼睛较小，尾部较短。

烹饪绝招：制作这道汤主要注意各种食材的添加顺序不可颠倒以及烹煮的时间要把握好。

保健功效：此汤鲜咸清香，养血生肌。黄鱼含有丰富的微量元素硒，能清除人体代谢产生的自由基，能延缓衰老，并对各种癌症有防治功效。

双红排骨汤

原料

猪小排、胡萝卜各500克，红枣200克，盐少许。

制 作

① 胡萝卜去皮，洗净切角形。
② 红枣去核洗净；排骨放入滚水中烫一会儿，取起洗净。
③ 煲内添水煲滚，放入胡萝卜、红枣、排骨煲滚，慢火煲3小时撒盐调味。

食材绝招：小排是指猪腹腔靠近肚腩部分的排骨，它的上边是肋排和子排。小排的肉层比较厚并带有白色软骨。

烹饪绝招：第三步放入胡萝卜、红枣、排骨煲滚后要用慢火煲3小时再加盐调味即可。

保健功效：猪肉性平味甘，有润肠胃、生津液、补肾气、解热毒；胡萝卜下气补中、降压、强心、降糖；红枣甘温益气，质润养血，搭配熬煮成汤，不但肉香浓郁，色彩鲜明更具有强身健体功效。

白菜猪肉煲排骨汤

原料

白菜、猪小排各500克，猪肉150克，腐竹100克，红枣25克，盐少许。

制 作

① 红枣洗净去核；腐竹泡发沥干，切段。
② 腐竹用清水浸10分钟，取出切短；排骨放入滚水中煮5分钟，捞起洗净；猪肉放滚水中煮5分钟，取出洗净。
③ 煲内添水煲滚，放入白菜、排骨、猪肉、红枣煲滚，慢火煲2小时，撒盐调味，放入腐竹，再煲半小时即成。

食材绝招：白菜凡包心结实，无黄叶、无老帮、无灰心、无夹叶菜、无虫蛀，根削平，棵头均匀者，即为合格品。

烹饪绝招：切白菜时，宜顺丝切而不可横切，这样白菜易熟。

保健功效：白菜有清热润燥之功效。另外，白菜中有一些微量元素，它们能帮助分解同乳腺癌相联系的雌激素。

香菜黄豆排骨汤 🍴

原料

猪小排（猪肋排）300克，黄豆100克，香菜50克，姜、盐各适量。

制作

① 香菜洗净；黄豆用清水浸半小时，洗净。

② 排骨放入滚水中煮5分钟，捞起洗净。

③ 煲内添适量水煲滚，放入黄豆、香菜、姜、排骨，慢火煲3小时，撒盐调味即可。

食材绝招： 香菜以色泽青绿，香气浓郁，质地脆嫩，无黄叶、烂叶者为佳。

烹饪绝招： 煲内添适量水煲滚后放入黄豆、香菜、姜、排骨，切记要用慢火煲3小时再撒盐调味。

保健功效： 黄豆中的卵磷脂可除掉附在血管壁上的胆固醇，防止血管硬化，预防心血管疾病，保护心脏；香菜祛除肉类的腥膻味，搭配制成汤，具有健胃、宽中、增食欲的功效。

木瓜花生排骨汤 🍴

原料

猪小排、木瓜各500克，花生仁（生）100克，蜜枣50克，盐少许。

制作

① 木瓜去皮、去核洗净，切厚块；花生用清水浸1小时，捞出。

② 蜜枣洗净；排骨放入滚水中煮5分钟，捞出。

③ 添适量水于煲内，煲内加入花生，放入排骨、木瓜、蜜枣煲滚，慢火煲3小时，撒盐调味。

食材绝招： 木瓜中有胡萝卜素，此物见光即分解为黑色素。

烹饪绝招： 治病多采用宣木瓜，也就是北方木瓜，不宜鲜食；食用木瓜是产于南方的番木瓜，可以生吃，也可作为蔬菜和肉类一起炖煮。

保健功效： 此汤营养丰富，香味浓郁，甜香可口。木瓜中含有大量量水分、碳水化合物、蛋白质、脂肪、多种维生素及多种人体必需的氨基酸，可有效补充人体的养分，增强机体的抗病能力。

眉豆煲猪手汤

原料

猪蹄500克，眉豆100克，花生仁50克，红枣25克，陈皮、姜、盐各适量。

制作

① 花生、眉豆洗净，浸泡1小时；红枣洗净。

② 猪手放入滚水中煮10分钟，取起洗净；陈皮用清水浸软，刮去瓤洗净。

③ 陈皮、花生仁放入锅内，添入清水煲滚，放入猪蹄、红枣、眉豆、姜煲滚，慢火煲3小时，撒盐调味。

食材绝招： 烹调眉豆前应用冷水浸泡(或用沸水稍烫)再炒食。如生食或炒不熟吃，在食后3～4小时部分人可引起头痛、头昏、恶心、呕吐等中毒反应。

烹饪绝招： 第三步里慢火煲3小时，火候要控制好，时间越久越易酥烂、入味。

保健功效： 眉豆提供了易于消化吸收的优质蛋白蛋，适量的碳水化合物及多种维生素、微量元素等，补充机体的营养成分，提高免疫力。此汤香味沁人，配料丰富，营养全面，益于孩子成长。

枣杏煲鸡汤

原料

鸡500克，栗子200克，红枣150克，核桃仁100克，杏仁、姜、盐各适量。

制作

① 杏仁、栗子略煮去衣洗净。

② 核桃仁放入滚水中煮5分钟，捞起用清水洗净；红枣洗净去核；鸡切去脚洗净，放入滚水中煮熟，取出洗净。

③ 煲内添水烧滚，放入鸡、红枣、杏仁、姜煲滚，慢火煲2小时，加入核桃仁、栗子煲滚，再煲1小时，撒盐调味即可。

食材绝招： 选购栗子要先看颜色，外壳鲜红、带褐、紫、褚等色、颗粒光泽的，品质一般较好。

烹饪绝招： 用刀将板栗切成两瓣，去掉外壳后放入盆里，加上开水浸泡一会儿后用筷子搅拌，板栗皮就会脱去，但应注意浸泡时间不宜过长。

保健功效： 此汤益肾，强筋骨。栗子是碳水化合物含量较高的干果品种，能供给人体较多的热能，并能帮助脂肪代谢。

醋椒鸭汤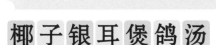

原料

鸭骨200克，鸭翅150克，黄瓜75克，鸭肉50克，香菜25克，鸭头1个，盐、味精、胡椒粉、醋、香油、鸭油、料酒各适量。

制作

① 将黄瓜切成片，汤锅注入鸭油烧热，下入胡椒粉煸炒，添鲜鸭汤。

② 加入料酒、黄瓜片、鸭头、鸭骨、鸭翅、鸭肉，撒入细盐，汤开后撒去浮沫。加入味精、醋、香油，起锅盛入大汤碗内，撒上香菜末即可。

食材绝招：可使用新鲜的鸭，也可使用熟鸭，如北京烤鸭。

烹饪绝招：汤锅中的汤开后应将浮沫撒去，以去油之腻。

保健功效：鸭肉中含有较为丰富的烟酸，能有效抵抗脚气病，神经炎和多种炎症，还能抗衰老。黄瓜中含有丰富的维生素E，可起到抗衰老的作用；搭配制成汤，香鲜酸辣，回味悠长，消暑解燥。

椰子银耳煲鸽汤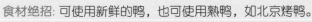

原料

雏鸽100克，椰子肉50克，银耳干、火腿、蜜枣、盐各适量。

制作

① 椰子肉去黑皮，切小块；蜜枣洗净；银耳浸发，撕成小朵，煮5分钟，捞起洗净。

② 鸽子切去脚洗净，放入滚水中煮10分钟，取出洗净。

③ 煲内添适量水煲滚，放入鸽子肉、火腿、蜜枣、椰子肉、银耳煲滚，慢火煲3小时，撒盐调味。

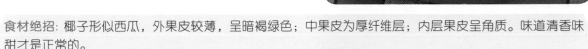

食材绝招：椰子形似西瓜，外果皮较薄，呈暗褐绿色；中果皮为厚纤维层；内层果皮呈角质。味道清香味甜才是正常的。

烹饪绝招：椰子肉的黑皮一定要去掉，切成2～3厘米的小块方便熟透。

保健功效：椰子含有糖类、脂肪、蛋白质、B族维生素、维生素C及微量元素钾、镁等，能够有效地补充人体的营养成分，提高机体的抗病能力。此汤补益滋润，健脑益智。

绿豆芽菜滚蚬肉汤 ◎

原料

绿豆芽350克，蚬子250克，大葱、姜、盐、油各适量。

制作

① 葱洗净切碎；蚬肉撒盐，搓擦洗净，沥干。

② 绿豆芽摘去根，洗净；炒锅烧热注油少许，下绿豆芽翻炒片刻，盛出。

③ 炒锅注油烧热，下姜爆香，放入蚬肉爆炒，加料酒，添水烧滚，放入绿豆芽煮滚，改用中火煮10分钟，撒盐调味，下葱花即可。

食材绝招: 在选购绿豆芽时，要先抓一把闻闻有没有氨味，再看看有没有须根，如果发现有氨味和无须根的，就不要购买和食用。

烹饪绝招: 绿豆芽性寒，烹调时应配上一点姜丝，以中和它的寒性，十分适于夏季食用。

保健功效: 蚬肉能清热、利湿、解毒，性味甘咸、寒；绿豆芽能去湿，清热。

榨菜豆腐汤 ◎

原料

豆腐150克，榨菜50克，葱、盐、高汤、酱油各适量。

制作

① 榨菜切成薄片；葱洗净切成葱花；豆腐切丁状。

② 将高汤适量添入锅中，放入榨菜片、豆腐丁煮开，撒盐，滴少许酱油调味。

③ 盛出，撒上准备好的葱花即可。

食材绝招: 没有包装的豆腐很容易腐坏，买回家后，应立刻浸泡于水中，并放入冰箱冷藏，烹调前再取出。

烹饪绝招: 制作时烧开即可，不可久煮，保持鲜嫩。

保健功效: 豆腐内含的植物雌激素，能预防骨质疏松、乳腺癌和前列腺癌的发生，搭配榨菜熬煮成汤，口感滑嫩味美，滋味足，对减肥、细腻肌肤很有好处。

鸭血豆腐汤 🍽

原料 ➤

豆腐300克，鸭血250克，高汤、红辣椒、葱末、盐、味精、酱油、香油各适量。

制作 ➤

① 将鸭血洗净，切块；豆腐切块，同时焯一下，捞出控干。
② 汤锅添高汤烧开；放鸭血块、豆腐块煮至漂起。
③ 撒盐、味精，淋酱油，下入葱末、红辣椒；待汤再开，起锅盛入汤碗内，最后淋入香油即可。

食材绝招：真鸭血呈暗红色，而假鸭血则一般呈咖啡色；真鸭血在加工过程中经过了高温脱气脱味处理，没有血腥味，而是飘着一股鸭香。

烹饪绝招：烹调鸭血时应配有葱、姜、辣椒等佐料用以去味，另外也不宜单独烹饪。

保健功效：此汤营养丰富，颜色鲜艳、味美。鸭血能为人体提供多种微量元素，对营养不良、肾脏疾患、心血管疾病等病后的调养都有益处。

百合草莓白藕汤 🍽

原料 ➤

莲藕250克，百合200克，草莓100克，盐适量。

制作 ➤

① 鲜百合洗净，撕成小片状，草莓洗净，切成小块，白莲藕洗净去节，切成块。
② 把草莓与白藕放入清水中煲约2小时，加入鲜百合片，煮约10分钟，撒盐调味。

食材绝招：百合在选购时，以肉质肥厚，叶瓣均匀为好。

烹饪绝招：只要是有藕参与，烹调时都不可使用铁器，以免白莲藕变黑，此汤选用沙锅烹调即可。

保健功效：此汤菜色鲜亮，味道略甜。中医上讲鲜百合具有养心安神、润肺止咳的功效，对病后虚弱的人非常有益。

小米面甜沫

原料

小米面200克，菠菜100克，粉丝、花生米各25克，大葱、姜、盐、味精、胡椒粉、酱油、花生油各适量。

制作

① 菠菜洗净，切段；粉丝用开水烫后，切段；小米面先用凉水化开；花生米提前煮熟。

② 炒锅注油烧热，放入葱姜，添水烧开，倒入小米面搅匀，加花生米、粉丝、菠菜、酱油、盐、味精调味，最后撒胡椒粉即成。

食材绝招：优质小米面闻起来具有清香味，无其他异味。严重变质的小米面，易成块状，闻起来有霉变气味、酸臭味、腐败味和不正常的气味。

烹饪绝招：也可加入适量豆干，可有效增加甜沫的营养和口感。

保健功效：甜沫香鲜滑口，此菜咸鲜香辣俱全。中医认为，小米是一种能量食物，味甘咸，有清热解渴、和胃安眠的功效，搭配其他食材制成的甜沫，营养丰富，别具风味。

紫菜虾皮汤

原料

鸡蛋1个，紫菜、虾皮各25克，花生油、料酒、醋、酱油、香油各适量。

制作

① 紫菜洗净、撕开；鸡蛋打散，搅匀；虾皮洗净，加料酒浸泡10分钟。

② 炒锅注油烧热，倒入酱油炝锅，立即添水1碗，放入紫菜、虾皮煮10分钟，再放入蛋糊、醋略加搅动，蛋熟起锅，淋香油即成。

食材绝招：选购虾皮时用手紧握一把，松手虾皮个体即散开是干燥适度的优品；松手不散，且碎末多或发黏的，则为次品或者变质品。

烹饪绝招：炒锅注油烧热，倒入酱油炝锅，立即添水1碗，时间要把握好。

保健功效：此汤清淡鲜美，开胃，营养丰富。虾皮中含有丰富的镁元素，镁对心脏活动具有重要的调节作用，能很好地保护心血管系统，可减少血液中的胆固醇含量。

芥菜咸蛋肉片汤

原料

芥菜250克，咸鸭蛋150克，猪肉100克，姜、酱油、花生油各适量。

制作

① 芥菜洗净切段，沥干；咸蛋洗净，取咸蛋黄；瘦肉切薄片，腌10分钟，放滚水中灼至半熟，捞起沥干。

② 煲内注油烧热，爆香姜，添水煲滚，放芥菜、咸蛋黄、瘦肉煲熟，放咸蛋白拌匀，盛入汤碗内即成。

食材绝招：品质好的腌蛋外壳干净，摇动有微颤感，剥开蛋壳后，咸味适中，油多味佳，用筷子一挑，便有黄油冒出，蛋黄分为一层一层的，近一层颜色就深一层，越往里越红。

烹饪绝招：咸蛋洗净将咸蛋黄和咸蛋白分开，蛋黄与芥菜、瘦肉一起煲熟，蛋白则后面放入拌匀。

保健功效：咸鸭蛋味甘，性凉，入心、肺、脾经，有滋阴、清肺、丰肌、泽肤、除热等功效。此汤清热下火，开胃增食欲。

番茄猪肝瘦肉汤

原料

番茄250克，甘薯150克，猪肝、猪肉各100克，姜、盐、淀粉、胡椒粉、酱油、花生油、醋各适量。

制作

① 甘薯去皮洗净，切块；番茄洗净，切块去子；瘦肉洗净，切薄片；猪肝切薄片，洗去血浆。

② 猪肝抹干，淋入一茶匙醋腌10分钟后，洗净抹干水；瘦肉、猪肝加淀粉、胡椒粉、盐、酱油腌10分钟，放入滚水中，灼至半熟捞起。

③ 炒锅注油烧热，下姜爆香，添水，放甘薯块、番茄块煲至熟烂，放入猪肝、瘦肉煮熟，撒盐调味。

食材绝招：表面有光泽，颜色紫红均匀，用手触摸，感觉有弹性的是正常猪肝。

烹饪绝招：甘薯和番茄切3厘米左右的方块，瘦肉切0.3厘米左右薄片，猪肝一定要洗去血浆。

保健功效：猪肝中铁质丰富，能调节和改善造血系统的生理功能，补肝、养血、明目；猪肉能润肠胃、生津液、补肾气、解热毒；番茄止渴生津，三者搭配，能补肌润燥。

蔬菜浓汤 🍴

原料

菜花、葱头、胡萝卜各25克，牛奶25毫升，西式高汤粉
玉米粉、青豆、咖喱粉、色拉油各适量。

制作

① 菜花分成小朵，葱头切成正方形。
② 用色拉油炒香胡萝卜和葱头，加入咖喱粉。
③ 添入放有玉米粉的牛奶，再加入西式高汤粉、菜花，
煮熟后加入青豆即可。

食材绝招: 挑选菜花的时候要选择花头干净、紧密、结实的，颜色最好为白色或者奶白色。

烹饪绝招: 在吃之前，可将菜花放在盐水里浸泡几分钟，菜虫就跑出来了，还可有助于去除残留农药。

保健功效: 汤料丰富，浓淡适中，香浓营养。丰富的维生素C含量，使菜花可增强肝脏解毒能力，并能提高机体的免疫力，可防止感冒和坏血病的发生。

青萝卜汤 🍽

原料

甜梨150克，青萝卜100克，红枣25克，盐、白糖各
适量。

制作

① 青萝卜洗净，切成块，焯一下；甜梨、红枣分别洗
净，甜梨切成块备用。
② 汤锅添入水烧开，放入青萝卜、甜梨、红枣烧开。
③ 小火煮2小时，撒入盐与白糖，起锅即成。

食材绝招: 良质梨果实新鲜饱满，果形端正，因各品种不同而呈青、黄、月白等颜色，成熟适度，肉质细，质地脆而鲜嫩，汁多，味甜或酸甜。

烹饪绝招: 青萝卜和甜梨切成5厘米左右的方块，小火煮2小时再撒入调料调味。

保健功效: 汤色微黄，甜中带咸，解暑、利尿、去湿。梨中的果胶含量很高，有助于消化、通利大便。

莲藕黄豆排骨汤

原料

猪肋骨200克，莲藕、黄豆各50克，香菜末25克，葱段、姜片、盐、鸡精、胡椒粉各适量。

制作

① 猪肋骨斩段，用开水汆出；莲藕去皮切小块；黄豆洗净泡发。

② 锅内放排骨、葱段、姜片及适量水，用中火煮至熟软，拣去葱段、姜片，放入藕块、黄豆，用小火煨至熟烂，加盐、鸡精、胡椒粉调味，撒香菜末即成。

食材绝招：选购莲藕时，表面发黄，断口的地方闻着有一股清香的莲藕较好，使用工业用酸处理过的莲藕看起来很白，闻着有酸味。

烹饪绝招：将排骨用中火煮至熟软后切记拣去葱、姜不要，放入藕块、黄豆，改成小火。

保健功效：此汤营养丰富，莲藕、黄豆和排骨可补钙。

多味紫菜汤

原料

紫菜、笋、香菇、小白菜、豆腐干各50克，素汤、姜、盐、味精、酱油、香油、花生油各适量。

制作

① 紫菜掰成碎块；香菇、豆腐干、笋均切细丝；小白菜洗净切齐；姜切成末。

② 炒锅注油烧热，放香菇丝、笋丝、豆腐干丝略煸；添素汤，放紫菜烧沸，倒入沙锅，滴入酱油，撒盐、味精、姜末烧沸，滴香油，放小白菜略烧即成。

食材绝招：选购紫菜时，以深紫色、薄而有光泽的较新鲜。

烹饪绝招：◎ 食用紫菜前用清水泡发，并换1～2次水以清除污染、毒素。

　　　　　◎ 在汤中添加适量胡椒粉，有预防感冒的功效。

保健功效：此汤鲜香可口，营养丰富。紫菜所含的多糖具有明显增强细胞免疫和体液免疫的功能。

枸杞银耳瘦肉汤

原料

枸杞、猪肉各500克，银耳250克，干贝、火腿各25克，姜、盐各适量。

制作

① 枸杞洗净；干贝洗净，用清水浸1小时。

② 银耳用清水浸1小时，撕成小朵，放入滚水中，煮5分钟捞起洗净沥干；瘦肉放入滚水中煮5分钟，取起洗净。

③ 煲内添水烧滚，放入银耳、干贝、瘦肉、火腿、枸杞、姜煲滚，慢火煲15分钟，撒盐调味。

食材绝招： 如果银耳花朵呈黄色，一般是下雨或受潮烘干的；如果银耳色泽呈暗黄，朵形不全，呈残状，蒂间不干净，属于质量差的。

烹饪绝招： 选用偏黄一些的银耳口感较好，炖好的甜品放入冰箱冰镇后饮用，味道更佳。

保健功效： 此汤原料丰富，富含营养，味道鲜美醇厚。银耳富含维生素D，能防止钙的流失，对生长发育十分有益。

火夹冬瓜汤

原料

冬瓜150克，火腿100克，盐、味精、清汤胡椒粉、鸡油各适量。

制作

① 冬瓜去皮、去瓤，切成厚的连刀片，略煮捞出。

② 火腿切成宽片，嵌在冬瓜夹片中间，排扣在碗内，稍撒些盐、味精、胡椒面，添清汤，上屉蒸约20分钟取出，倒入汤碗内。

③ 汤锅添入清汤，撒盐、味精，待汤烧开，淋入鸡油，起锅盛入装有冬瓜的汤碗内即成。

食材绝招： 冬瓜应放在阴凉的地方保存，最好能接地气，千万不可放在塑料袋中，那样不透气，烂得更快。

烹饪绝招： ◎ 冬瓜片要略厚，以防止蒸熟烂后破碎。

◎ 使用金华火腿或培根肉片，可令本汤味道更鲜美。

保健功效： 此汤鲜香、色白；冬瓜具有清热利尿的功效，搭配火腿，荤素得当，营养全面，尤其适宜夏季食用。